显微镜下全的唐史

第二部

贞观之治

北溟玉 ◎ 著

中国文史出版社
CHINA CULTURAL AND HISTORICAL PRESS

以铜为鉴,可正衣冠;以古为鉴,可知兴替;以人为鉴,可明得失。

——唐太宗李世民

第一章　渭水之盟

01. 城下之盟　　　/ 002
02. 封赏功臣　　　/ 007

第二章　励精图治

01. 大治之要　　　/ 014
02. 广开言路　　　/ 018
03. 两大谏臣　　　/ 021
04. 政治改革　　　/ 025
05. 增殖人口　　　/ 030
06. 静民务农　　　/ 035

第三章　北灭突厥

01. 颉利政乱　　　/ 040
02. 长途奔袭　　　/ 046
03. 突厥灭国　　　/ 052
04. 安置降户　　　/ 056
05. 赏功罚过　　　/ 060

第四章　志得意满

01. 渐趋骄奢　　/066
02. 不乐纳谏　　/073
03. 贞观大牛虻　/076
04. 贞观女牛虻　/080

第五章　平吐谷浑

01. 两征吐谷浑　/086
02. 吐谷浑灭国　/091
03. 高祖驾崩　　/094
04. 李靖谢幕　　/098

第六章　渐不克终

01. 贤后辞世　　/104
02. 日趋放纵　　/107
03. 停止畋猎　　/110
04. 世袭刺史　　/114
05. 府兵改革　　/119
06. 刊正姓氏　　/121
07. 武媚入宫　　/125

第七章　西击高昌

01. 西域霸主　　/132
02. 遣返突厥　　/136
03. 高昌灭国　　/140

第八章　和亲吐蕃

01. 赞普求婚　　　　/148

02. 文成入藏　　　　/151

03. 突厥北归　　　　/156

第九章　储君之争

01. 贪玩的高明　　　/160

02. 进取的青雀　　　/165

03. 跛子 PK 胖子　　 /168

04. 凌烟阁功臣　　　/172

05. 太子党覆灭　　　/177

06. 李青雀出局　　　/181

07. 雉奴成渔翁　　　/184

08. 看看起居注　　　/188

09. 悔婚薛延陀　　　/192

第十章　东征高句丽

01. 半岛铁盒　　　　/198

02. 决意东征　　　　/202

03. 战争准备　　　　/206

04. 西天取经　　　　/210

05. 玄奘归国　　/214

06. 高歌猛进　　/217

07. 驻跸山之战　/221

08. 屯兵安市城　/227

09. 铩羽而归　　/231

10. 击灭薛延陀　/234

第十一章　大帝挽歌

01. 圣体不豫　　/240

02. 亲撰帝范　　/243

03. 内定人事　　/247

04. 外消隐患　　/255

05. 天竺术士　　/259

06. 赤裸高阳　　/263

07. 不伦之恋　　/267

08. 龙驭归天　　/271

附录

附录一　《帝范》　/279

附录二　唐朝十四代二十一帝（含武则天）概况　/288

附录三　唐朝世系表　/293

附录四　六大强敌世系表　/294

参考文献　　/298

第一章

渭水之盟

01. 城下之盟

谁都没想到，颉利居然去而复返，杀了一个回马枪！十余万突厥铁骑像从平地里冒出来一样，突然出现在咸阳武功。武功离长安多远呢？120里左右。以突厥战马的速度，一个时辰内便可杀到长安城下。

关中震骇，长安戒严。

颉利本无毁约之念，但架不住梁师都一再怂恿他。多年来，地处陕北的梁师都一直承受着李唐巨大的军事压力。特别是武德七年（624年）辅公祏覆灭后，这种压力已经大到了让他喘不过气来的程度。为了缓解压力，梁师都极尽挑唆之能事，不断怂恿颉利进军。八月初一唐、突媾和后，颉利本打算就此撤了，梁师都却力劝他背约，直捣长安。

颉利起初是抗拒的。这倒不是出于信守承诺，而是他觉得这种尝试是徒劳的：如果长安那么好打，他早就拿李渊父子的头骨当溺器了。但梁师都却言之凿凿地说有隙可乘，若由泾州（今甘肃平凉泾川县）取武功，便可攻拔长安、倾覆李唐。颉利还是摇头不已，不行，泾州有罗艺在，那可不是个善茬。梁师都笑了，以前不行不代表现在不行，罗艺是李建成的人，恨不能将李世民食髓寝皮，怎会为他死守泾州?！我军若取道泾州，罗艺必会放行！颉利被说动了，当即命令全军掉头，直扑泾州。

果然，罗艺的天节军只是象征性地抵抗了一下，便放行了。突厥大军长驱直入，待到唐廷得报时，已攻拔武功。

这一次罗艺真是把太宗李世民坑惨了。长安城中兵不过数万，将不足百员，援兵又仓促难集，危若累卵。一旦城破，李渊父子十年经营将付诸东流，唐朝也会步入隋朝的后尘，二世而亡。

阖城上下人心惶惶，只有一个人镇定自若、稳如泰山。当然，我们知道的，一定是太宗李世民。但我们并不清楚，他是真镇定还是假镇定。不过，这并不重要，遇到大危机大灾难，当领导的要是先慌了，还能指望群众齐心协力、共克时艰吗？形势所迫，猪鼻子里该插大葱就得插，不仅要插，还要插得稳、插得好、插得果断！

太宗就很稳，一面命尉迟敬德率军迎战，迟滞突厥人的攻势；一面急调关中其余十一军速速入京勤王。为了把泰山崩于前而面不改色的人设立到位，他居然还举办了封后大典，册立长孙氏为皇后。

突厥人开始试探，于二十四日攻打高陵（今西安高陵区）。二十六日，尉迟敬德与突厥先锋部队战于咸阳泾阳。唐军小胜，斩首一千多级。颉利主力掩至，尉迟敬德只得撤退。

该来的终究还是来了！两天后，突厥大军终于出现在长安城西。自汗国建立以来，这是突厥人第一次打到汉人的国都。颉利的十几万大军和长安只隔着一道浅浅的渭水。城头守军甚至能清楚地看到可汗的狼头纛。形势千钧一发，只要颉利一声令下，太宗和他的大唐很快就会变成历史符号。

但颉利不知长安虚实，不敢贸然进攻，而是遣使入城恫吓，想迫使李世民屈服。突厥使者执失思力如果知道李世民将来会是自己的大舅哥，估计就不会把话说这么满了："颉利、突利二可汗将兵百万，今至矣。"他以为，这句话足以把大唐君臣吓坏。

岂料，太宗拍案而起，厉声呵斥："我和你们可汗已经当面谈妥要和亲了，还送给你们许多金帛。可是你们可汗却背弃盟约，兴兵来犯，还要不要脸？你个无名之辈，居然还敢自夸强盛？来人哪，给我推出去砍了！"

装蒜失败，执失思力吓坏了，跪地求饶。萧瑀和封德彝也赶忙出来说和，两国交战，不斩来使，若杀了此人，只怕激怒颉利，还是以礼送归吧！

太宗不同意："我如果把执失思力送回去，颉利还以为我怕他呢，只会更加肆无忌惮！"命人将执失思力囚于门下省。

正在这时，急报传来：冯立所部数百骑与突厥战于咸阳，除冯立外，其余将士全部战死。太宗担心突厥乘胜攻城，当机立断：出城迎敌！

驻马渭水之滨，遥望长安城堞，颉利志得意满。李世民哪李世民，两年前你在五陇阪给了本汗一个雨夜惊魂，今天本汗还你一个兵临城下。正在遐思，遥见对岸有六人六骑驰近，颉利仔细一看，不由大吃一惊，当中一人竟是大唐皇帝李世民。

太宗扯住缰绳，扬鞭指斥颉利负约。拉出去的屎都能坐回去，你们突厥人还要不要脸，颉利你还要不要脸？

翻译还没翻完，就听鼓声四起，震天动地，唐军列队赶到，旌甲蔽野，气势如虹。颉利估算约有十万之众，不免吃惊万分，莫非李世民早有准备？！

有大军做后盾，太宗的底气更足了，提出要和颉利一对一私聊。颉利同意。具体谈了些啥，我们无从得知，只知道会谈后颉利忽然请和了，太宗欣然同意。双方收兵，各自回营。隔了一天，三十日，二人斩白马，盟于渭水便桥①之上。随后，太宗伫立渭桥，目送颉利北归。

据《资治通鉴》记载，萧瑀凑过来问他："陛下，你用了什么奇谋妙策，居然能让颉利撤军？"

太宗解释得很详细："吾观突厥之众虽多而不整，君臣之志惟贿是求，当其请和之时，可汗独在水西，达官皆来谒我，我若醉而缚之，因袭击其众，势如拉朽。又命长孙无忌、李靖伏兵于幽州以待之，虏若奔归，仗兵邀其前，大军蹑其后，覆之如反掌耳。所以不战者，吾即位日浅，国家未安，百姓未富，且当静以抚之。一与虏战，所损甚多；虏结怨既深，惧而修备，则吾未可以得志矣。故卷甲韬戈，啖以金帛，彼既得所欲，理当自退，志意骄惰，不复设备，然后养威伺衅，一举可灭也。将欲取之，必固与之，此之谓矣。卿知之乎？"两个意思，第一，这次打败突厥其实很容易，但朕顾念苍生，不想轻启战端；第二，等朕将来瞅准机会，一次弄死他。

萧瑀佩服得五体投地："非所及也！"

以上便是初唐赫赫有名的"渭水之盟"。

就这么简单？嗯，看来就是这么简单！

然而，宋人王谠②在其笔记体唐史资料集《唐语林》③中却留下了另类的记载："武德末年，突厥至渭桥，控弦四十万。太宗初亲庶政，驿召李卫公问策。时发诸州府军未至，长安居人胜兵者不过数万。突

---

① 便桥，又称咸阳桥、西渭桥，是长安通往西域、巴蜀的必经之所，与中渭桥、东渭桥并称"渭河三桥"。杜少府《兵车行》中"爷娘妻子走相送，尘埃不见咸阳桥"的咸阳桥即指此桥。

② 谠，音党。

③《四库全书总目》评价："其书虽仿《世说》，而所纪典章故实，嘉言懿行，多与正史相发明。"

厥精骑腾突挑战，日数十合。帝怒，欲击之。靖请倾府库，邀其归路。帝从其言，突厥兵遂退。"

按王说的说法，太宗当日其实想和颉利拼个鱼死网破，被李靖拦住了，因为根本拼不过。最终，太宗不得不采纳李靖的建议，倾府库之所有，才换取了颉利退军。

这个记载可信吗？我以为，可信。原因很简单，颉利举重兵深入唐境，耗费了那么多的人力物力财力，下了这么大的血本，没道理在占据碾压性优势的情况下，被李世民轻飘飘的几句话劝走，且未要丁点儿好处。太宗必然是以相当大的代价，才换取颉利退兵的。

对于颉利而言，不费一兵一卒，就能在政治上震慑大唐君民，还能在经济上榨干大唐国库，何乐而不为？另外，从此后太宗厉兵秣马、立誓灭突来看，当日他一定吃了大亏、受了大辱。可见，"渭水之盟"的本质就是城下之盟，改为"渭水辱盟"更为贴切。

这种有辱圣誉、有损国格的事当然不能说，更不能白纸黑字地写在史书上。所以，贞观史官本着历史来源于生活但要高于生活的原则，进行了合理虚构，硬是将屈辱的城下之盟改成了吾皇六骑退雄兵的正剧。为了增强说服力和可信度，还特意安排萧瑀当托儿。也不知有没有和萧瑀打过招呼？

不管怎么说，一场天大的危机总算化解了。从后来李唐享国289年的结果来看，这个国库倾得还是值得的。

为了安抚太宗，九月颉利送来了三千匹马和一万只羊。太宗没收，要求将在突的中原百姓和一年前在太谷战役中被俘的温彦博放归。颉利打了个一折，只放了温彦博。

也正是从这个月起，太宗开始让禁军将士在显德殿前练习骑射，并由他本人亲自考核。

颉利不明白，有些人的脸怎么打都可以，比如梁师都；但有些人的脸是决然不能打的，比如李世民。纵观太宗一生，所有打他脸的敌人，除了一个姓渊的家伙外，都被他搞死了。在不久的将来，颉利对此会有非常痛非常痛的领悟。

02. 封赏功臣

处理完渭水危机，一件早该做但一直没时间做的事情终于提上了太宗的议程，那就是封赏功臣。

九月二十四日朝会时，他命陈叔达宣读了封赏草案，并说："朕可能考虑得不够周到，大家有意见尽管提！"

其实这就是皇帝的客套话，没想到绝大多数人都不满意。草案还未读毕，群臣便已一片哗然；待到读毕后，众人争先恐后地站出来表功、争功。宗室们不满意，我们这些主子的待遇咋还不如家奴？武将们也不满意，我们披坚执锐、冲锋陷阵，为大唐打下了大大的疆土，怎么还不如那几个文官动动嘴皮子的功劳大？秦王党更不满意，陛下，我们可是你的人哪，为什么封赏反不及李建成、李元吉的人？一时间，朝堂上"纷纭不已"。

尤其是淮安王李神通，集宗室、武将、秦王党徒三种身份于一身，自觉地位最高、资格最老、功劳最大，炮也放得最响："臣举兵关西，首应义旗，今房玄龄、杜如晦等专弄刀笔，功居臣上，臣窃不服。"陛下，当年我可是最早起兵响应的，如今房玄龄、杜如晦这些刀笔小吏的功劳却在我之上，我不服啊！

他们不开心，太宗更不开心！朕只是客气客气，你们还真当回事了?!朕的安排哪一次不是伟光正?你们质疑朕的方案,就是质疑朕的智商和能力!尤其神通叔,你什么便宜都要占。你们父子十二人八个是郡王,全大唐才三十五个郡王,你们家就占了近三成,还有啥不满意的?

炮打出头鸟,太宗的火力无比猛烈:"神通叔你别闹,当初你举义不过是为了自保;与窦建德、刘黑闼交手,你更是屡战屡败。你自己说,你凭啥和房爱卿、杜爱卿、长孙爱卿他们比?当然了,你是我叔,我还是尊重你的,但我不能因私废公啊!"这话已经说得很难听了,还是太宗留了面子的,毕竟李神通被俘那档子事他没提。

当着满朝文武的面,被侄子把老底都揭了,李神通灰头土脸,好不尴尬。连李神通都挨了批,别人哼都不敢哼一声了。

紧接着,太宗又办了一件稳定政局的大事:十月初一,追封李建成为息王,谥号[①]"隐";李元吉为海陵郡王,谥号"剌[②]",以礼改葬。三个月前,李渊下敕,"绝建成、元吉属籍",不承认他们是李家人。现在,太宗"拨乱反正",不仅恢复了他们的属籍,还封了爵位,真是情义满满的好兄弟!

但大家认真品一品二人的谥号,"隐"好理解,隐匿,不显露;"剌"呢,《说文解字》解释为违背常理。什么意思呢?就是说建成你见不得光,好好安息吧;元吉你虽然还是王,但却是比亲王低一等的郡王[③],还是个违背纲常的郡王。

葬礼当日,太宗痛哭流涕。魏征和王珪请求为隐太子扶柩,"送至墓所"。太宗不仅同意了,还命在场所有的原东宫、齐府属官都去

[①] 谥号是指社会地位相对较高的人物去世之后,后人按其生平事迹进行评定后给予或褒或贬评价的文字,始于西周,曾广泛通行于汉字文化圈。

[②] 剌,音拉。

[③] 亲王和郡王最直观的区别:亲王是一字王,郡王是两字王。

送葬。真乃仁义之君！

在兄弟的葬礼上，太宗究竟想了些什么，我们无从得知。但有一点他肯定想到了：决不能让他这一代的悲剧在后代身上重演。

初八，太宗昭告天下：册立年仅八岁的皇长子李承乾为太子。之所以这么早立储，就是要向天下人表明：朕决无易储之意，承乾将来就是大唐第三代君王。

然而，在人性和历史的规律面前，强悍如李世民也是弱者。别以为你是皇帝，就可以把话说得很满，后事的发展偏不如你所愿。

十八日，功臣封赏结果公布：裴寂食实封一千五百户；长孙无忌、王君廓、尉迟敬德、房玄龄、杜如晦一千三百户；长孙顺德、柴绍、罗艺、李孝恭一千二百户；侯君集、张公谨、刘师立一千户；李勣[①]、刘弘基九百户；高士廉、宇文士及、秦叔宝、程知节七百户；安兴贵、安修仁、唐俭、窦轨、屈突通、萧瑀、封德彝、刘义节六百户；钱九陇、樊兴、公孙武达、李孟常、段志玄、庞卿恽、张亮、李靖、杜淹、元仲文四百户；张长逊、张平高、李安远、李子和、秦行师、马三宝三百户。

大家仔细看这个名单，大有深意：

第一，武德第一重臣裴寂封赏最重，且宇文士及、唐俭、萧瑀、封德彝等李渊近臣均有封赏，只是不知为何没有陈叔达？太宗如此安排，显然是在表明尊重太上皇、尊重老臣的态度。

第二，太宗的四大心腹——长孙无忌、尉迟敬德、房玄龄、杜如晦——处于第二梯队。王君廓因诛杀庐江王李瑗有功，得以与四人平起平坐。名单中的绝大部分人都是太宗的人。这说明，真正的自己人

[①] 李世民即位后，李世勣为避讳，去掉"世"字，更名李勣。

是不会吃亏的。

第三，李孝恭、李勣、李靖三名中立派赫然在列。此三人在朝中和军中都颇有根基，必须加以笼络。李孝恭是宗室，功劳又大，所以食封最重。李勣的封户倒也符合他目前的位置。只是李靖无论资历、声望、功勋都在李勣之上，封户却比李勣少了将近一半，仅与钱九陇、樊兴之流并列。可见，太宗无法忘怀当日二李不肯支持他的旧怨。

第四，暗算了太宗的罗艺也在名单之中。渭水辱盟，罗艺引狼入室，太宗心知肚明，奈何此人手握重兵，虎踞泾州，急切难以除之，只能暂且稳住他，徐徐图之。

第五，有一个人原本有封，现在没了。谁啊？神通叔嘛！

综上可见，这份名单是一个妥协、折中、弥合的名单。从前，李世民是秦王党的老大，只为自己人争利；但现在他是大唐新君，要平衡亲人与外人、老人与新人、自己人与旧敌人等方方面面的关系，团结一切可以团结的力量，为江山社稷保稳定，为天下百姓谋福祉。

平心而论，名单中怎么都该有李神通的一席之地。太宗不赏他，除了气他乱出头之外，还有一个更重要的原因：他早就想遏制宗室势力的过度膨胀了。

李渊父兄死得早，连个侄子都没有，只好重用远房兄弟子侄。这样做有利有弊，好处不提了，单说一个最大的坏处：宗室势力迅速膨胀。武德年间，宗室获封郡王者高达35人，比亲王多了三四倍。这些人里头，如淮安王李神通、赵郡王李孝恭、江夏王李道宗等，皆手握重兵。如果放任下去，很难保证这些人或者他们的后代不会心生二意，觊觎帝位。毕竟，他们也姓李！更何况他们当中的大部分人当初可都是李建成那边的。

智者深谋远虑，当防患于未然，打压宗室已刻不容缓。太宗在朝会上装作轻描淡写地问大臣们："遍封宗子，于天下利乎？"此言一出，老狐狸封德彝就嗅出了其中的味道,马上贴了上来:"哎呀,太上皇为人重感情,但他分封的宗室太多了,在社会上影响不好,有违天下至公的大道啊!"所有大臣,不管出自哪一派别,均无异议。原因很简单,朝廷的利益蛋糕就那么大,宗室占得多,群臣就少了,所以挤走一伙儿是一伙儿。

十一月初八,太宗颁敕,除赵郡王李孝恭、淮安王李神通、江夏王李道宗等少数几名功勋卓著者外,其余的宗室郡王全部降为县公。唐制,公爵分三等,依次为国公、郡公、县公。国公可世袭,郡公和县公不可世袭。一下子从可世袭的郡王降到了公爵最末一等的县公,还不能世袭,力度可谓相当之大。

不好意思,虽然你们也姓李,但你们那个"李"是小写的。

此后,无论是平庸的李神通,还是强干的李孝恭,就都靠边站了,挂着闲职,歌舞度日。贞观四年,李神通去世。贞观十四年,李孝恭病殁。三年后,太宗于凌烟阁图形二十四功臣,李孝恭排第二,李神通名落孙山。在贞观政坛上,活跃着的武德宗室唯有李道宗一人。

年关将近,眼瞅就是新的一年。

新年首件大事是什么?当然是改元。

经过反复斟酌,太宗最终属意"贞观"二字。"贞观"出自《易经·系辞下》:"天地之道,贞观者也。"十八学士之一、孔子三十二代孙、经学家孔颖达做了详细解释:"天覆地载之道以贞正得一,故其功可为物之所观也。"行天地之道,还有比这更高大上的吗?!

转年正月初一,太宗李世民降敕改元。贞观[①]的时代就此揭开了序幕……

[①] 贞观元年(627年)至贞观二十三年(649年)。

第二章

励精图治

01. 大治之要

大家都知道太宗开创了"贞观之治"。可这并不是说他刚即位，"当"一下子就"贞观之治"了。为了在大乱之后实现大治，太宗可是费了不少心思，用了不少办法，也耗了不少时间。

隋炀帝留下的是一个烂摊子，经过李渊九年的缝缝补补，虽然烂的程度有所降低，但归根到底还是很烂。具体咋个烂法呢？可以用三个词12个字概括：人口锐减，民生凋敝，财富蒸发。

人口是国家的根本。据《资治通鉴》载，隋朝建立伊始，全国有近400万户。到隋文帝去世时，这个数字翻了一番，接近800万户，平均每年增长近20万户。有人要感慨了，杨坚太给力了！其实之所以能翻一番，隋文帝抚育有方倒在其次，主要是隋朝吞并了南陈，取得了南方的人口。隋炀帝大业五年是隋朝人口的峰值，达到了史无前例的890余万户。史称，"隋氏之盛，极于此矣"。

回顾隋末乱世，从大业七年（611年）王薄起兵，到贞观二年（628年）梁师都覆灭，总共18年。那么，经过这18年乱世的涤荡，全国还有多少人口呢？史书中没有留下武德朝和贞观朝的人口数据。关于唐朝人口数量的首次记载出现在高宗永徽三年（652年），时任户部尚书高履行（高士廉的儿子）奏报："今户三百八十万。"由此我们可以大致推算出，太宗即位之初，全国户口数应该都不到300万户。

他爸干了9年，他干了23年，加上他儿子的头三年，三代人干了35年，大唐的人口数甚至都比不上当年只占据半壁江山的北周。

列位先别惊呼，我们接着往下看。又过了半个世纪，到中宗神龙元年（705年），全国户数615万，总算超过了起点时的隋朝。唐朝接着追赶，又追了半个世纪，到玄宗天宝十三载（754年）总算赶上了，达到了906万户。也就是说，李家五代人接力，中间高宗一家四口齐上阵，七位帝王干了136年，才赶上了杨坚父子的二人转。

短短18年的战乱，损失了510万户，按每户五口人计，大约2500万人口。我特意查阅了一下2019年联合国经济和社会事务部人口司对世界各国人口的统计数据，隋末乱世损失的人口数几乎相当于一个澳大利亚或一个朝鲜的人口数。

18年的损失，用了136年才得以恢复，这就是乱世的代价。

而这样的乱世以及比这样的乱世还要乱的乱世，在中国历史上还有很多很多。

人口锐减，国力势必遭到严重削弱：首先，农民数量急剧减少，地没人种了，大量的良田撂了荒，农业凋敝，粮食匮乏，粮价奇高，百姓困顿；其次，人头少了，租庸调就少了，国家财政紧张，很多事需要办也想办，但是没钱，办不了；最后，可以服兵役的人少了，兵源渠道狭窄，兵员素质低下，军力就无法强大。

大唐的虚弱是肉眼可见的。大家可能想不到，唐初是禁止酿酒的，原因很可笑，粮食都不够吃，还酿什么酒啊？贞观四年（630年），高昌王麴①文泰入朝，行经秦陇，见城邑萧条，顿生轻中国之心，哂笑道："非复有隋之比！"贞观六年（632年），大唐开国都第十六年了，魏征还在表疏中说，"然承隋末大乱之后，户口未复，仓

---

① 麴，音区。

廪尚虚","今自伊、洛以东，至于海、岱，烟火尚希，灌莽极目","以隋之府库、仓廪、户口、甲兵之盛，考之今日，安得拟伦"。贞观十一年（637年），侍御史马周在奏疏中也说："今之户口不及隋之什一。"

太宗即位，面对的就是这么一个烂摊子。

大唐究竟该怎么治理？这个课题说难也难，但说简单其实也简单，只要看看大隋是怎么亡的，就知道该怎么做了。尤其隋炀帝的所作所为，简直就是一本错题集。

李渊父子亲身经历了隋之衰落，亲眼见证了隋之灭亡，深知杨广施政无道乃隋亡之根本原因。可太宗就想了，隋朝也不是没有人才，那么多人才就没一个看出炀帝的政策不对，应该做出调整吗？当然不是！问题在于：炀帝刚愎自用、拒谏饰非。大家说了他也不听，说多了还有性命之虞，只好缄口不言。于是，小的错误无法更改，变成了大的错误，日积月累，终致江山易主。

所以，太宗认定，治国的第一步就是要让人说话，要广开言路，让群臣百官敢说话、说真话、争着说话，形成群策群力、积极献言的良好政治氛围。他明白，要想达到这样的效果，他的态度和行动至关重要：一是要肯听，放下身段，摆低姿态，虚心纳谏；二是听了之后要照做，察纳雅言，迅速实施。

他首先注重发挥职业谏官的作用。谏官就是专以进谏、发表意见为工作内容的官员。唐初职业谏官共有24人，分别是左右散骑常侍4人、左右谏议大夫8人和左右补阙12人。贞观元年（627年）正月，太宗指示："从今往后，三品以上高干入阁奏事，谏官必须随行，一旦发现有人有过失，即可进谏。"

仅靠区区24个谏官说话，当然是不够的，必须把群臣百官也发动起来。老臣如果能带头，自然是极好的。所以，太宗就去动员几个老臣。

他先暗示晋阳元勋、两朝元老裴寂："最近有很多人上书言事，朕把他们的奏表贴在墙上，进进出出都要看一看。朕对国家大事很上心啊，经常思考治国之道到后半夜。裴公你也应当勤勉敬业，别辜负了朕的期望！"言下之意，裴寂，你可要多建言献策！但裴寂不知是没听懂还是装没听懂，没有任何行动。

太宗无奈，又让封德彝"举贤"。可封德彝左耳朵进右耳朵出，"久无所举"。太宗很不高兴，质问他。封德彝却说："不是臣不尽心，实在是现在没有奇才啊！"这话听着就生气，太宗大为光火："你不识才就不识才，怎么能说这一代人都没有奇才呢？！"封德彝"惭而退"。

太宗又旁敲侧击地动员萧瑀，先是顾左右而言他，用弓矢说事："朕小的时候特别喜欢弓矢，经过这些年的浸润，朕觉得自己就是弓矢的专家大拿，没有不懂的。可前不久朕拿了珍藏的几张弓给匠人看，匠人却说都不是好材料。朕很诧异，问他为什么这么说。他说，这些弓木的心都不直。朕这才恍然大悟，意识到自己还是不够专业。"然后，他意味深长地转到正题上："朕以弓矢定四方，居然还不能完全掌握弓矢的事情，何况是天下的事物呢？！"其实，他想说的是，萧瑀你得多多建言献策啊！萧瑀虽然连连称是，但也不见任何行动。

除了裴寂、封德彝和萧瑀，陈叔达、宇文士及、唐俭等老臣都是一些靠出身上位的人，本身能力泛泛，指望不上他们。再看看他的心腹们，杜如晦长于决断，不善谋划；房玄龄倒是能琢磨事儿，可此人素来谨慎，从不发表意见；长孙无忌又只会顺着他说。

打不开局面，太宗很愁！

02. 广开言路

困顿万分之际，他忽然想到了一个人，就是前不久刚刚跪着唱完"征服"的魏征。此人素有才名，又能言敢说，不如让他来做这个典型。于是，他"数引魏征入卧内，访以得失"。这一次他没有失望。魏征知无不言、言无不尽，且所说无不切中要害，把个太宗开心得要要的。

但很快他就见识到了魏征的执拗与尖锐。事情的经过是这样的：往年征兵，只征召年满十八的中男。但今年封德彝提出，只要"躯干壮大"，体形像个成人，即便不满十八岁，也在征召之列。太宗同意了，并且已经签署了文件，可魏征就是不肯署名下达。太宗在朝会时急了眼："那些人其实已经满十八岁了，不过是想逃避兵役而已，爱卿你为何如此固执？"不难看出，他已经保持了极大的克制。

被皇帝当堂问责，换作一般人早吓傻了，可魏征毫无惧色，居然指责起太宗来了："陛下每云：'吾以诚信御天下，欲使臣民皆无欺诈。'今即位未几，失信者数矣！"当着文武百官的面，指责皇帝言而无信。嗯，这就是魏征！

太宗都被怼愣了："朕何为失信？"

这话可问错了，魏征一口气指出他四个失信之处：

第一，陛下即位时曾下恩敕：百姓拖欠官家的财物，一律免除。但有关部门认为，百姓拖欠原秦王府的财物不属于官家财物，依旧追索。这可不对，陛下你由秦王升天子，秦王府的财物就是官家的财物，仍旧追索是不是失信？

第二，陛下还下令免收关中地区两年的租调，免除关外地区一年的徭役。但不知何故，后来又追加了补充条款，说今年已经缴纳租调和服徭役的百姓不在免除之列，免除政策明年才对他们有效。于是，有司将已经退还这部分百姓的租调又要了回来。这是不是失信？

第三，根据大唐的兵役制度，已经缴纳租调和服过徭役的男丁，不在征召之列。可陛下你又下令将这些人划入征召范围。这不是失信是什么？

第四，陛下素来宣称要"以诚信为治"，可实际上却不相信地方官，认为他们在征召兵员时帮助奸民逃避服役、欺瞒朝廷。这是不是言行不一？

满朝文武都蒙了，这个乡野村夫脑子进水了吧，这么数落圣上，活腻了吗？

不料，太宗听完却十分开心："我曾经以为是你固执，现在看来是朕的过错啊！"马上明令有司不点中男，并赏赐魏征金瓮一口。

大家都以为魏征人傻运气好，赶上太宗心情不错，殊不知魏征是满朝文武当中第一个号到太宗脉的人。

中央的典型树起来了，地方也得抓紧。太宗征召素有政声的景州录事参军张玄素入京问对。张玄素一开口，就说到他的心坎儿上了："隋炀帝刚愎自用，不相信大臣们。大臣们害怕，都不敢违逆他。仅凭隋炀帝一个人的智力，哪儿能决断得了天下的事务呢？所以，隋朝就亡了！陛下如果能学会选拔贤良、量才录用，何忧不治?！"太宗闻言大喜，马上调张玄素入京，任侍御史。

紧接着，又有人坐直升机了，前幽州总管府记室、现直中书省张蕴古上了篇《大宝箴》，说了几句"勿没没而暗，勿察察而明，虽冕旒①蔽目而视于未形，虽黈纩②塞耳而听于无声"之类玄而又玄的话，居然直升大理丞了。

这下中央、地方各级官吏可炸了锅：圣上鼓励进谏看来是真的。魏征、张玄素、张蕴古这几个不入流的家伙，不过说了几句人尽皆知的真话，又是升官又是发财的，好，那我们也说！于是，主动进谏的人一天比一天多了起来。

太宗很欣慰，但又有些困惑，大家在奏疏里滔滔不绝、慷慨激昂，可面对他时却一个个惶恐万分、磕磕巴巴。还是长孙皇后告诉他，陛下神采英毅，气场强大，百官们怕你。哦，原来是朕平时太严肃了。此后上朝，太宗都努力做到和颜悦色，让大家可以轻轻松松地说话。

让他倍感意外的是：前隋佞臣裴矩居然也加入了进谏的行列。

其实，裴矩是个能臣，屡建功勋，深得两代隋帝宠任。可他在隋炀帝时代，只知逢迎取悦，不敢谏诤。归唐后，他因为出身良好，受到了李渊的任用。但太宗对此人认可度很低，觉得这就是一个小人。

近日，有人反映刑部一名官员受贿。太宗不信，派人行贿试探。没想到，该官员真的收了。他很生气，打算处死此人。

这时，一向低眉顺眼的裴矩破天荒开了口："陛下，他受贿不对，您钓鱼执法就对了吗？"

讲真，这番话虽然正确，但分量并不重。可太宗居然在朝堂上当着全体文武的面公开表扬裴矩："裴矩能当官力争，不为面从，倘每事皆然，何忧不治！"

大家都把不准他的兴奋点。其实，相较于裴矩的言辞，太宗更看

---

① 旒，音刘。
② 黈纩，音透矿。

重他进谏的举动。这说明了一个道理：臣子成为什么样的臣子，主要看皇帝是什么样的皇帝。皇帝如果虚心纳谏，他们就敢说真话，就会成为忠臣；皇帝如果拒谏饰非，他们就虚伪逢迎，就会成为奸臣。在他这个有道明君的带动下，前隋的佞臣居然变成了大唐的诤臣。这个转变难道不可喜吗?!

这一次，大家彻彻底底看到了太宗的真心，圣上是真的导人进谏、从谏如流啊!

很快，他孜孜以求的群臣谠言直谏的良好风气真的形成了。贞观朝堂上涌现出了以魏征、王珪、戴胄、杜淹、孙伏伽、张行成等为代表的一大批直谏之臣。

03. 两大谏臣

这些人中要说敢谏、勤谏、善谏、谏成的，居然是当年李建成的左膀右臂——王珪和魏征。尤其魏征，江湖人送外号千手观音，啪啪打脸唐太宗。反倒是太宗最得意的长孙、房、杜，极少说与他意见相左的话。这真是一个很有意思的现象。

魏征的特点是执拗。俺老魏认准的事儿，您李世民必须听我的，一次不听，我就说两次，什么时候听了，我就不说了。所以，他经常把太宗怼毛了。但魏征他很嚣张很狂妄，居然不怕，永远"神色不移"。陛下你飙吧，我就静静地看你发飙。飙完了吗？嗯！飙完就好，来，听我说……

求太宗的心理阴影面积。

太宗喜欢出巡。魏征一贯反对，因为皇帝一生连呼吸都是金钱的味道，随便动弹动弹，就要花费大量的人力、财力、物力。为这事儿，两人没少过招儿。一次，魏征告假回乡祭祖。他想，圣上一定会趁我不在去终南山的，看我回去怎么收拾他。可太宗居然没去。憋了几天后，魏征忍不住了，跑来问太宗："我听别人说陛下想去终南山，而且已经准备妥当了，怎么没去呢？"太宗嘿嘿一笑："确实有这么回事，这不怕你唠叨嘛，所以干脆不去了！"

还有一次，太宗得到一只鹞鹰，十分喜爱，整日里玩弄。魏征听说后不开心了，这不是玩物丧志嘛，得治治他。这日，太宗正在玩鹞鹰，远远看见魏征来了，赶忙把鹞鹰塞到怀里。魏征其实早看见了，车轱辘话来回转，故意说了很久。等他走后，太宗掏出鹞鹰一看，已经闷死了。这哑巴亏吃的。

不过，执拗归执拗，魏征也并非总是一味地对着干，大多数时候他是以启发、诱导甚至鼓励为主的。

太宗看过《隋炀帝集》后很有感触："朕看了隋炀帝的文集，写得真不错啊，觉得他就是尧舜一般的明君，可是为什么他实践起来却成了夏桀商纣一样的暴君呢？"魏征就启发他思考："人君再优秀，也要虚怀若谷，察纳雅言。隋炀帝自以为是，刚愎自用，所以口诵尧舜之言而身为桀纣之行，以至于最终覆灭。"太宗豁然顿悟："前事不远，吾属之师也！"

因为大嘴巴不饶人，魏征得罪了不少人。一次，有人抓他的小辫子，告他给亲戚办事。太宗派温彦博去调查。一查，的确有亲戚找过魏征，但他既没表态，也没办事。温彦博认为："（魏征）心虽无私，亦有可责。"太宗私下传话给魏征："自今宜存形迹。"言下之意，你即便照顾了个别亲属，朕也会睁一只眼闭一只眼的。

好嘛，魏征可逮着机会了，找上门来了，一开口就是："君臣同体,理应彼此坦诚。陛下让臣'存形迹',这是亡国的论调,臣可不敢奉诏。"旁边站着起居郎呢,太宗很是下不来台,赶紧找补:"吾已悔之。"魏征拜了两拜道:"希望陛下让臣成为良臣,而不是忠臣!"太宗只知忠奸之分,不知忠良还有区别,很好奇:"忠臣和良臣有什么不同吗?"魏征回答说:"稷①、契②、皋陶③,君臣协心,俱享尊荣,所谓良臣。龙逄④、比干⑤,面折廷争,身诛国亡,所谓忠臣。"话里的意思,我想跟着明君做良臣,不想跟着昏君做忠臣,陛下,你可要争气呀!太宗高兴坏了,当场赏赐魏征五百匹绢。

这就是魏征,总能让太宗瞬间落入无底深渊,转眼又让他爽上九天。

和魏征不同,王珪的进谏风格比较委婉,讲求以理服人,让太宗主动接纳。

一次君臣闲谈,太宗指着身旁的一个美女说对王珪说:"这是庐江王李瑗的侍妾。李瑗这个混蛋玩意儿杀了她的丈夫,强迫她当了侍妾。"王珪听了,马上离席,正色问道:"那陛下您觉得李瑗所为是对是错呢?"太宗很纳闷,肯定是错的啊,这有啥可问的?!

王珪就讲起了段子,说春秋时期齐桓公灭了郭国。齐桓公知道,郭公灭亡的原因在于他虽然喜好良言但是不能采用。管仲认为,齐桓公也是郭公一流人物。听听,是不是云里雾里的,不知道他要说个

---

① 稷,周族始祖,辅佐大禹,教民稼穑,树艺五谷。
② 契,商族始祖,辅佐尧帝,发明以火纪时的历法,筑造世界最早的观星台——阏伯台。
③ 皋陶,"上古四圣"(尧、舜、禹、皋陶)之一,后世尊为"中国司法始祖"。
④ 关龙逄,夏朝大臣,因劝谏夏桀而被杀。
⑤ 比干,商朝宗室、大臣,因劝谏商纣而被杀。

啥。忽然，他话锋一转："如今您留这个美人在身边，我觉得您和郭公、齐桓公差不多。"

太宗听懂了，老脸一红，马上就让美女出宫还家。

还有一次，太宗让太常少卿祖孝孙教宫女们奏乐。他对教学效果很不满意，严厉批评了祖孝孙。温彦博和王珪在一旁劝："祖孝孙是文人雅士，本就不该大材小用，让他来教这些宫女。教就教吧，您还斥责他，我们觉得这样很不妥！"太宗正在气头上："我让你们当近臣，是看中了你们的忠直，可你们却附下罔上，为祖孝孙当说客！"

温彦博赶紧下跪。王珪仍旧站着："陛下希望我们忠直，我们今天说的话也都是忠直之言，怎么就成'附下罔上'了呢？陛下，这是您有负于臣等，不是臣等有负于陛下。"

太宗不说了，但还是想不开，"默然而罢"。第二天，他终于想开了，对房玄龄说："自古以来，帝王纳谏确实很难。朕昨天责备了温彦博和王珪，直到今天仍然很后悔！希望你们不要介意，还是要知无不言、言无不尽啊！"

后世提及"贞观之治"，最津津乐道的既不是路不拾遗、夜不闭户的和谐社会图景，也不是击灭靺鞨、拓地千里的盛大武功，而是群臣踊跃进谏、君王积极纳谏的政治风尚。其实，历朝历代都有明君贤臣，也都有进谏与纳谏的典型案例，但为何李世民君臣最为知名呢？就是因为在别的朝代，进谏纳谏只是一种现象；而在唐代贞观朝，这是一种风气。贞观臣子抢着说真话，比着说真话，不怕皇帝发脾气，以驳倒皇帝的主张为傲；而太宗皇帝李世民不仅能做到虚心纳谏、从谏如流，而且积极地甚至是谦卑地导人进谏，这是相当难能可贵的。

04. 政治改革

任何一位帝王，哪怕能力再强，也不可能事事亲力亲为，都需要官员队伍发挥好作用。撇开能力素质上的个体差异不提，官员队伍作为一个整体，其作用发挥好坏与否，主要看体制结构合理不合理。

武德年间，官员队伍的运行机制以及规模结构就不太好。

我们先说中央政府的情况。根据《唐六典》①的记载，完整的唐代中央政府架构包括三师、三公、六省、六部、一台、九寺、五监、十二卫和东宫官属②。但实际上把持朝廷核心大权的是三省六部一台。

三省的第一省叫中书省，其职能是根据皇帝的意志，起草皇帝的命令——敕书，并加盖中书省的印章。敕书起草完毕，先送皇帝审核，皇帝如果满意，就在上面画个圈以示同意，这叫画敕。皇帝都同意了，可以施行了吧？不！唐朝的制度先进就先进在这里，皇帝画了敕还不算完，敕书还要经过门下省副署才行。

---

① 《唐六典》是唐玄宗时官修的一部行政法典，规定了中央和地方国家机关的机构、编制、职责、人员、品位、待遇等，注中又叙述了官制的历史沿革。《唐六典》是我国现有的最早的行政法典。

② 三师：太师、太傅、太保。三公：太尉、司徒、司空。六省：尚书省、门下省、中书省、秘书省、殿中省、内侍省。六部：吏部、户部、礼部、兵部、刑部、工部。一台：御史台。九寺：太常寺、光禄寺、卫尉寺、宗正寺、太仆寺、大理寺、鸿胪寺、司农寺、大府寺。五监设置屡有变化，先后有国子监、少府监、军器监、将作监、百工监、就谷监、库谷监、太阴监、伊阳监、都水监等。以上皆为文官。十二卫为武官，即左右卫、左右骁卫、左右武卫、左右威卫、左右领军卫和左右金吾卫。东宫官属包括太子三师、太子三少、太子詹事府、太子家令寺、太子率更寺、太子仆寺、太子左右卫率府、左右率府亲府勋府翊府、太子左右司御率府、太子左右内率府。

门下省的任务就是审核中书省起草的敕书，如果认为敕书内容不合理，即便皇帝已经画了敕，也会批注发还中书省，这叫封驳；如果觉得内容合理可行，就在中书省的印章旁加盖门下省的印章，敕书正式生效，移送尚书省执行。

所以，一道敕书只有两省都审核同意了，才会生效。

尚书省是执行机关，不参与决策过程，其工作内容就是将生效的敕付诸实施。尚书省下设六个部，这里要敲黑板了，六部是有顺序的：李渊时代的排序是吏、礼、兵、民、刑、工；太宗即位后，一方面改民部为户部，这是为了避他的名讳，另一方面出于民本思想，将户部放到了兵部的前面，变成了吏、礼、户、兵、刑、工。六部的职能从名字就看得出来，吏部管官吏，礼部管思想，户部管民政，兵部管军事，刑部管司法，工部管建设。大家已经知道，尚书省名义上的最高长官尚书令设而不配，是个虚职，实际的最高长官有两个，左仆射和右仆射，正好一人分管三个部，左仆射管吏部、礼部、户部，右仆射管兵部、刑部、工部。

一台，即御史台，相当于现在的监察机关。唐初御史台的权力是很大的，"正朝廷纲纪，举百家紊失"，甚至只要听到传闻就可以发起弹劾，不需要确凿的证据，也不会被追责，吓人不吓人？

在太宗时代，御史台有左、右两个，左台负责监察中央，因为只监察行政权的执行情况，所以其对象不包括中书省和门下省，只限于尚书省六部。右台主监察地方，监察地方的御史叫监察使。

总的来看，唐朝的中央体制设计理念还是很先进的，中书省是命令机关，门下省是审核机关，尚书省是执行机关，御史台是监察机关，分工明确，形成了闭合回路，既有行政权内部的分割与制衡，也有行政权和监察权之间的制衡。所以，后世宋、元、明、清等朝基本沿袭了唐朝的路数。

但是，制度设计得再好，如果执行不到位，效果也不会理想。武德年间，这个制度就执行得不太好，主要表现为四点：

其一，中书省每次起草的敕书都是一个调子，没有不同意见。其实，为了充分发扬省内民主、倾听各方意见，已经发明了"五花判事"的制度设计。这里的"五花"指的是由中书省具体负责草拟敕书的五名中书舍人，分别写下各自意见，供皇帝和门下省参酌。但在实际运行过程中，或是碍于同僚情面，或是因为消极怠政，"五花"往往统一成"一花"。

其二，门下省的把关作用发挥得不到位，几乎很少封驳中书省的敕书，两省之间一团和气，分权制衡完全成了空话。

其三，尚书省两仆射事无巨细、躬亲过问，统得太死。一方面，仆射连断案这样的琐事都要亲自参与，忙得要死；另一方面，仆射的副手——尚书左右丞和六部尚书顾及两位主官，不敢也不好发挥主观能动性。

其四，地方监察这块儿不到位。御史编制有限，拢共就那么几个人，但地方政府数以百千计，如何科学地做到监察全覆盖，没人认真研究这个问题，更何谈落实呢？！

太宗早就注意到这些问题了。所以他即位不久，就频频表达了对三省的不满。

他曾单独对门下省副长官——黄门侍郎王珪说："国家本置中书、门下以相检察，中书诏敕或有差失，则门下当行驳正。人心所见，互有不同，苟论难往来，务求至当，舍己从人，亦复何伤！比来或护己之短，遂成怨隙，或苟避私怨，知非不正，顺一人颜情，为兆民之深患，此乃亡国之政也。"听听，亡国之政，这话说得很重很重了。门下省很快进行了整改。

可中书省还没转过弯来，依旧"一花"着。李世民怒了，当着所有三省高官的面发了飙："中书、门下，机要之司，诏敕有不便者，皆应论执。比来唯睹顺从，不闻违异。若但行文书，则谁不可为，何必择才也！"把诸位宰相吓得"皆顿首谢"。从这以后，两省开始认真履职，积极作为，"由是鲜有败事"。

李世民还严肃批评了时任左右尚书仆射的房玄龄和杜如晦："公为仆射，当广求贤人，随才授任，此宰相之职也。比闻听受辞讼，日不暇给，安能助朕求贤乎！"并立即下敕："尚书细务属左右丞，唯大事应奏者，乃关仆射。"尚书省的运行也步入了正轨。

此外，太宗还扩充了宰相的数量，削减了中央省台官员的数量。

唐初商议国家大事的最高场所叫政事堂，类似于清朝的军机处，最初设在门下省，中宗即位后迁到了中书省。在唐人的认知里，能进到政事堂里，和皇帝小范围、面对面商决国家大事的，才能叫宰相。武德时代，够格进入政事堂的只有三省的最高长官。天大的事，这几个人就拍板了，有时难免出现决策失误，毕竟宰相是人不是神。

为了进一步发挥集体智慧，减少决策失误，太宗不断扩充宰相的数量。具体办法是：给一些他认为够资格、有能力参与国家大项决策的大臣，加上"参预朝政""参知机务""参知政事""参议朝政""同中书门下三品"等头衔，允许他们进政事堂议事。

贞观元年（627年）九月，御史大夫杜淹参预朝政，成为第一个编外宰相。"参知机务"第一人是中书侍郎崔仁师。"参知政事"第一人是黄门侍郎刘洎。"参议朝政"第一人是御史大夫萧瑀。"同中书门下三品"始于贞观十七年，首获此殊荣的是李勣和萧瑀。此外如守秘书监魏征、户部尚书戴胄、兵部尚书侯君集、刑部尚书张亮、黄门侍郎褚遂良等人，都是通过以上方式成为宰相的。

太宗给宰相做加法，或许还有一个不可告人的目的，就是进一步拆解相权，防止权力过度集中、危及皇权。毕竟在节度使出现以前，最让大唐皇帝爱恨交加、牵肠挂肚的就是宰相了。

给宰相做加法，对朝廷其他官员却要做减法。太宗一再申明："官在得人，不在员多。"命房玄龄裁并削减，最终将宰相以下文武官员削减至643人。他还特别强调："自此以后，不可超授官爵。""吾以此待天下贤才，足矣。"偌大一个帝国的中央政府居然仅有六百多人，够用吗？能干好吗？事实证明，不仅够用，而且干得很好，硬是干出了一个闪闪发光的"贞观之治"。

再说地方的改革。

武德时期，地方分为州、郡、县三级，其数量总和是隋朝时的一倍还多。为什么会出现这种情况呢？这都要怪李渊，为了招揽人心，他大肆"分置州县"，封了一大堆刺史、郡守、县令。这就好比将北京市拆分为东城市、西城市、海淀市、大兴市等。整个武德九年下来，地方官员的数量就积累成了一个庞大的数字，引发了一系列问题：一来这些人的工资加起来可不是一个小数目，让原本就紧张的中央财政雪上加霜；二来官员多了，人浮于事，相互推诿，效率低下。总之，地方行政一塌糊涂，不利于国家稳定。

太宗首先把郡这一级砍掉，施行州县二级制；然后大规模合并州县，好比再把东城、西城、海淀、大兴等整合成北京市，大大削减了州县的数量。

发展到贞观十四年，全国仅有360个州（府）1557个县。

关于地方监察的问题，他也想到了解决之道。贞观元年二月，敕令依山川地理将全国划分为十个监察片区。这种片区在当时被称为"道"。这就是历史上著名的贞观十道。

黄河以北分为四个道，由西向东依次是陇右道、关内道、河东道和河北道。陇右道相当于今甘肃省六盘山以西，青海省青海湖以东以及新疆东部地区。关内道相当于今秦岭以北，宁夏贺兰山以东，内蒙古呼和浩特市以西，阴山、狼山（今内蒙古巴彦淖尔市临河区北狼山镇一带）以南的河套地区。河东道相当于今山西省全境和河北省西北部。河北道包括河北大部以及河南、山西、北京、天津、山东的黄河以北地区。顺便说一句，今河北省名就是来自河北道。

长江以南虽然地方广大，但在当时还是欠发达地区，仅分为江南和岭南两个道。江南道辖境覆盖今浙江、福建、江西、湖南及江苏、安徽、湖北之长江以南、四川东南部和贵州东北部之地。岭南道辖境包含今广东全部、广西大部、云南东南部和越南横山①以北地区。

黄河和长江之间的广大地区分为四个道，由西向东依次是剑（剑门关）南道、山（终南山）南道、河南道和淮南道。剑南道辖境相当于今四川省大部，云南省澜沧江、哀牢山以东及贵州省北端、甘肃省文县一带。山南道包括今湖北长江以北部分，汉江以西、陕西终南山以南、河南北岭以南、四川剑阁以东、长江以南之地。河南道辖境相当于现在的山东省、河南省全境以及江苏、安徽二省长江以北地区。河南道也是今河南省名的由来。淮南道相当于现在的江苏省中部、安徽省中部、湖北省东北部和河南省东南角。

05. 增殖人口

世人都以为唐太宗李世民和隋炀帝杨广是一个硬币的两面，是截然相反的两个人。其实，如果仔细研读历史，大家就会发现这两个人

---

① 横山是大唐和林邑国的界山。

相似得厉害，都是次子上位，都是聪明、有才华、武功卓著的帝王，都爱跟高句丽掰腕子。他们俩之间大的区别不多，就两个：第一，一个虚心纳谏，一个拒谏饰非；第二，一个以人为本，一个以己为本。

天地之大，黎元为先。人本思想不仅是太宗区别于隋炀帝的根本所在，也是他区别于历朝历代君王的显著特征。考虑到太宗本人是贵族出身，还不是一般的贵族，他能有这样的思想，殊为可贵。

他为什么会有这样的思想呢？我以为主要原因有两个：一来他亲眼看到了农民起义瓦解隋朝的全过程，意识到重视民生，让百姓有活路有出路，对王朝的稳固与持久至关重要。贞观二年他就说过："国以人为本，人以衣食为本。"二来他原有的这种朴素意识又受到了魏征的进一步影响。《贞观政要》记载，魏征曾对太宗说过："君，舟也；人，水也。水能载舟，亦能覆舟。"太宗深以为然。

国家要振兴，关键得有人，没有人，什么都无从谈起。因此，太宗下了很大的力气，来解决人口不足的问题。

解决问题的办法，其实就藏在引发问题的原因里。那么，两千多万人口是怎么消失的呢？

大家能想到的首要一条，频仍的战争直接消耗了大量的生命。百姓既有当兵战死沙场的，也有为乱军所戕害的。虽然无法统计，但不难想见，是一个恐怖的数字。

不过，绝大多数消失的人口其实并非死于战争，而是离家躲避战乱或高额的税负去了。因为不在原籍待着，有司统计不到，就只能算作消失了。在国内到处跑的是流民，今天吐鲁番，明天海南岛，后天少林寺……哪里没战乱，就往哪里跑。跑到国外的叫难民，离哪个邻邦近就往哪个邻邦跑。

那么，问题来了，哪个邻国收留汉人最多呢？答案大家一定想不到，居然是突厥。

很多人受历史剧误导，以为突厥人对汉人就是一杀了之，实则不然。突厥地广人稀，种植业和手工业都不发达，汉人不仅会种田，还会各种手艺，正好能弥补突厥生产水平的短板。所以，突厥人对汉人其实是以劫掠为主，抢回来当奴隶当劳工。对于主动归附的汉人，他们十分欢迎，视为可汗的子民，更不会肆意杀戮。突厥汗国与中原王朝拥有漫长的国境线，自然就接纳了绝大部分难民。所以，我们经常能在《资治通鉴》中看到"时中国人避乱者多入突厥""隋末，中国人多没于突厥""华人入北，其众甚多"等记载。

其余难民则就近躲入了高句丽、吐谷浑、西南蛮等外邦。

原因找到了，办法就有了。

第一步，安抚流民。

流民不仅造成了人口流失，也严重威胁着社会治安和国家稳定。这些人到处乱跑，不事产业，迫于生计，自然就干起了坑蒙拐骗、打家劫舍的勾当。所以，唐初的社会治安非常糟糕。武德九年十一月，太宗即位还不足两个月，就召开御前会议，专门商讨止盗问题，可见盗贼问题的严重程度。

如何迅速稳定社会治安，老祖宗早有办法——治乱世用重典，严刑峻法，高压震慑。后世明太祖朱元璋就是这么搞的。会上，有人也提出用重典。但太宗并不这么认为，他一下子就抓住了问题的关键：最好的社会政策就是最好的刑事政策。赋税太重，百姓活不下去，才会跑出去做强盗。如果轻徭薄赋，发展农业，百姓都能自给自足、安居乐业，谁还会去做强盗呢？

唐廷陆续出台政策，一面约法省刑，行宽典；一面轻徭薄赋，施仁政。武德九年太宗敕令："关内及蒲、芮、虞、泰、陕、鼎六州免租调二年，自余给复一年。"贞观元年，山东大旱，他又"诏所在赈恤，无出今年租赋"。此后，太宗几乎每年都要免除一州或者数州的租调。

当然，唐初的轻徭薄赋无论在覆盖面还是力度上，都无法与西汉"文景之治"时的三十税一相比。这也是没办法的事，唐初人口太少了，国家财政收入很微薄，根本无力支撑全国性的豁免。

第二步，招徕、赎买难民。

有的国家对唐比较友好，听任难民归国。但有的国家，比如突厥，就不那么友好了，扣着不放。遇到这种情况，只能出钱赎买。到贞观三年，户部奏报："中国人自塞外归，及四夷前后降附者，男子一百二十余万口。"贞观五年（631年），击败东突厥后，太宗又赎回男女八万口。

第三步，着眼未来，奖励生育。

太宗即位当天就下敕："宫女众多，幽閟①可愍②，宜简出之，各归亲戚，任其适人。"这么多育龄女青年待在宫里干什么，都出去，嫁人生小孩去。

①閟，音闭。
②愍，音敏。

贞观元年二月,他又发布《令有司劝勉民间嫁娶诏》[1],从国家层面鼓励婚姻,其力度之大令人都想不到。

首先,将督促婚姻、增殖人口列为地方州县政府工作考核的重要指标。各州刺史、各县县令在这方面有突出成绩的,要加官;反之,则会被降职。并且,对于贫困男女,地方财政要保障其嫁妆彩礼。原本是民间私人行为的婚姻之事,现在被上升到了国家战略层面。

其次,规定男子年满二十,女子年满十五,丧偶男女服丧期满,就可以并且应该结婚了。为什么要加上"应该"呢?因为大唐朝不提倡不鼓励晚婚晚育,且支持丧偶男女再婚。地方官吏随时都在关注辖区内适龄男女的婚姻情况,只要发现有符合结婚或再婚条件的,马上上门做工作。

老崔啊,你家姑娘是不是年满十五了?不小了,赶紧嫁人吧?需要政府给你准备嫁妆的话,你就吱个声啊!我说老王,你家那个二小

---

[1] 昔周公治定制礼,垂裕后昆,命媒氏之职,以会男女,每以仲春之月,顺时行令。蕃育之礼既宏,邦家之化攸在。及政教凌迟,诸侯力争,官失其守,人变其风,致使谣俗有失时之讥,鳏寡无自存之术。汉魏作教,事非师古,道随世隐。义逐时乖。重以隋德沦胥,数锺《迍》《剥》,五都俱覆,万方咸荡。暨参墟奋旅,救彼艰危,区县削平,总斯图籍。顾瞻禹迹,提封尚存;乃眷周余,扫地咸尽。痛心疾首,寤寐无忘。盖惟上元之大备曰生,蒸民以最灵为贵,一经丧乱,多饵豺狼。朕肃奉天命,为之父母,平定甫尔,劬劳未堪。厚生乐业,尚多疏简,永言亭育,用切于怀。若不申之以婚姻,明之以顾复,便恐中馈之礼斯废,绝嗣之衅方深。既生怀怨旷之情,或致淫奔之辱。宪章典故,实所庶几。宜令有司,所在劝勉,其庶人之男女无室家者,并仰州县官人,以礼聘娶。皆任其同类相求,不得抑取。男年二十女年十五已上,及妻丧达制之后,孀居服纪已除,并须申以媒媾,令其好合。若贫窭之徒,将迎匮乏者,仰于其亲近,及乡里富之家,褒多益寡,使得资送以济。其鳏夫年六十寡妇年五十已上,及妇人虽尚少而有男女。及守志贞洁者,并任其情愿,无劳抑以嫁娶。刺史县令以下官人,若能使婚姻及时,鳏寡数少,量准户口增多,以进考第。如其劝导乖方,失于配偶,准户减少,以附殿失。

子马上就二十岁了,婚姻大事该考虑了,聘礼的事你不要愁,政府给你解决。刘寡妇,跟你说多少次了,服丧期已经满了,你可以再嫁了。你为亡夫守节的心意我们是尊重的,但你年纪轻轻又没有孩子,政府不鼓励你守节,还是赶紧嫁人吧。你要是不听话,本官半夜就来敲门了!

事实上,除了以下三种人不在鼓励婚姻的范畴内,其余的都是地方官的工作对象。哪三种人呢?第一种,年过六十的鳏夫,基本上已经丧失了让女性怀孕的能力。第二种,年过五十的寡妇,绝经了,即便结了婚也生不下孩子。第三种,不到五十岁的寡妇,但是育有儿女,且本人愿意为亡夫守节的。

这几项措施一实施,人口就开始往上走了。经过二十多年的努力,到高宗永徽三年(652年)就有了380万户。有人说了,这速度也不快啊!没办法,主要是基数太小,能有这个成绩已经相当不错了。

06. 静民务农

增殖人口,最根本的目的还是发展农业生产。封建王朝以农业为本,只有农业强了,王朝才会兴盛。这里面的因果利害,太宗看得很透:"国以民为本,人以食为命。若禾黍不登,则兆庶非国家所有。"

举凡领导搞事情,第一步肯定是思想发动。

贞观元年二月初十,太宗让长孙皇后带着后宫妃嫔及命妇①,公开

---

① 命妇,泛称受有封号的妇女。

集体纺蚕丝，先把妇女们的生产积极性调动起来。

女织布来男耕田，发动完妇女，就该发动男人了，贞观三年（629年）正月，他特意举行了已经中断了几十年的"籍田礼"。

籍田礼是吉礼的一种，其仪式是这样的：

孟春正月，于春耕之前的某天清晨，先以太牢①祭祀神农②。

然后，在国都近郊，由天子执耒③或犁，从地的这一头推到另一头，如是往返三次④。

随后，由籍田令率众耕播，礼毕。

最后，皇帝下敕，命天下州县及时春耕：冰河解冻，彩蝶纷飞，狗熊撒欢，春暖花开，万物复苏，这是一个耕作的季节。

既然是一种礼仪，象征意义当然大于实际意义，但它体现了最高统治者对农耕的重视。从西周开始，历代帝王基本上都会行此大礼。当然也有例外，比如隋炀帝就对农业生产很不重视，加之到处浪游没时间，从没搞过。隋末乱世，各路割据势力忙着抢钱抢地抢粮抢娘儿们，哪有心思管这闲事？都没搞过。李渊当皇帝，一忙统一，二忙突厥，也没搞过。

贞观三年正月，大唐皇帝李世民在长安东郊耕籍田。由于这项礼仪已经停办几十年了，百姓都没见过，觉得很新鲜，纷纷赶来看热闹。当大家看到皇帝居然也像个农夫似的推犁执耒，"莫不骇跃"，原来陛下对种地这么重视，他老人家认准的事儿还能错嘛，我们要好好种地了。

---

① 古代帝王祭祀社稷时，牛、羊、豕（猪的古名）三牲全备为"太牢"。诸侯、卿大夫祭祀时，只能用羊、豕各一，称为"少牢"。
② 神农，指神农氏，即炎帝。
③ 耒，音垒。
④ 依礼制，王公诸侯五推五返，卿大夫七推七返，士九推九返。

皇后纺丝，皇帝籍田，这叫什么？对，这就叫劝课农桑。

他俩一带动，全国马上就动了起来，各州都督刺史、各县县令踊跃劝农耕织。其中，以洛州都督窦轨最为激进，专门组织人手在境内明察暗访，一旦发现游手好闲的人，马上强令种地，不听就将其关入大牢。唐廷还派出专职劝农员，赴各地巡视监察。

太宗还非常重视不违农时，天大地大不如农时大，春耕夏耘秋收冬藏，这是头号天条铁律，什么事情都要给农时让路。贞观五年（631年），太子李承乾已届12岁，该行冠礼①了。有司占卜二月最吉，建议在二月行礼，结果报到太宗这里却被否了。因为二月正是春耕时节，太子若在此时行冠礼，势必会分散百姓注意力，牵扯农人的精力。太宗大笔一挥，硬是将冠礼日期推迟到了秋后十月。

太宗是个狩猎控。先前他总爱在春天打猎，天气好，野兽又多。为了不妨碍百姓耕作，愣是把这个习惯改了，改成秋后打猎。

为了从制度上确保不违农时，朝廷还出台法律，将违背农时的行为列为犯罪。例如，规定各级政府在农忙时节征发徭役，以贪赃论处。

此外，太宗还进一步改革了均田制。

《李唐开国》里讲过，唐版均田制是李建成搞起来的，颁行于武德七年（624年）三月。但是，从武德七年到武德九年的三年里，因为政治斗争，这项制度并未得到很好的贯彻。太宗即位后，又进行了修补，主要解决了部分狭乡授田数不达标的问题。

依照人均分配土地面积是否达到规定的最低标准，唐廷将最底层的行政单位——乡分为狭乡和宽乡两种。狭乡是人均耕地面积不达标

---

① 冠礼是古代中国汉族男性的成年礼。与冠礼相对的是"笄礼"，特指女性的成年礼。

的乡。宽乡就是人均耕地面积绰绰有余的乡。这个很好理解，各地自然环境、地理地貌千差万别，自然有富有贫。封建时代对农民的管控是十分严厉的，严禁私自迁徙，不许他跑到别的地方去种地。太宗觉得不宜统得太死，就出台政策，允许狭乡农民向宽乡迁徙。

通过种种得力措施，全国人口数量开始回升，农业生产得到了恢复，各项社会建设也渐入佳境。

事实上，贞观头四年，国力恢复的速度相当快。当年越王勾践为了灭吴，十年生聚，十年教训，足足用了二十年。西汉历高祖、惠帝、文帝、景帝四代，直到汉武帝时才具备了击败匈奴的实力。而太宗仅用了四年左右，就将国力提升到能击败突厥的程度，绝对称得上奇迹。

追根溯源，就是因为他个人能力极其出众，思路举措极其得力。

人们总是企盼颂扬好时代。好时代，好时代，什么是好时代？总结历史，其实就两条：一是政治清明，二是经济发展。政治是否清明，关系社会公平正义；经济是否发展，关系百姓衣食住用，二者缺一不可。政治不清明，经济再怎么发展，百姓也不会满意；或者光是政治清明，经济却停滞不前，百姓生活困顿，也不算好时代。任何一个时代，任何一位领导人，只要做到了这两点，就是圣主明君、人民领袖了。

休养生息是为了更好地劳作。经过四年的休养，太宗感觉大唐和自己都休养得差不多了，应该干点事情了。干什么呢？

当然是复仇！

第二章 北灭突厥

01. 颉利政乱

我们都知道李世民的庙号是唐太宗，可你们知道他的谥号是什么吗？说出来大家都不信，居然是唐文帝！说实话，李世民和"文"的确也沾些边，他倡兴文教，本人又是诗人和书法家，但在"文"和"武"的天平上，他偏"武"偏得太厉害了。武人出身的他骨子里比谁都迷信武力，与其称他为唐文帝，不如称作唐武帝更为合适。

渭水辱盟，他早就想报复突厥、报复颉利了，之所以隐忍至今，一是因为李建成、李元吉余孽蠢蠢欲动，苑君璋、梁师都二匪骚扰不断，政局不稳；二是因为连年天灾，《资治通鉴》载："元年，关中饥，米斗直绢一匹；二年，天下蝗；三年，大水。"军费不足。

政局到底有多不稳呢？这么说吧，仅贞观元年一年就发生了四件谋反大案。

正月，他刚刚更定年号，正准备行天地之道时，罗艺自称收到了李渊入京勤王的密旨，于泾州举天节军叛乱，进占豳州（今陕西咸阳彬县）。太宗接警，立派长孙无忌等率军迎战。好在大军尚未抵达，罗艺便已败亡。豳州治中赵慈皓（已故李渊五驸马赵慈景之弟）与天节军统军杨岌不愿附逆，商定城内外一起动手，夹击罗艺。可惜消息走漏，罗艺抢先抓捕了城内的赵慈皓。城外的杨岌得知后，当即举兵攻城。罗艺弃城北走，打算逃到突厥去，行至今甘肃庆阳宁县时，为左右所杀。

罗艺授首不足三个月，又冒出了凉州都督、长乐王李幼良图谋不轨案。李幼良是太宗的堂叔，已故长平王李叔良的亲弟弟，李建成的支持者。罗艺被杀后，朝中有人弹劾李幼良纵容部下"侵暴百姓""与羌、胡互市"，并对朝廷不满，图谋不轨。太宗派中书令宇文士及赴凉州调查。四月，李幼良被赐死。

连着两起谋反大案后，五月总算来了个好消息：苑君璋来降。自武德三年（620年）刘武周败亡后，苑君璋撑了近七年，终于撑不住了。太宗拜他为隰①州（今山西临汾隰县）都督，封芮国公。

至此，隋末群雄只剩一个梁师都了。

形势如此喜人，也难怪太宗动了讨伐颉利的心思："颉利君臣昏虐，危亡可必。今击之，则新与之盟；不击，恐失机会。如何而可？"

没想到，一向对他言听计从的把兄弟长孙无忌居然投了反对票："虏不犯塞而弃信劳民，非王者之师也。"当然，这是场面上的话。实际的情况是今年山东大旱，关中饥馑，一斗米居然值绢一匹。怎么打？拿啥打！

太宗只得作罢。

还好没打，九月又出了幽州都督王君廓谋反被杀事。自出卖老丈人李瑗后，王君廓以幽州王自居，多为不法。太宗还能没有眼线？听闻后即征他入朝。王君廓心里有鬼，走到渭南时恐惧达到了顶点，心态崩了，竟然斩杀驿吏，打算去投颉利。也是他点儿背，逃跑路上碰到一群流民拦路抢劫，竟然被活活打死了。

一代名将死得那叫一个窝囊！

王君廓尸骨未寒，利州（今四川广元利州区）都督、义安王李孝

---

① 隰，音西。

常又反了。当年，李孝常举永丰仓降唐，一解大军西进之忧，加之又是窦家的女婿，故深得李渊器重，获封义安郡王。罗艺死后，其弟利州都督罗寿也被捕杀。太宗调李孝常任利州都督。可能是李孝常隐藏得比较深，太宗一直不知道他是李建成的人，待到听闻他在利州招兵买马时才恍然大悟，立即召李孝常回长安。李孝常回到长安后仍不安分，勾连右武卫将军刘德裕、统军元弘善、监门将军长孙安业等人，图谋策动禁军政变。太宗早有准备，挫败了他们的阴谋。除长孙安业靠姓氏保住一条性命外，李孝常等人均被处死。

太宗觉得日子不好过，殊不知他的老朋友颉利日子更不好过。在过去的一年里，颉利成功地把汗国上上下下、里里外外得罪了个遍。

我们知道，颉利的汗位是他和义成公主急赤白脸地从郁射设手上抢来的，其正统性根本不成立。各部酋长虽不得不屈从于他们叔嫂二人的淫威，但内心多有非议，与颉利貌合神离。颉利对此也是清楚的，所以就听从汉人谋士赵德言的建议，仿照汉人制度，推出了一系列旨在加强中央集权的措施和制度。

但此举反而进一步扩大了他与各部酋长之间的裂痕。因为，突厥体制与中华体制不同。汉人是农耕民族，中华帝国是君主专制国家，皇帝拥有绝对的权力，是万万人之上、仅次于天的存在。而突厥人是游牧民族，突厥汗国是部落联盟，类似于现在的联邦制国家，可汗不过是一群酋长中实力最强的那一个。现在颉利不满足于做可汗，想当突厥人的皇帝，你们说各部酋长能开心吗？

不只上层，突厥民众对他也很有意见。游牧民族逐水草迁徙，政令法令都很简单粗暴，生活方式更是自由散漫，他们接受不了汉人的繁文缛节和烦琐制度，对颉利的改革怨声载道。一些保守分子甚至认为，颉利搞汉化是对大突厥游牧传统的背叛。

颉利没有北魏孝文帝的本事，却有孝文帝的野心，见本部众不为己用，就重用汉人和中亚的粟特人为行政官员，强力推行汉化。本族人不听话，所以重用外族人；但越是重用外族人，本族人就越是与他离心离德，颉利陷入了一个死循环。苑君璋之所以要反颉利，就是看到突厥上下离心，势不能久，不足倚靠。

继得罪了突厥本部后，颉利又把诸藩属部落都得罪了。

东突厥汗国是一个超级部落联盟，其主体民族为突厥人，细分为阿史那、舍利吐利、绰部、思壁、白登、苏农、阿史德、执失、卑失、郁射、多地艺失等多个部落；在突厥人以外，还有很多藩属部落，包括漠北的铁勒诸部和东部的契丹、库莫奚（简称奚）、靺鞨等部。

武德九年（626年）冬，一场罕见的大雪灾席卷了大漠南北，冻死牛羊无数。祸不单行，贞观元年冬，草原又是一个大雪灾，"平地数尺，羊马多死，民大饥"。

农耕民族最怕旱涝，游牧民族则最怕雪灾。颉利慌了，担心李唐趁机进军，引兵直入朔州境上，"扬言会猎，实设备焉"。

太宗派鸿胪卿郑元璹[①]前往慰问。说是慰问，其实就是以幸灾乐祸的心态，行侦察刺探之实。郑元璹回来后是这么说的："戎狄兴衰全看牛马状态。如今突厥连遭天灾，民饥畜瘦，不出三年，必将覆灭！"从后来的史实看，老郑这话准得可怕。

这时，群臣百官也大肆鼓噪，征讨突厥。太宗却拒绝了："背弃盟约，是为不信；利人之灾，是为不仁；趁人之危，是为不武。朕不会这么做的，除非颉利有罪，朕才会讨伐他。"这纯属装腔作势了，他心里清楚，突厥之所以能崛起，靠的是本部而非铁勒诸部，只要本部不乱，突厥就不会迅速灭亡。时机尚未成熟，他还要再等等。

连着两年天灾，突厥的财政就吃紧了。关键时候，颉利的胳膊肘

---

① 璹，音熟。

还是要朝里拐的，向诸藩属部落课以重税，以救济本部。这些藩属部落就不乐意了：就你们突厥人的命金贵，我们的命就不值钱?!于是，漠北一声炮响，反了铁勒三强——薛延陀、回纥、拔野古三部。

铁勒在中国历史上还有很多"马甲"，如丁零、高车、敕勒等。"敕勒川，阴山下，天似穹庐，笼盖四野。天苍苍，野茫茫，风吹草低见牛羊。"著名的《敕勒歌》就是这个民族的草原牧歌。隋唐之际，中原人认为铁勒有九个部落，每部一姓，所以管他们叫"九姓铁勒"。其实铁勒至少有十五部，包括薛延陀、契苾、回纥（又译袁纥）、都播、骨利干、多滥葛（又译多览葛）、仆固（又译仆骨）、拔野古（又译拔野固、拔曳古、拔也固）、同罗、浑、思结、斛薛、奚结、阿跌和白霫①。铁勒诸部人口众多，且语言、风俗与突厥相同，是联盟中的铁杆老二。俩突厥分立后，铁勒诸部摇摆于二者之间，谁胳膊粗听谁的。隋唐之际，铁勒大部臣属东突厥。

薛延陀酋长夷男年初刚从西突厥那边儿投到东突厥，就赶上了这档子事儿，气不过啊，振臂一呼，带着回纥和拔野古一起反了。

颉利忙调五个设的兵力征讨，其中四个设对付薛延陀，始毕可汗之子欲谷设对付回纥。没想到回纥酋长菩萨仅凭五千骑，在马鬣山（在今蒙古国西南）大破欲谷设十万精骑；薛延陀夷男也连破突厥四设。铁勒诸部大受鼓舞，蠢蠢欲动，漠北风云板荡。

同是草原民族，薛延陀为什么这么厉害呢？因为和其他草原民族以骑兵制胜不同，薛延陀靠步兵称雄天下。它的步兵经过长期训练战斗，已经形成了一套克制轻骑兵的有效战法：每五人编为一个战斗小组，临阵时，"一人执马，四人前战，战胜则授以马追奔"。所以，他

---

① 霫，音习。铁勒诸部大部分都在漠北，唯有白霫射猎于西拉木伦河以北，与靺鞨、契丹、奚相连。

们是可步战可马战，战斗力和机动性结合得很好。

等啊等，终于被他等到了：贞观二年（628年）四月十一日，突利可汗请求入朝。

颉利、突利叔侄本就貌合神离。受薛延陀、回纥的影响，汗国东部的奚结、白霫等十多部叛归李唐。东部的话事人是突利，颉利自然要问责于他，搞得突利很没面子。随后，颉利又调突利部北上进剿薛延陀和回纥。突利却被二部打得丢盔弃甲，轻骑奔回。颉利大怒，用鞭子把突利狠狠抽了一顿，又关了十来天。突利大为不满，生出背叛之心，从此屡屡拒绝征召。颉利暴怒，拟发兵攻打突利。突利慌了，遂上书太宗，请求入朝：大哥，求罩。

颉利和突利还没打起来，二十日，契丹一哥大贺摩会率众归降李唐。你们大小可汗都说不到一块儿，我们契丹人不跟你们玩儿了。

契丹族发源于西拉木伦河和老哈河流域，游牧于辽河以西地区，其中心大致在今内蒙古赤峰、通辽二市和辽宁朝阳市一带。隋末唐初，契丹共有八部，以大贺氏为联盟长。因为地缘政治的缘故，此时还很弱小的契丹人和他们的兄弟部落——奚人，摇摆于隋朝、突厥和高句丽三国之间，在夹缝中求生存，备受欺凌。

唐初，契丹诸部归顺东突厥，是汗国东部属部中最强大的一个。现任联盟长大贺摩会看到突厥二汗不和、铁勒反叛，觉得这个靠山可能要倒，就遣使归附了唐廷。这是契丹全族第一次归附唐朝。

太宗很开心，赐大贺摩会以旗鼓。

颉利顾不上打突利了，向太宗提出以梁师都置换契丹。

这事儿搁在以前，太宗肯定就答应了。但今时不同往日，趁着颉利和突利闹别扭的机会，他派柴绍、薛万均将朔方城（今陕西榆林靖边县红墩界镇白城子村）围得水泄不通，梁师都已成瓮中之鳖。对于颉利的提议，太宗根本不予理睬。果然，就在契丹降唐六天后，大将梁洛仁杀梁师都，献城投降。

至此，群雄幻灭，历时18年的隋末乱世宣告终结，华夏再次实现了统一。

02. 长途奔袭

契丹投降了，梁师都完了，颉利也慌了。

不过，内荏归内荏，色还是要装出厉的样子。九月初，突厥铁骑又一次出现在大唐边境线上。

朝中有人提出："请修古长城，发民乘堡障。"太宗当即否决，他的话掷地有声："朕方为公扫清沙漠，安用劳民远修障塞乎！"满朝文武这才看到了皇帝的真心和决心：他要扫清朔漠，一劳永逸地解决突厥问题。

紧接着，太宗宣布了一项新的人事任命：以李靖取代杜如晦为兵部尚书。如果颉利对唐廷的用将套路足够熟悉的话，他应该知道：每当唐廷重用李靖的时候，有些人的好日子就要到头了。

随后，唐廷遣使北上。但和以往不同，这一次唐使的目的地不再是突厥汗庭定襄（今内蒙古呼和浩特市和林格尔县北土城子古城），而是位于漠北郁督军山（又名乌德鞬山，今蒙古国杭爱山，突厥人称为燕然山）下的薛延陀酋长牙帐。

颉利不关心唐廷内政，太宗却对突厥内政了如指掌，他早已收到情报：不堪忍受突厥欺凌的铁勒各部公推薛延陀夷男为可汗，而夷男正在犹豫。

虽然远隔千里，虽然素昧平生，但太宗一下子就猜到了夷男的小心思：可汗之位，他既想坐，又不敢坐。夷男当然想成为铁勒人的可汗，可问题是一旦称汗，他就只能在抗突的路上走到底了。突厥强而铁勒弱，鬼知道这条路能不能走得通呢?! 万一走不通，身家性命就没有了。

对于与唐廷的第一次接触，夷男其实并没有太大的期许，权当建交与试探。没想到现实大大地震撼了他，唐使宣读了大唐皇帝的敕书：册拜他为真珠毗伽可汗，赐以鼓纛①。兄弟，从今往后，大漠以北你就是可汗。太宗一下子就给了他日夜渴求的东西：后盾。

有大唐站台，夷男腰不酸了，腿不痛了，抗突也更有劲儿了，当即接受册封，正式称汗。

夷男受到唐廷册封的消息很快传遍了大漠南北，铁勒诸部中有一大半迅速会聚到薛延陀的大旗下。于是，一个东至靺鞨、西至西突厥、南接戈壁、北至俱伦水（今蒙古国克鲁伦河）的庞大薛延陀汗国在东突厥大后方诞生了。

贞观三年（629年）八月，以夷男之弟统特勤为首的薛延陀使团抵达长安，受到了唐廷的高规格接待。太宗赐夷男以宝刀宝鞭："卿所部有大罪者斩之，小罪者鞭之。"至此，大唐与薛延陀正式结盟。

颉利是真的害怕了，也不装了，马上遣使称臣，请降公主，修翁婿之礼。大唐是老丈人，突厥是小女婿；大唐是上邦，突厥是藩属。自雁门关之围近二十年来，这是突厥可汗头一次向汉人垂下高傲的头颅。

这个姿态不错，很谦恭，很卑微。可惜来得太晚了，大唐弯弓蓄势待发，灭突之箭已在弦上。

代州（今山西代县）都督张公谨第一个上表，请求伐突："颉利纵

---

① 鼓纛：战鼓和军旗，系唐朝皇帝册封少数民族首领的专用信物。

欲逞暴，诛忠良，昵奸佞，一也。薛延陀等诸部皆叛，二也。突利、拓设、欲谷设皆得罪，无所自容，三也。塞北霜早，糇粮乏绝，四也。颉利疏其族类，亲委诸胡，胡人反覆，大军一临，必生内变，五也。华人入北，其众甚多，比闻所在啸聚，保据山险，大军出塞，自然响应，六也。"

突厥上下人心惶惶，不断有小部落南下投唐。颉利见示弱不成，只得硬着头皮应对，于十一月初派军袭扰河西。但唐廷方面早有准备，接连在甘肃酒泉、张掖地区挫败突厥人马。

二十三日，太宗正式颁敕：以李道宗为大同道行军总管，从宁夏灵武进军；柴绍为金河道行军总管，从陕西华县进军；李勣为通漠道行军总管，从山西太原进军；薛万彻为畅武道行军总管，威逼突利；检校①幽州都督卫孝杰为恒安道行军总管，镇守幽州；兵部尚书李靖为定襄道行军总管，张公谨为副总管，统率六道大军，合十余万精锐，北伐突厥。这是一项堪称完美的作战部署。李道宗为西线，攻击西部沙钵罗设苏尼失所部；卫孝杰和薛万彻为东线，名为防止颉利东逃，实为监视突利；其余三路为中线，柴绍、李勣配合李靖、张公谨，直捣定襄。

此敕一出，突厥人又掀起了一波降唐浪潮。其中有两个重量级人物，一个是突利，一个是郁射设。

一看太宗对自己还不信任，突利主动入朝，以示臣服。哥，要打你去打颉利，我是友军，不要打我。太宗欣喜若狂："当年太上皇为百姓考虑，所以才向突厥称臣，朕时常感到痛心。如今突厥可汗俯首称臣，我们终于可以洗刷前耻了！"

突利转了一圈又回去了，但郁射设来了就没打算回去，他带着

---

① 校，音叫。检校即代理的意思。

南方诸部,直接入塞降唐。我们知道,郁射设所部实际担负着拱卫汗庭、防御唐军的重任。他这一投降,无异于直接将颉利的肚皮亮给了李靖。

李靖还会客气吗?!

郁射设降唐十来天后,贞观四年(630年)正月的一天夜里,一支唐军犹如神兵天降,突然出现在定襄城外。

这个"新年大礼包"来得那么快那么直接,让颉利惊出了一身冷汗,问对方兵力几何,答曰夜色朦胧,难以估算;又问统兵大将是谁,回说是李靖。颉利失色惊呼:"李唐如果不是倾举国之力出击,李靖绝对不敢孤军至此啊!"想到此处,他不敢再有丝毫的耽搁,连夜整军出城,准备翻越阴山,撤往今内蒙古二连浩特市西南的碛口。

李靖几乎是不费一兵一卒,就拿下了汗庭定襄。他究竟带了多少人马呢?说出来大家可能都不信,只有区区三千精骑。那么,唐军主力是否紧随其后呢?非也,非也,主力还远着呢!

李靖认为,面对唐军大兵压境的态势,颉利神经高度紧张,必成惊弓之鸟。所以,他力排众议,大胆决策,拣选三千精骑,昼夜兼程,由马邑(今山西朔州)直插定襄。这样的大手笔,这样的疯招儿,这个时代也就只有他想得出、干得出。事实证明,这不是头脑发热的冒险之举,而是一次值得永载史册的成功的长途奔袭战,不费吹灰之力,就打下了敌军老巢。

熟悉李靖套路的人都知道,他的招从来都不是单招,而是套招。一记直拳之后,他马上又出了一记左摆拳:派人潜入突厥军中,说降了颉利的心腹康苏密。康苏密率本部人马至定襄归降,并献上了相当高规格的投名状:萧皇后、杨政道及残隋小朝廷。李靖喜出望外,马上将萧皇后、杨政道送往京师长安。

太宗对萧皇后和杨政道十分尊重,照顾有加。贞观二十一年

（647年），萧皇后以81岁的高龄去世。太宗将其遗体运往江都，与隋炀帝合葬。杨政道历任员外散骑侍郎、尚衣奉御，于高宗永徽元年（650年）病逝。他的儿子杨崇礼、孙子杨慎矜都是唐朝政坛上的活跃分子，且都是铁骨铮铮的直臣。玄宗天宝年间，杨慎矜三兄弟遭奸相李林甫构陷，以"复隋"之莫须有罪名而遭族灭。隋炀帝的嫡系血脉荡然无存。

康苏密出降后，颉利越发慌张，加快了行军速度。但此时唐军各路人马已经扑了上来。突厥军先是在浑河①附近遭遇了柴绍金河军的截击，继而又在白道（今内蒙古呼和浩特西北蜈蚣坝）被李勣的通漠军打了埋伏，损失惨重。颉利不得不调整计划，撤往铁山（今内蒙古包头市白云鄂博一带）。

他冷静地评估了一下当前形势：第一，打是打不过了。这一次李世民动真格了，调动了这么多的军队和悍将，正面对抗，几无胜算。第二，既然打不过，就只好逃了。可东、西、南三面都有敌军，只能向北穿过戈壁沙漠，躲入漠北。然而，眼下正值隆冬时节，此时入漠和找死没什么分别。第三，打不过，又逃不了，难不成只有投降了吗？不，决不能投降！

还有什么办法吗？颉利苦思冥想，想到了一个好办法：诈降！这个提议李世民一定不会拒绝。一旦唐廷决定受降，前线唐军就不会继续进攻了。而他可以利用议和，各种扯皮，各种拖延，轻轻松松拖上两三个月，待到春暖花开、草长莺飞之时，全军遁入大漠，李靖又能奈我何?！

---

① 此浑河系黄河支流，发源于山西省平鲁县，在长城杀虎口附近流入内蒙古自治区呼和浩特市和林格尔县境内后，先自东向西流，然后又折向西南进入清水河县，于岔河口附近汇入黄河。

实事求是地说，这的确是个好办法，前提是办得成的话。

二月初，颉利遣执失思力入唐，向太宗请罪，并表示愿意举族内附。

这么多年来，突厥人来长安，哪次不是跟螃蟹似的，趾高气昂横着走？但这一次不同了，颉利的姿态前所未有地低，简直是低到了尘埃里。兵法不都说了嘛，不战而屈人之兵，善之善者也。不用大动干戈，就能征服突厥人，何乐而不为？！

太宗没有一丝儿犹豫，马上就同意了，先派唐俭和安修仁赴铁山安抚颉利，又令李靖率军至铁山受降。

此时，李靖与李勣已经会师于白道，正准备进军铁山呢！颉利的诈降能瞒得住太宗，却瞒不过二李的火眼金睛。

李勣一眼看破了颉利的鬼心思，这厮如果北渡朔漠，我们就抓不到他了，所以他向李靖提议："唐俭和安修仁已经到了铁山，颉利肯定放松了戒备。不如挑选一万精骑，仅带二十天的粮食，轻骑奔袭铁山，可不战而擒颉利！"

李靖听了，拍案叫好。突厥纵横大漠南北已逾百年，是这百年间汉人的头号苦主。而今天赐良机，灭此强虏，怎能功亏一篑？！他兴奋地握着李勣的手腕说："此韩信所以破齐也。"

但副总管张公谨不同意，一来圣上已敕令停止攻击了，若击之则为抗旨；二来一旦动手，唐俭和安修仁必死无疑。可李靖心意已决：若能灭了突厥、擒了颉利，别说一个唐俭一个安修仁了，即便死十个唐俭十个安修仁又有何妨？！

大计既定，二李立即整军向铁山疾进，虽遇暴雪，不辍行军。翻越阴山时，大军遭遇一支突厥人马，有千余帐，"尽俘之以随军"。是呀，这要是放跑了一个，颉利马上就知道了。

此时颉利还在为李世民上当而沾沾自喜，浑然不觉灭顶之灾已迫在眉睫。

初八清晨,天忽然生起雾来,越来越大,越来越浓,百米之内人影莫辨。经过测算分析,李靖料定颉利的牙帐应当就在附近。大军若再继续前进,极有可能被突厥斥候发现,打草惊蛇,走了颉利。所以,他打算先派一支小分队前出搜索。

03. 突厥灭国

谁能担此重任?李靖思来想去,想到了一个人。此人姓苏,名烈,字定方,河北衡水武邑县人氏。

列位还记得此人吗?对,他就是窦建德部将高雅贤的养子。刘黑闼兵败后,苏定方不愿仕唐,归隐乡野。也不知是何原因,贞观初他被唐廷起用为折冲府都尉(相当于县武装部部长),再次入伍,辗转至李靖帐下效力,颇受李靖赏识。此次北伐,李靖有心提携他,就将他带在了身边。

苏定方领了将令,点起二百精骑,人衔枚,马勒口,向浓雾深处疾进。

突厥士兵阿史那某某早起拉野屎,朦胧间瞅见浓雾深处来了一队军马。唐、突媾和,可汗说唐军已停止进攻,来的一定是自己人。阿史那继续努着力。那队军马走近了。嗯,这着装怎么看着不一样呢?一名调皮的军士走到阿史那面前,用生硬的突厥语说道:"兄弟,你继续!"一瞬间,阿史那明白了,这是敌人啊,大声疾呼:"唐军来了,唐军来了,唐——"

可汗牙帐找到了！

苏定方大呼一声："兄弟们，建功立业的时候到了，随我灭突厥、擒颉利！"众将士发一声喊，奋力向前，如秋风扫落叶一般，突入突厥大营。

闻听前方杀声大作，李靖大喜，马上命令全军出击。突厥人毫无戒备，乱作一团，根本组织不起有效的抵抗。张公谨的担心是多余的，唐俭和安修仁远比他想得机灵，趁乱脱险。

这不仅仅是一场战斗，更是华夏民族对一百多年来所遭受羞辱和屠戮的一次总清算。其实，当苏定方找到可汗牙帐时，这一战的结果就已经很清楚了。

此战，唐军仅斩首就达万余级，俘虏人丁十余万口，缴获杂畜数十万。义成公主、阿史那思摩和颉利的儿子叠罗施等人悉数被擒。颉利率败军脱逃。

李靖倒是挺果决的，将义成公主就地斩杀。继牺牲了亲情和爱情之后，义成公主终于将自己宝贵的生命也献给了大隋。这位女子嫁于启民、始毕、处罗、颉利父子四人为妻，硬是用身体将波诡云谲的政治变成了一场类似水果蹲的游戏——《可汗蹲》：启民蹲，启民蹲，启民蹲完始毕蹲。始毕蹲，始毕蹲，始毕蹲完处罗蹲。处罗蹲，处罗蹲，处罗蹲完颉利蹲。颉利蹲，颉利蹲，颉利蹲完没得蹲。

再说颉利，忙忙似丧家之犬，急急如漏网之鱼，仓皇奔往碛口。隆冬就隆冬吧，顾不了那么多了，只得出碛口北渡沙漠了。这一路上风声鹤唳，草木皆兵，说不尽的惶恐，道不完的狼狈。然而，等他气喘吁吁地赶到碛口时，才发现李勣的人马早已恭候多时了。最后的希望也被抹杀了，跟随颉利的酋长们纷纷投降，计有五万之众。至此，突厥主力已不复存在。颉利仅率少量侍从逃脱。

收到铁山大捷的消息，唐廷上下欢呼雀跃，欣喜若狂。太宗原计划联合薛延陀南北夹击，不承想都没用上薛延陀，在李靖杰出的指挥下，大唐仅凭一己之力就打垮了不可一世的东突厥。灭萧铣，李靖用了21天。灭辅公祏，用了七个多月。灭东突厥，仅用了三个月，耗时尚不及征辅公祏时的一半。想当年，汉朝几代君王历时百余年才将匈奴打服，而唐朝开国不过十几年，就将堪与匈奴比肩的东突厥汗国送进了历史的坟场。

太宗由衷盛赞李靖的武功："李陵以步卒五千绝漠，然卒降匈奴，其功尚得书竹帛。靖以骑三千，蹀血虏庭，遂取定襄，古未有辈，足澡吾渭水之耻矣！"汉朝李陵以步卒五千绝漠，最终投降匈奴，他的功勋仍然被史书记录了下来。如今李靖仅用三千精骑，就踏破定襄，堪称前所未有，足以洗刷我在渭水受到的耻辱啦！他随即下诏，进封李靖为代国公，增食邑三千户，赐物六百段及名马、宝器等。

三月，东突厥、铁勒诸部酋长麇集长安，一致请求为大唐皇帝上尊号"天可汗"。所谓天可汗，就是天之可汗，乃众汗之汗。

太宗心里都乐开花了，嘴上还假意推辞："我为大唐天子，又下行可汗事乎？"

群臣及四夷一致拜倒，高呼大唐皇帝、天可汗万岁万岁万万岁。

从此，大唐成为东部亚洲绝对的核心，在半个亚洲建立了一种全新的单级秩序——天可汗体制。唐帝下敕给诸蛮夷君长，皆自称大唐皇帝、天可汗。

树倒猢狲散，东突厥汗国顷刻土崩瓦解。漠北的小可汗车鼻率部归降薛延陀。欲谷设西奔高昌。漠南诸部十余万口，陆续投降李唐。

那么，颉利去哪儿了？此时他正在灵州（今宁夏灵武市西南）西北沙钵罗设苏尼失的牙帐中。虽说受到了苏尼失的盛情款待，但颉利觉得这里也不安全，想着稍作休整后，继续西行，去投高昌王麴文泰或吐谷浑可汗伏允。

他总算料对了一点，那就是李世民、李靖以生擒他为最终目的，但他没有料到的是唐军来得太快了，根本就不给他喘息之机。

李道宗遣副将张宝相率大军逼近苏尼失所部。颉利吓得魂飞魄散，带数骑连夜出奔，躲入荒谷。张宝相威胁苏尼失，如不交出颉利，就灭了他全族。苏尼失只得派人将颉利抓回，举部投降。

这一天是唐贞观四年（630年）三月十五日。

至此，曾经"东自契丹、室韦①，西尽吐谷浑、高昌，诸国皆臣之，控弦百余万"的东突厥汗国正式挂账销号。颉利并不知道自己无意中开创了历史纪录：他是第一个也是唯一一个被汉人生擒的草原帝国最高领袖。突厥以前的东胡、匈奴、鲜卑、柔然，突厥以后的契丹、女真、蒙古、满洲，最高领袖都没有被汉人生擒过。

唐廷举办了盛大的献俘仪式。太宗登上顺天楼，当着群臣百姓的面，怒斥颉利五宗罪："汝藉父兄之业，纵淫虐以取亡，罪一也；数与我盟而背之，二也；恃强好战，暴骨如莽，三也；蹂我稼穑，掠我子女，四也；我宥汝罪，存汝社稷，而迁延不来，五也。然自便桥以来，不复大入为寇，以是得不死耳。"

成王败寇，自古皆然。此时的颉利除了磕头谢罪，还能做什么？！

天可汗当然要有天一般博大的胸怀，太宗当场赦免了他的罪过，封为归义王、右卫大将军。颉利"哭谢而退"。

"玄武门之变"后，李渊、李世民父子感情疏离，久不通问。当深宫中的李渊听说唐军击灭突厥、生擒颉利的消息后，欣喜若狂。当晚他置酒凌烟阁，召太宗、亲近大臣十余人及所有宗室入宫同乐。宴会上，高祖李渊好像年轻了几十岁似的，放肆大笑，完全没了帝王的

---

① 室韦与契丹同出一源，以兴安岭为界，南部为契丹，北部号室韦。

庄严。酒至酣处，他甚至亲自弹琵琶为大家助兴。太宗李世民竟合着节拍当场献舞。君臣同乐，无问尊卑。

大家是真的开心啊，这么多年了，这口恶气终于出了！

04. 安置降户

高兴完了，该处理问题了：归降的十余万突厥人怎么安置？唐廷内部爆发了激烈争论，争论的焦点是要不要内迁。

反对内迁的居少数，领头的是尚书右丞魏征、礼部侍郎李百药和夏州都督窦静。

反对派的逻辑前提是突厥人决不会成为顺民。为什么呢？魏征就说了："夫戎狄人面兽心，弱则请服，强则叛乱，固其常性。"窦静也是这个意思："戎狄之性，有如禽兽，不可以刑法威，不可以仁义教，况彼首丘之情①，未易忘也！"他们还搬出了当年"五胡乱华"的黑历史，以佐证内迁的巨大隐患。

魏征最为激进，主张完全不管，任突厥人自生自灭，爱上哪儿上哪儿去。李百药和窦静却认为，突厥人骁勇非常，弃置不用甚是可惜，他们主张将这支野兽般的力量利用起来，"可使常为藩臣，永保边塞"。当然，用归用，防还是要防的，要"分其土地，析其部落，使其权弱势分，易为羁制"；同时大力笼络其上层分子，削弱他们的凝聚力；要是能在定襄设置一个都护府，就更靠谱了。

---

① 传说狐狸将死时，头必朝向出生时的山丘，比喻思念故乡、不忘本分。

但朝廷的主流意见还是内迁安置。塞上①地广人稀，游牧民族逐水草迁徙，流动性大，靠设置都护府不可能管住他们。但内迁就不同了：一来将突厥人从熟悉的游牧环境迁到陌生的农耕环境，且处于占据绝对数量优势的汉人的包围和监控之下，必不敢轻易作乱；二来因为物理空间的移动，各部族之间盘根错节的复杂联系也被斩断了，能切实起到削弱突厥民族凝聚力的作用。

那么，在哪里安置合适呢？主流之主流的意见是安置于华夏腹地——中原地区，并采取有效措施，逐步汉化之。中书侍郎颜师古觉得不宜让突厥人南渡黄河，还是安置于黄河以北比较稳妥。依我之见，河南河北差别不大，突厥人要真想闹事，黄河是挡不住他们的。

众议汹汹，公说公有理，婆说婆有理。

然后，当！一种调和说出现了。温彦博提出塞下安置。他的观点可以用"三二一"概括：三个反对，反对颜师古等人的内迁安置，反对魏征的放任不管，反对李百药和窦静的"分其土地，析其部落"。两个原则，一是不改变突厥人的游牧生活方式，二是要利用突厥人为大唐守边。一个结论：安置于塞下最为稳妥。

此议颇得圣心。

首先，内迁安置成本太高、风险也高。

先算经济账。不管迁到哪里，都得划出几个州县来安置这些人，而且要下拨大笔经费，保障他们的吃穿用住行。此外，光迁徙突厥人还不够，为了监视他们，保持数量上对他们的绝对优势，还得往他们周边迁徙好几倍的汉人，并且还要驻扎大军，这又是一笔大的开销。

再算政治账。内迁之后势必要汉化，要想方设法改变突厥人的游

---

① 塞，即边塞，古代多指长城。塞上，又称塞外，泛指长城以北的沿线地区；塞下，又称塞内，泛指长城以南的沿线地区。

牧传统，这可不是一件容易办到的事情。突厥是一个强大的异族，人口众多，武力强大，民族自尊心、自信心都很强。他们是被大唐武力征服的，内心深处的挫败感以及由挫败感衍生的仇恨感都很强烈。在这种前提下强推汉化，不仅达不到目的，反而会刺激他们更加紧密地团结起来。若干年后，这些心怀敌意的突厥人繁衍到了几十万甚至上百万人，一旦闹腾起来，就是华夏的浩劫了。

所以，不管算哪笔账都不划算。

其次，留在原地是绝对不行的。靠设一个或者几个都护府，外加任命几个官吏，是不可能管住这些人的，像魏征说的不闻不问就更是离谱到家了。把突厥降众留在塞上，只会有三种可能：第一种，他们本部族冒出一个精英来，逐步整合全部落，恢复东突厥汗国；第二种，西突厥趁乱东进，两突厥合二为一，再度统一；第三种，薛延陀南下，蚕食鲸吞，建立一个以铁勒为主、突厥为辅的庞大汗国。不管哪种情况，最终结果都一样：突厥人仍旧是大唐的敌人。那么，大唐君民卧薪尝胆、四年打赢的这场胜仗还有什么意义?!

既不能迁往内地，又不能留在塞上，那就只能是塞下了。而且，安置于塞下的好处太多了：第一，从塞上迁到塞下，就是从长城北迁到长城南，距离近，用时短，突厥人又自备草原货拉拉——牛马勒勒车，十天半个月就搬完了，时间成本低到可以忽略不计。第二，边塞内外都是草原，突厥人无须改变游牧传统，抵触情绪和抵触行为都很小，政治风险降到最低了。第三，突厥人到了塞下，照旧放牧即可，朝廷无须拨一文钱给他们，经济上也相当实惠。第四，将他们迁离故土，打乱了各部落的势力范围，弱化了他们之间的联系，达到了削弱和控制的目的。第五，突厥人移居塞下，正好可以为大唐守边，充当帝国的守夜人。第六，因为铁勒人的威胁，突厥人只会紧紧靠拢唐廷；反过来，突厥人的存在又能起到遏制铁勒人的效果。个中玄机，妙不可言!

真正的政治家都是实用主义者。所以,太宗最终决定以温彦博的主张为基础,部分参酌李百药和窦静的意见:

第一,将突厥降众安置于东起幽州、西至灵州的塞下地区。

第二,众建诸侯而少其力,分突利部为四个羁縻州①,每州设一个都督府;分颉利部为六个州,左翼三州设定襄都督府,右翼三州设云中都督府。

第三,笼络突厥中上层分子。凡是听话的上层骨干都安排了实职,突利、苏尼失、思摩、康苏密均任一州都督。各部酋长等中层分子一万余家五六万口子,悉数迁往长安,免费解决长安户口和孩子上学问题,并委以将军、中郎将等职务。虽然没实权,但工资待遇高啊!如执失思力就被任命为左领军将军,后来居然还娶了太宗的妹妹九江公主,成了大唐的驸马爷、安国公。顺便说一句,九江公主是唐朝第一个下嫁异族的公主。

第四,广大突厥民众仍旧保持旧有的部落编制和生活方式。

困扰中国百余年的突厥问题,看来就这么轻而易举地解决了。从此,大家再也不用担心突厥人了,太简单了!太宗在心中给自己重重记了一笔。

但历史无情地打了他的脸,十年后他又亲手把突厥人推回了塞上故土。到他儿子高宗时,东突厥居然还复了国,依旧和大唐作对。到他小妾兼儿媳武则天时代,复国的突厥甚至多次吊打大唐,几乎重回巅峰。直到他的重孙玄宗李隆基时,突厥人才心不甘情不愿地退出了中国历史舞台。

---

① 羁縻州是唐朝为了以夷治夷,在边远少数民族地区所置之州。贞观三年,牂柯酋长谢能羽入贡,诏以牂柯为牂州。牂州是大唐第一个羁縻州。

05. 赏功罚过

打了胜仗,自然要论功行赏。

然而就在这时,一道弹劾奏章横空出世,震惊了朝野。弹劾发起人是监察机关的头儿——御史大夫,《旧唐书》说是温彦博,《新唐书》和《资治通鉴》则说是萧瑀,至今难下定论。不过这并不那么重要,重要的是被弹劾的对象赫然是一等功臣、北伐主帅李靖李药师。

为什么要弹劾他呢?大家想啊,东突厥称霸半个亚洲那么多年,掳掠来的金银财宝肯定是个天文数字,别的不说,光渭水之盟清空大唐府库就不是一个小数目。唐廷君臣眼巴巴盼着这笔财富到位,一解财政困难,不承想大军凯旋之后连个铜板都没有。一查,早被乱军抢掠一空了。高层能不恼火吗,这军纪是怎么抓的?!所以,御史大夫就出面弹劾李靖,说他身为三军统帅,不申饬军纪,致使巨额国有资产流失,建议追究他的责任,"付法司推科"。我相信,唐俭和安修仁在促成弹劾上肯定也发挥了推波助澜的作用。

一时间舆情汹汹,就看皇帝怎么处理了。太宗的处置堪称教科书级别的帝王之术。

首先,他敕命御史大夫"勿劾",不要弹劾了,这个事儿到此为止。太宗戎马倥偬十余载,对行伍间的潜规则了如指掌。就拿私分战利品来说吧,明面儿当然要禁止,但实践中根本禁不住。刀矢之间,一片混乱,必然有人见财起意,或顺手牵羊,或集体瓜分,你不说我不说,鬼知道?!所以,只要不是太过分,主帅通常也就睁一只眼闭一只眼了。毕竟,将士们为你的利益流血卖命,就要这么点财物,你好意思拉下脸管吗?真管了,以后谁还会出力卖命?更何况这一次李靖和将士们立下的还不是一般的功劳，而是击灭北狄、洗刷百年耻辱的盖世奇功，其功足以抵过。所以，决不能追究李靖，决不能寒了将士们的心。

但该敲打还是要敲打的，以免他们居功自傲，不把皇帝的权威、朝廷的法度放在眼里。于是，他私下召见李靖，狠狠地批评了一顿。其实，太宗对李靖有气也不是一天两天了。当年若不是他出面向父亲求情，只怕李靖坟头的野草都荣枯了好几拨了。可李靖又是怎么报答他的呢？"玄武门之变"前他被李建成逼到了绝路，不得已求助李靖，李靖却说他不掺和，作壁上观。就这件事，太宗这辈子都无法释怀。再说这一次，他已经下敕受降了，可二李居然抗旨不遵。少扯什么将在外君命有所不受，手握雄兵的将帅居然不听皇帝的号令，你是想闹哪样，想造反吗？另外，关于私分宝货的事，想都不用想，士兵们拿的只是毛毛雨，大头儿铁定被军官们拿走了，你是主帅，是不是你拿得最多？太宗可算逮着机会了，新仇旧怨，直把个李靖训得磕头如捣蒜。

前面怎么训的，史书没有记，但最后的总结陈词却被完整地记录了下来："隋将史万岁破达头可汗，有功不赏，以罪致戮。"当年，隋朝名将史万岁大破突厥达头可汗，却遭权相杨素构陷，为隋文帝所冤杀。太宗话里有话：你要是想走史万岁的老路，我也就只好做隋文帝了。

如果到此为止，还显不出太宗的高明，妙就妙在狠狠敲打之后，他当场下敕，加李靖为左光禄大夫，赐绢千匹。不久又私下传话给李靖："之前是有人进谗言诬陷你，现在朕已经转过弯儿来了，你可不要介意！"又赐绢两千匹。

所以，我一直在想，有没有这样一种可能：御史大夫发起弹劾，其实是太宗的授意，目的就是要借机敲打敲打这位不怎么听话的李靖。如果真是这样，那太宗的帝王之术真是达到了登峰造极的地步。

八月，他又超拜李靖为右仆射，接替前不久病逝的杜如晦。表面上看，李靖升了，成了大唐朝出将入相的第一人。但实际上这就是一次明升暗降，褫夺了李靖的兵权。

李靖心知肚明，虽然按时上班打卡，但"恂恂①似不能言"，从不发表意见，成了哑巴宰相。

李靖再不济，好歹当上了宰相，而李勣就比较惨了，只得了一个光禄大夫的散官，行政职务依旧是并州都督。

其他如李道宗、张公谨、柴绍、薛万彻等，均有重赏。小小的先锋官苏定方更是一跃而成为正四品下②的左武候中郎将。

记住，肚里能撑船的是宰相，不是皇帝，君心虽似海，却间不容发。

李靖拜相后，兵部尚书的位置就空了出来。一众军头明里暗里各种运作、各种较劲。十一月结果出炉，却是后起之秀侯君集接任兵部尚书。都别惦记了，军权必须掌握在自己人手上。

不光是军界，到这一年底政界中原先的那批老人都退干净了，太宗的嫡系全面掌权。

早在武德九年（626年）十月，借着南梁后裔萧瑀和南陈后裔陈叔达在朝堂上掐架的机会，太宗以"不敬"为名，将左仆射萧瑀罢相、光禄大夫陈叔达外放。贞观元年六月，右仆射封德彝病殁。太宗马上就让把兄弟长孙无忌接了班，为了堵住群众的嘴，还拉萧瑀出来陪榜，复任左仆射。八月，黄门侍郎王珪的密奏被侍中高士廉按住

---

① 恂，音寻。
② 唐朝官员品级依正、从、上、下分为九品三十级，包括正一品、从一品、正二品、从二品、正三品、从三品、正四品上、正四品下、从四品上、从四品下、正五品上、正五品下、从五品上、从五品下、正六品上、正六品下、从六品上、从六品下、正七品上、正七品下、从七品上、从七品下、正八品上、正八品下、从八品上、从八品下、正九品上、正九品下、从九品上、从九品下。

了。太宗趁机将高士廉罢相。一个月后，中书令宇文士及又被罢相。十二月，陪榜生萧瑀又被罢相。应该说，步步皆如太宗之意。不过也有意外，贞观二年正月，有人密表，称右仆射长孙无忌"权宠过盛"，逼得长孙无忌不得不主动请辞。

老人们出局，就该新人们闪亮登场了。贞观二年底，王珪守[①]侍中。翌年二月，房、杜组合上位，房玄龄任左仆射，杜如晦任右仆射；同时，尚书右丞魏征守秘书监，"参预朝政"，进入宰相班子。贞观四年，温彦博出任中书令，王珪扶正为侍中。

有人可能想起老人中的战斗机——裴寂裴玄真了。放心，太宗忘性没那么大，刘文静冤死的事令他刻骨铭心。

新旧交替之际，出于稳定政局的现实需要，太宗对裴寂各种拉拢维护。待到风平浪静、站稳脚跟之后，他就变脸了。

有个叫法雅的和尚口出狂言，抨击朝廷和太宗，被处死。有司查出司空裴寂曾听法雅说过这些话，却没有向官府检举。

这还了得?!太宗将裴寂一撸到底，贬为平民，"遣还乡里"。裴寂低声下气地求情，希望能留在长安养老。太宗就不客气了，多年积攒的怨气脱口而出："以你平庸的才能，哪里配得上现在的名位待遇？武德年间纪纲紊乱，你难辞其咎。我念你是老臣，才没追你的责。你能死在老家，已经是幸运了！"裴寂无奈，只得回到老家——今山西运城临猗[②]。

当地官员揣知圣意，接着构陷裴寂，说有个狂人信行称赞裴寂有天子相，裴寂听了仍旧没有向官府检举，应当处死。真是熟悉的

[①] 唐制，当某官员所任职事官官品高于所带散官官品，高一阶，解除所带散官，称"兼某官"；高过一阶，则保留所带散官，称"守某官"。当某官员所任职事官官品低于所带散官官品，保留所带散官，称"行某官"。

[②] 猗，音一。

配方、熟悉的味道，都懒得创新了。于是，裴寂又遭流放。这一次更狠，直接从山西临猗被踢到了四川旺苍。

以为这就结束了吗？不！旺苍官吏接着整裴寂，非说作乱的山羌人打算劫持他为主。这就太离谱了，连太宗都不好意思了，主动打圆场："裴寂本来该死，是朕网开一面，他不会这样做的！"不久后，就传来了裴寂带家童击破山羌的消息。

这一圈下来，太宗的气总算消了，裴寂可以整死刘文静，但他不能整死裴寂，明君的人设决不能破。贞观二年（628年）底，他征召裴寂回朝。可惜裴寂一大把年纪，被折腾得油尽灯枯，于贞观三年（629年）正月死在了半道上，终年60岁。

李渊父子晋阳起兵、亡隋建唐，裴寂确有功劳，但不能算大。他只是一个招待所干部的水平，并无大的才具，为政毫无政绩，作战每战皆败，纯粹因为会拍李渊的马屁，才成了大唐的开国元勋、魏国公。当时的人对他的评价都不算高。但越到后来，人们越是忘掉了他的品行，只记得李渊给他的那些荣耀了。高宗、代宗、德宗都将裴寂评为前代第一等功臣。宣宗甚至还将裴寂的画像挂在了凌烟阁内。

第四章 志得意满

01. 渐趋骄奢

似乎所有的好事都集中在贞观四年了。在连续三年自然灾害之后，大唐君民总算迎来了一个大大的丰年。"是岁，天下大稔①，流散者咸归乡里，米斗不过三四钱，终岁断死刑才二十九人。东至于海，南及五岭，皆外户不闭，行旅不赍粮，取给于道路焉。"贞观四年，全国大丰收。背井离乡的流民都回到了故乡。一斗米价值才三四钱。全年被判处死刑的人只有29个。东到大海，南至五岭，均夜不闭户，旅行不用带粮，沿途哪里都有吃的。

内安外定，治世的曙光终于降临了……

之后的四年是贞观朝最为安定祥和的四年。

在内，各项改革深入推进，政治、经济、社会、法制、民生以及科教文卫等各项事业都取得了长足发展。连续四年都是丰年，既无天灾，也无人祸，统治阶级内部没矛盾，统治阶级和被统治阶级之间也没冲突，上下一团和气，端的是政通人和、国泰民安。

在外，四夷宾服，万邦来朝，称天可汗，开华夏未有之气象。

正北方向，东突厥已然覆灭，薛延陀汗国虽在崛起，却臣事大唐，北疆胡骑绝矣。东北方向，高句丽早在武德年间即已承认大唐为

---

① 稔，音忍。

宗主国，事唐极为恭顺。西北方向，西突厥亦推大唐为长。

大家或许有这样的观感：西突厥是个小弱国。其实，这是一种错觉。列位之所以觉得它弱，是因为参照对象是东突厥和大唐。事实上，西突厥是中亚地区绝对的扛把子。统叶护时期，西突厥东联大唐，对抗东突厥；西结拜占庭，弹压萨珊波斯，其疆域东至玉门关、南抵克什米尔、西接萨珊波斯、北临阿尔泰山，达到了极盛。

但好景不长，贞观二年西突厥内讧癌复发，统叶护被杀。经过两年多的角逐，到东突厥灭亡时，统叶护之子肆叶护终于为父报仇，再度完成统一。但肆叶护对外屡屡败于薛延陀，对内又大肆诛杀功臣，很快就丧失了群众基础，被迫出奔中亚的康国，并客死当地。西突厥元气大伤，又受到薛延陀的威胁，接任的咄陆可汗不得不遣使附唐。

北疆三大邦——高句丽、薛延陀、西突厥——皆唯大唐马首是瞻，其余部族自然不在话下：铁勒中的思结、契苾、白霫三部先后内附；以高昌、伊吾、焉耆为代表的西域诸国纷纷入贡，高昌王麴文泰甚至亲身入朝；西北的党项、羌人和东北的契丹、库莫奚、室韦、靺鞨等部陆续降附……

唐廷对各部族的降附请求基本来者不拒，但也有例外，比如康国。康国，汉代叫康居，其建立者是中亚地区的古老民族——粟特人。粟特人把控丝绸之路中亚段，以长于经商闻名欧亚大陆。不过，这些二道贩子有钱归有钱，力量却比较分散，从未建立统一国家，仅在中亚河中地区①建立了九个城邦。我国史籍将这九个城邦冠以康国、安国、曹国、石国、米国、何国、火寻国、戊地国和史国之称，统称为"昭武九姓""九姓胡"。九国中，以康国实力最强，为诸国之宗主。

---

① 河中地区指中亚锡尔河和阿姆河流域以及泽拉夫尚河流域，包括今乌兹别克斯坦全境和哈萨克斯坦西南部。中国古代称之为"河中"。

贞观五年，康国不远千里遣使入唐，请求归附。太宗没有答应，不是他不想，实在是因为康国太远了、太弱了，中间还隔着青海的吐谷浑、西域诸国和西突厥，收服它毫无意义，也毫无价值。

西南方向，獠人（又称"俚獠""西南蛮"）屡屡作乱，看着不太稳定，其实毫无大碍。为啥呢？因为獠人并非同一民族，而是唐廷对活动于西南地区诸多少数民族的蔑称。诸獠互不统属、各自为政，其叛乱虽多发迅发，却很快即被平定。

为了消灭东突厥，太宗很有点勾践卧薪尝胆的意思；待到东突厥灭亡，当上了天可汗，他顾盼自雄，就不免有些膨胀了。

这四年里关于他巡幸和游猎的记载明显多了起来。为啥要巡幸呢？说白了，就是要看看打下的大好河山，看看，都是朕的。为啥要游猎呢？没仗打了，闲得慌，总得打点什么吧？！巡幸也好，游猎也罢，都得有地儿住吧，就开始大兴土木。

贞观元年，太宗对公卿说过："昔禹凿山治水而民无谤讟①者，与人同利故也。秦始皇营宫室而民怨叛者，病人以利己故也。夫靡丽珍奇，固人之所欲，若纵之不已，则危亡立至。朕欲营一殿，材用已具，鉴秦而止。王公已下，宜体朕此意。"从前大禹凿山治水，百姓没有怨谤之言，这是因为大禹办的是为民的实事。秦始皇营造宫室而百姓怨声载道、图谋反叛，这是因为秦始皇损民以利己。人人都想要奇珍异宝，但如果没有节制，国家就会灭亡。朕其实想造一座新宫殿，甚至连原材料都准备好了。但朕想到了秦朝灭亡的原因，果断停止了这项工程。各位一定要领会朕的意图啊！

听听，说得多好啊！现在，他早把这话忘到爪哇国去了。刚灭了东突厥，他就打算调动军队修洛阳宫。

---

① 讟，音读。

张玄素上书劝谏:"陛下当年平王世充入洛阳,捣毁了很多前隋建造的豪华宫殿。此事距今还不到十年,您怎么又开始修缮这些宫殿了?再说了,咱们现在的财力根本比不上隋朝。陛下你役使穷苦百姓,承袭前隋弊政,只怕比隋炀帝还要出格!"

这话说得挺难听的,太宗有些不高兴了,反问:"爱卿你是说朕还不如隋炀帝呢,是桀纣之流?"张玄素没给面子:"如果您不停止修缮洛阳宫,我看确实也是隋炀帝之流。"

"哎呀,是朕考虑不周,不至于不至于!"太宗长叹一声,似乎认错了,但他马上扭头对一旁的房玄龄说了这么一句话,"朕是考虑到洛阳位处中原,方便各地进献朝贡,所以才有了修缮洛阳宫的想法。玄素说得很有道理,那这事就算了吧!"明明是想享受,硬说成是方便地方朝贡。紧接着,他又嘟囔了一句:"以后朕如果有什么事需要到洛阳,哪怕是露天而居也是可以的!"明显不高兴了。

洛阳宫是不修了,但没过多久他又提出要修位于宝鸡麟游的仁寿宫。仁寿宫比洛阳宫小。大的不让修,修个小的总可以吧?好歹是皇帝,这点面子总要给的,所以这次群臣就没有阻拦。

一年后,仁寿宫修缮完毕,太宗敕命更名为九成宫。爱卿们,朕甚是满意,干脆,咱再接再厉,把洛阳宫也修了吧!

群臣发现被套路了,不干了。民部尚书戴胄表谏:"陛下,如今战乱刚刚平息,百姓穷困潦倒,国家府库空虚。修缮洛阳宫耗资巨大,恐怕难以承受。"太宗当场升了戴胄的官,还表扬他:"戴胄与我非亲,完全是出于公心进言,所以朕要提升他。"

过了没多久,他又提出修洛阳宫。这一次,戴胄很聪明地沉默了。于是,太宗把整修洛阳宫的任务交给了将作大匠窦璡①。窦璡深入

---

① 璡,音进。

领会皇帝的决心意图，"凿池筑山，雕饰华靡"，将洛阳宫修得富丽堂皇。然后就有人弹劾窦璡，说他浪费太重，激起了民愤。太宗居然命人捣毁洛阳宫，并罢免了窦璡的职务。这事办得就太过了！奢侈归奢侈，但既然已经建成，利用好就是了，又毁掉岂不是更大的浪费？！

再说点题外话，窦璡虽遭罢免，但他的女儿忽然就成了太宗八弟酆①王李元亨的王妃。没多久，人家就官复原职了，还被加封为右光禄大夫。

贞观六年（632年）正月，太宗提出去九成宫转转。通直散骑常侍姚思廉上表劝阻。太宗找理由："朕有哮喘，一到夏天就加重，所以才要去九成宫避暑。"不等姚思廉反驳，就赏赐给他五十匹绢。

但朝廷新秀监察御史马周不好对付。此人是布衣出身，为谋上进游历长安，成为中郎将常何的幕僚。贞观五年（631年）六月，太宗诏令文武百官畅言得失。常何呈上建议二十多条，条条鞭辟入里，切中时弊。太宗很吃惊，一介武夫居然有这么精深到位的认识，就把常何叫来了。常何是个实在人，说了大实话："臣当然没这个本事，是臣的门客马周写的！"太宗破格召见了马周。二人一番畅谈，马周大悦君心。会谈结束后，一纸敕书下达，马周白衣入仕，直接到门下省任职，不久就成为监察御史。太宗还重赏常何三百匹绢，以表彰他能发掘和尊重人才。

马周是个明白人，早就摸清了太宗的套路，知道肯定挡不住，所以退而求其次，用孝道说事儿，要求他明确返程日期。"太上皇年事已高，陛下应当朝夕侍奉、不离左右。九成宫离京城三百多里，太上皇如一时想念陛下，陛下赶不回来！另外，您是出去避暑了，可太上皇还留在大暑天气里，这恐怕有违孝道。陛下已经决定要走，计划肯

---

① 酆，音丰。

定是不能改了。不过呢,希望陛下能确定返程日期,以消除大家的疑惑。"一句话,去可以,但不要一去好几个月,拖着不回。

太宗"深纳之",却绝口不提归期。结果,这一走居然就是大半年。他在九成宫闲情雅致地待了六个月,偶然发现一道清泉,泉水甘甜似酒,遂当场赐名为醴泉,命魏征撰文以记之。魏征于是就写下了著名的《九成宫醴泉铭》:

> 唯皇抚运,奄壹寰宇,千载膺期,万物斯睹,功高大舜,勤深伯禹,绝后承前,登三迈五。握机蹈矩,乃圣乃神,武克祸乱,文怀远人,书契未纪,开辟不臣,冠冕并袭,琛赆咸陈。大道无名,上德不德,玄功潜运,几深莫测,凿井而饮,耕田而食,靡谢天功,安知帝力。上天之载,无臭无声,万类资始,品物流形,随感变质,应德效灵,介焉如响,赫赫明明。杂沓景福,葳蕤繁祉,云氏龙官,龟图凤纪,日含五色,乌呈三趾,颂不辍工,笔无停史。上善降祥,上智斯悦,流谦润下,潺湲皎洁,萍旨醴甘,冰凝镜澈,用之日新,挹之无竭。道随时泰,庆与泉流,我后夕惕,虽休弗休,居崇茅宇,乐不般游,黄屋非贵,天下为忧。人玩其华,我取其实,还淳反本,代文以质,居高思坠,持满戒溢,念兹在兹,永保贞吉。

太宗盛赞魏征才思泉涌、汪洋恣意,似乎完全没有在意末尾的"居高思坠,持满戒溢"。随后,他命楷书大家欧阳询誊写,并将全文篆刻于石碑之上。这就是被后世推为"天下第一楷书"的《九成宫醴泉铭》。

之后,太宗又去了出生地武功(今陕西咸阳市武功县)庆善宫。附近各地的官吏纷纷赶来朝觐,其中有一个已经消失了很久的老面孔。谁啊？尉迟敬德！自渭水之盟后，他已经在我们的视野中消失很久了。不是他想消失，是太宗让他消失的。

玄武门之变后，尉迟敬德就膨胀了，自恃立有大功，完全不把长孙无忌、房玄龄、杜如晦等人放在眼里，人前人后各种不服不忿。太宗就很不满了，咋的，朕的皇位还成了你给的？贞观三年，他将尉迟敬德"发配"到了湖北任襄州都督，直到贞观六年年初才调回关中，任同州（今陕西省渭南大荔县）刺史。

坐了三年的冷板凳，尉迟敬德应该洗心革面、痛改前非了吧？！岂料，刚一见面，太宗就发现自己想多了。

宴会上，尉迟敬德发现自己是次席，有人的席位居然在他之上，这还得了？！史书上没明说那人是谁，但在太宗心中有资格坐首席的，也就只有房玄龄了。新仇旧恨一起涌上心头，尉迟敬德当场就拍了桌子："汝何功，坐我上！"第三席的李道宗是个厚道人，站起来打圆场。孰料尉迟敬德根本不把他放在眼里，抡起醋钵大的拳头，只一拳差点儿没把李道宗的眼睛打瞎。

太宗脸色铁青，当场撂了狠话："曾经我对汉高祖把功臣赶尽杀绝的做法很不理解，但从你今天的表现来看，我忽然理解他了。"

尉迟敬德听了，吓得汗流浃背，唯唯诺诺。

此后，他一改先前目中无人的狂浪态度，谨小慎微，安分守己。太宗一直让他在地方待着，来回换了几个州，直到图形凌烟阁前才让他回朝，退休养老。这期间，他对这位多次救过他性命的老臣始终放心不下，有一次甚至直接问尉迟敬德："有人检举你意图谋反，这是怎么回事？"尉迟敬德悲愤莫名："陛下，臣跟随您征战四方，身经百战，今天还能活着，纯属是幸运。如今天下大定，您却怀疑我要造反？！"说罢脱掉衣服，将身上的伤疤都亮了出来。太宗也觉得自己过分了："哎呀，爱卿你把衣服穿上，朕没有怀疑你，所以才和你说呀，你看看你，怎么还急了呢？"为了平息尉迟敬德心中的怨气，不久后他又提出想把女儿嫁给尉迟敬德。尉迟敬德没有答应："臣虽然没有文化，但也知道糟糠之妻不可弃的道理，谢谢陛下的好意！"

自古伴君如伴虎，君王如虎，喜怒难测。

02. 不乐纳谏

渐趋骄奢的背后，是太宗纳谏态度的下滑。

虽说他依旧摆出鼓励进谏、从谏如流的姿态，经常唱一些"朕常恐因喜怒妄行赏罚，故欲公等极谏""今中国幸安，四夷俱服，诚自古所希，然朕日慎一日，唯惧不终，故欲数闻卿辈谏争也"之类的高调，但实际上他在纳谏方面的表现已大不如前，具体体现在三个方面：第一，他居然学会了辩解。在几年前，他对大臣们的谏言那真是言听计从，不打折扣地遵照落实。但现在不同了，是，爱卿你说得很有道理，但朕也有理由啊，而且朕的理由真的很充分。

第二，当辩解不起作用的时候，就用赏赐堵大臣们的嘴。既不想听大臣们聒噪，又不想坏了圣主明君的光辉形象，怎么办？简单，听完做欢喜状，当场赏赐金帛若干，以示鼓励，但下来后他该咋办咋办。进谏者得了实惠，又无亏美名，也就睁一只眼闭一只眼了。不得不承认，同样是拒谏，太宗的办法要比隋炀帝强太多了。

第三，为了对付已经达成默契、同气连枝的老臣，他甚至培植了专门与老人作对的新人。

经过这些年与太宗的斗争，老臣们在进谏上已经达成了默契，往往是一人吹响号角，其余人翕然同声、摇旗呐喊。这就给了太宗很大的压力，他可以忽视一个人的声音，但一帮老臣、重臣发出一个声音，骄傲如他也不得不垂下高贵的头颅。身为皇帝，最怕的就是朝堂上只有一个声音。说到底，这朝廷如果太干净，当皇帝的心里反而不踏实。太宗渴望听到不同的声音，尤其是与老臣们尖锐对立的声音。

权万纪就是迎合了太宗的这种心理需要，才得以进入他的视野。

此人早年只是一名州刺史，因耿直之名闻达于朝廷，所以被调至中央任治书侍御史，专司监督其他官员。刚一入朝，权万纪就放了一个天大的炮仗，炸得朝廷上下目瞪口呆。他，一个小小的御史，居然敢弹劾当朝宰相，而且一下子弹了两个——房玄龄和王珪，说他们在考核官员时徇私舞弊、处置不公。太宗正想整治这帮老臣，便让侯君集调查。

魏征就说话了："房玄龄和王珪都是老臣，一贯忠诚正直。他们的任务量重，难免有纰漏错误的地方。考核官员权万纪也有参与，怎么当时不说？现在却跑来告状。依我看，他是想激怒陛下，这出发点就是错的。"他一出面，这事儿就不了了之。

没错，魏征打了权万纪的阻击。有人不理解，都说识英雄重英雄，同为直臣，魏征对权万纪应该惺惺相惜、引为知己才对。实则不然，直臣与佞臣固然不相容，但直臣与直臣更加不对付。

贞观年间有三大直臣，一魏二萧三万纪，魏征、萧瑀、权万纪。这三个人都很有个性。

魏征的风格是对事不对人，而且他基本上只盯着太宗的言行，很少弹劾别的大臣。也正因为他只杠太宗，而且杠得好、杠得妙、杠得呱呱叫，所以在朝中的威望很高，口碑很好。

萧瑀就差多了，心胸狭窄，脾气又暴，谁惹他他怼谁，连太宗都不例外。并且，他要觉得谁不好，那这个人连呼吸都是错的。显然，这是一个意气用事、格局不大的人，在朝中口碑差也就不难想见了。

权万纪又不同，对太宗只引导不反对，从不说与太宗意见相左的话；但太宗以外，甭管是谁，他都敢弹劾，而且对方资格越老、地位越高、官职越大，他就越是要去捋一捋人家的须子。

所以，你要让太宗选，他肯定说权万纪好，虽然年纪轻、资历浅，但不畏权贵，简直就是人臣楷模嘛！如果让老臣们来选，肯定推崇魏征而贬低权万纪。懂不懂规矩，你这初生牛犊刚一入朝，就想踩着我们上位，是不是欠收拾？权万纪好歹占一头，皇帝得意他。最惨的是萧瑀，皇帝不待见他，同僚们也不待见他，两头空，两头不落好，孤家寡人一个。

回过头来，魏征之所以打压权万纪，说白了就是要为老臣们发一声喊，抱个不平，杀一杀这个年轻人的锐气。朝廷是什么？朝廷是论资排辈的地方，容不得后起之秀强力改写规则，是龙你得给我盘着，是虎你也得给我卧着。

贞观五年（631年）八月，相州人李好德说了一些攻击朝廷、攻击太宗的话，被人告了。太宗命张蕴古调查此案。张蕴古调查后认为，李好德胡言乱语系疯病所致，不宜降罪。太宗听了，就不打算计较了。权万纪忽然上表弹劾张蕴古，说他是相州人，受了李好德哥哥相州刺史李厚德的请托，枉法裁判。太宗大怒，居然将当年亲手树立的进谏典型张蕴古弃市①了。

这可炸了锅了，朝野上下议论汹汹。魏征直斥权万纪为奸臣："万纪等小人，不识大体，以讦为直，以逆为忠。"

太宗承受了巨大的舆论压力，不得不表示后悔，并指示有司："从今往后，判处死刑，一定要经过三次复议才可以执行。"随后，他

---

① 弃市：在闹市处死，以威慑臣民。

赏赐魏征五百匹绢，并将权万纪调离御史台。

总的来说，太宗这四年里方向有点儿偏，但还不算太出格。

首先，他的自我认知并未跑偏，孰是孰非，孰利孰弊，他心里清楚得很。他只不过是想享受享受了，虽然因此膨胀了一丢丢，但远比隋炀帝清醒得多。

另外，贤良的辅弼也是一个重要因素。太宗身边有两个人一直在提醒他、提点他。这两人，一男一女，一内一外，相得益彰，他们就是贞观大牛虻魏征和贞观女牛虻长孙皇后。

03. 贞观大牛虻

不管怎么变，太宗对贞观大牛虻——魏征的认可和尊重一直没有变，但只限于魏征生前。

贞观五年正月，赵郡王李孝恭牵头，联合一批大臣上书，请求太宗顺天应人，师法古代圣主明君，封禅泰山。

在礼法至上的古代中国，封禅泰山可是一件了不得的大事。封为祭天，禅为祭地，封禅连在一起就是祭祀天地。为啥非得到泰山封禅呢？因为古人认为泰山是天下最高的山，人间帝王只有到泰山祭祀过天地，才算真正受命于天了。

这么重要的典礼当然不是随随便便什么时候都能办的，非得是国特别泰、民特别安的时候才可以。怎么才算国特别泰、民特别安呢？有六个充要条件：第一，功高，于国于民有绝大功劳、伟大贡献；第二，德厚，德行操守极其突出，堪称贤君典范；第三，内安，国内没有天灾人祸，百姓安居乐业；第四，外服，附近的国家和部族都喊大哥，没有不听话的，不听话的都被灭了；第五，丰收，四季发财，五谷丰登，六畜兴旺，粮食多到放坏的地步，耗子都是撑死的；第六，符瑞，老天爷给信号了，什么龙飞凤舞呀、紫气东来呀、百鸟朝凤呀、满地放红光啊之类的。这六条，差一个都不行。

正因为条件如此苛刻，所以在太宗以前，除了传说中的尧、舜、禹以外，有明确记载行过封禅大典的帝王只有三位，依次是秦朝的秦始皇、西汉的汉武帝和东汉的光武帝。从光武帝刘秀到唐太宗李世民的六百年间，无人行此盛典。如果太宗封禅泰山，就说明他是这六百年间的中华头号人物，德行贡献足以与上述三人比肩，甚至有过之而无不及。

太宗当然很动心，不过他先后拒绝了赵郡王李孝恭和利州都督武士彟的封禅之请。不是矫情，而是因为封禅这事就跟禅让似的，必须凑足三次才最好，才显得足够勉为其难，才表明真的是顺天应人了。

贞观六年正月，中央地方百官三请封禅。

太宗话说得那叫一个漂亮："卿辈皆以封禅为帝王盛事，朕意不然。若天下乂安，家给人足，虽不封禅，庸何伤乎！昔秦始皇封禅，而汉文帝不封禅，后世岂以文帝之贤不及始皇邪！且事天扫地而祭，何必登泰山之巅，封数尺之土，然后可以展其诚敬乎！"你们都认为登泰山封禅是帝王的盛举，朕不以为然，如果天下安定，百姓富足，即使朕不封禅，又有什么关系呢？秦始皇封禅，汉文帝不封禅，难道后代就觉得汉文帝不如秦始皇了吗？再说了，祭祀天地为啥非得去泰山？封筑几尺泥土，就算是虔诚了吗？

他的基调是不想去，而非坚决不去。

百官越发踊跃。一看这民意沸腾，太宗绷不住了，准备"勉为其难"了。正在这时，老杠头魏征开杠了，拦着不让。太宗一急，把心里话秃噜出来了。于是，就有了下面的经典对白：

"公不欲朕封禅者，以功未高邪？"

"高矣。"

"德未厚邪？"

"厚矣。"

"中国未安邪？"

"安矣。"

"四夷未服邪？"

"服矣。"

"年谷未丰邪？"

"丰矣。"

"符瑞未至邪？"

"至矣。"

"然则何为不可封禅？"

六条指标都齐了，你凭啥拦着？

显而易见，太宗早把这事儿琢磨透了。

魏征噼里啪啦又算起了账："陛下确实做到了以上六点，按理说是够资格封禅了。但是我们要现实呀，经过隋末乱世，国家元气大伤，到现在都没恢复。封禅需要花费大量的人力、物力、财力，国家实在承担不起！再说了，陛下封禅，肯定要邀请四夷君主都来观礼。如果他们看到内地荒凉凋敝、人烟稀少的情况，会不会轻视我大唐，进而生出狼子野心？像这样崇尚虚名而实际对百姓有害的典礼，陛下怎么能采用呢？"

这番话直白透亮，噎得太宗哑口无言。巧了，没过多久，黄河南北数州突发洪涝灾害。如此，符瑞这条达不了标，封禅的事也就吹了。

太宗不开心，这才想起去九成宫散心，走之前答应马周去去就回，结果一走大半年。等他回来后，老臣们可是一点儿都没惯着他。温彦博说话一贯委婉："只要陛下还像贞观之初那样励精图治就好了！"太宗反问："难道朕这几年懈怠了？"魏征接过话头："贞观之初，陛下志在节俭，求谏不倦。但最近这几年工程量有些多，大臣们的谏言也不是那么爱听了！"太宗好不尴尬，笑着掩饰："好像确实是这样啊！"

没几天，又有人请求封禅。太宗刚刚受过批评教育，下敕拒绝："朕有哮喘病，登高怕加重病情，大家就不要再提封禅的事了！"

从四拒封禅来看，太宗对魏征还是相当认可的，基本能做到言听计从。贞观七年（633年）三月，侍中王珪因泄露禁中语被贬同州刺史。太宗马上将魏征推上了侍中之位，信任之情可见一斑。

中牟丞皇甫德参上书批评太宗："修洛阳宫，这是劳人；征收地租，这是厚敛；宫中女眷喜欢做高髻发型，社会上竞相模仿，这是不良风气。"寥寥数语，把太宗的裤衩都扒了。

太宗气得鼻子不是鼻子、眼睛不是眼睛，恨恨地说："皇甫德参想要国家不役使一个百姓，不收一斗地租，让宫人都剃成秃子，这就满他的意了！"当场就要办皇甫德参。

魏征看不下去了，陛下您这是闹哪样："狂夫之言，圣人择焉。皇甫德参说他的，说得对，你就听；说得不对，你也不该生气啊！"

太宗一看魏征又开杠了，赶紧借坡下驴："朕如果降罪于皇甫德参，以后就没人敢说话了！"马上赏赐皇甫德参二十匹绢。

魏征知道他心中不乐意，过几天等他气消了，又来了："陛下最近明显听不进真话了，虽然还能容忍，但已经没有从前的那般豁达自如了。"太宗只得擢升皇甫德参为监察御史。

04. 贞观女牛虻

长孙皇后最大的优点是本分。

作为人媳，她孝敬公婆，深得李渊夫妇的欢心。"玄武门之变"后，李渊对太宗恨得牙痒痒，唯独对儿媳长孙氏没有丁点儿怨言。

作为人妻，她疼爱丈夫，并努力当好贤内助。"玄武门之变"的关键时刻，如果不是她果断派长孙顺德、高士廉率秦王府卫队驰援，只怕太宗坟头的野草都该有一人高了。太宗身患顽疾，累年不愈。她亲自侍奉，"昼夜不离侧"，并且衣袋上常年系着一小瓶毒药。有人问她为什么。她说："如果陛下有什么差池，臣妾绝不独生。"太宗一生中那么多女人，有名分的就有15个，唯独长孙氏是他心头挚爱，无可动摇。

作为人母，她善教子女，得法得当。豫章公主生母去世得早，长孙皇后亲自照顾她，百般呵护，疼爱有加，"慈爱逾于所生"。然而，对自己的孩子她却十分严厉，几近苛刻。

贞观六年，太宗决定将嫡长女长乐公主下嫁长孙无忌嫡长子长孙冲，并特别指示有司：公主的嫁妆得是她姑妈永嘉公主（李渊第七女）出嫁时的一倍。魏征不同意："都是公主，凭啥你女儿的嫁妆要高过先帝的女儿？"

太宗无奈，只得找皇后商量。岂料，长孙皇后听了，当场盛赞魏征："臣妾总是听你夸赞魏征，一直不知道为什么。如今我算是知道了，魏征真乃社稷之臣！"太宗没想到皇后如此通情达理，大喜过望，当场决定：长乐公主的嫁妆与永嘉公主相同。

他还有一个没想到。事后，长孙皇后专门差人赏赐魏征钱四百缯、绢四百匹，勉励他继续直谏："你一定要保持这种初心，不要更改！"

还有一次，太子李承乾的奶娘跑来找她，说东宫的器物用具不够，希望皇后能给圣上吹个风，让有司多给配给点。长孙皇后当场黑了脸："作为太子，最应该操心的是德行立得正不正，怎么能操心用具够不够呢？"讲真，如果长孙皇后能够长寿，李承乾绝不会落得后来那般下场。

作为长孙家族的一分子，她全身心地爱着这个家族，爱着家族里的每一个人。

贞观元年正月，她的叔叔长孙顺德收受贿赂，枉法裁判，遭到有司检举。太宗说："长孙顺德有益于国家，朕还想和他共享府库的资财呢，他犯不着这样！"不仅没追究，反而当庭赏赐长孙顺德数十匹绢。大理少卿胡演抗议："长孙顺德贪赃枉法，罪不可赦，陛下怎么还赏赐他呢？"太宗是这么解释的："如果他有人性的话，得到朕赐给绢帛的羞辱，远甚于受到刑罚；如果不知道羞耻，不过是禽兽而已，杀他又有何用呢？"这逻辑太清奇了，令人瞠目结舌。

事有反常，必有缘由。太宗连叔叔李神通都敢怼，还会在乎妻子的叔叔吗？说到底，他在乎的是皇后的感受。长孙氏幼年丧父，视叔父长孙顺德为亲爹。长孙顺德有没有罪？当然有罪！但太宗明白，如果他法办长孙顺德，皇后一定不会阻拦，但势必悲恸欲绝。所以，他才替长孙顺德遮掩。

这一次算他蒙对了，长孙皇后自始至终没说一句话。

当年底，皇后的长兄——监门将军长孙安业又卷入利州都督李孝常谋反案。太宗本拟将所有参与者都处死，包括长孙安业。

活顺德而杀安业，同为长孙一门，为何差别对待？

当年长孙晟病故后，长孙安业以嫡长子主持家政，逼得庶母高氏及长孙无忌兄妹出走娘家。性格要强的长孙无忌当时就立誓，将来一定要报仇雪恨，洗刷耻辱。天道轮回，风水流转，才十余年的工夫，当年面对长孙安业低声下气的兄妹俩，一个成了大唐国母，一个成了唐室重臣。长孙安业惭不惭愧咱不知道，但害怕是肯定的。

长孙无忌当然想过报复，却被妹妹拦下来，都是一个爹生的，何至于此?！于是，长孙安业不仅毫发无损，反而受到重用，累擢至监门将军。可裂痕这东西怎么修补，都不可能完好如初。长孙安业始终和他们兄妹隔着一层，关键时候还是吃里爬外，加入谋逆的队伍中。

这些家族恩怨，太宗当然清楚，就想着借此良机，为皇后出口恶气。他以为皇后一定会默许。不承想长孙皇后一听说要处死长兄，哭着跑来求情："长孙安业确实罪该万死。他当年对臣妾不好，这一点全天下的人都知道。如果陛下现在法办了他，天下人肯定觉得是臣妾让陛下这么干的，有损陛下的声誉啊！"这是她一生中唯一一次徇私情。

皇后都哭了，太宗就破格豁免了长孙安业的死罪，长流西昌。

作为皇后，长孙氏循规蹈矩、恪守本分，堪称贤后典范。

回顾古代政治，皇家之中有三个高危政治角色，第一个是皇帝，第二个是太子，第三个就是皇后。皇后当得好不容易，当不好却会很惨，要多惨有多惨。长孙氏是古代皇后中少数几个看得清也干得好的。

妻子是伦理身份，皇后则是政治身份。皇后的政治性体现在两个方面：在后宫，她是后宫之主，有管理后宫的权力，有稳定后宫的义务；在前朝，她是国母，是皇帝的良佐，是一个既特别又重要的臣子。

长孙皇后在这两方面做得都很到位。

她把后宫管理得井井有条，而且很少得罪人，上上下下没有说她不好的。她对李渊的嫔妃们尊重有加，颇为照顾，这让李渊非常感动。对太宗的嫔妃们，她恩威并用，既不争宠，也不打压。谁要是生了病，她不仅亲自探视，还会把皇后享用的药膳标准施给对方。翻遍

《旧唐书》《新唐书》《资治通鉴·唐纪》这唐史三大典，不见一条关于贞观朝后宫倾轧的记载。太宗是个暴脾气，每当他对宫人们大发雷霆的时候，长孙氏也假装很生气，并主动提出将宫人下入大牢。太宗就不再说什么了。事实上，等太宗一走，长孙氏顶多就是训斥犯事的宫人几句。

如此能干的长孙皇后，对外朝的事情却从不掺和。她熟读历史，知道外戚干政乃历朝历代之大忌，至于牝鸡司晨更是大忌中的大忌。而且，外戚干政，结果往往是既害了夫家，也害了娘家。这种带血的教训在中国历史上实在太多了。所以，她决不越雷池一步，从不发表对朝政的看法。

毕竟是两口子，有时遇到一些棘手的问题，太宗忍不住就想问问她。但长孙氏每次都是同样的话："'牝鸡之晨，惟家之索'，臣妾一介女流，不敢参与政事！"你别问，问了我也不会说的。

唯独有一次，太宗还没问，她主动说话了。这天太宗上朝归来，面色铁青，恨恨地说道："朕一定要杀了这个老农民！"长孙氏很纳闷，陛下你这是说谁呢？太宗咬着后槽牙回答："魏征，他总在朝堂上羞辱朕！"长孙氏听了，扭头就走，不一会儿穿着皇后的朝服出来了，立于庭下。太宗很吃惊，问她为何如此。她说要祝贺陛下。太宗都蒙了，何喜可贺？长孙氏说："臣妾听说君王英明，大臣才会忠直。如今魏征这么忠直，不正说明陛下是有道明君吗？！所以，臣妾特来祝贺！"太宗恍然大悟，不禁莞尔。

长孙皇后不仅自己不掺和朝政，而且极力阻止哥哥长孙无忌把控实权。这是相当难能可贵的。历代皇后都想为娘家谋福利，而且一谋就没完没了。唯独长孙皇后从一开始就足够清醒。

"玄武门之变"后，长孙无忌得拜吏部尚书。这一年他才32岁，别说在唐朝了，即便放在整个古代中国，他都算年轻的，有可能还是最年轻的部级干部，风头盛得也太过分了！这还不算完。转年六月，右仆射封德彝病逝，太宗就想让长孙无忌接任了。

长孙皇后极力劝阻，那劲头就好像长孙无忌不是她哥似的。太宗没听。一个月后，33岁的长孙无忌成了大唐宰相。

果不其然，刚过小半年就出事了，有人密奏称长孙无忌权宠过盛，将来恐有尾大不掉、外戚干政之虞。太宗倒是挺讲究，把该表奏拿给长孙无忌看，还拍着胸脯说："朕于卿洞然无疑，若各怀所闻而不言，则君臣之意有不通。"到底是谁写的密奏呢？从后事来看，十有八九是房玄龄。太宗有时挺坑人的，怪不得后来长孙无忌逮住房家往死里整。光给长孙无忌看还不行，太宗又召集百官当朝宣示："朕诸子皆幼，视无忌如子，非他人所能间也。"这话也不知道长孙无忌听了高兴不高兴，我拿你当兄弟，你却想当我爸爸？长孙无忌"固求逊位"，长孙氏"又力为之请"。最终，太宗不得不罢免了长孙无忌的相位。终贞观之世，长孙无忌再也未能出任宰相。

可惜长孙无忌野心勃勃，没把妹妹的话放到心里，要不然后来也不至于横死了。

从贞观四年到八年的四年里，太宗之所以放松了自我要求，原因其实就两个字：闲的。他喜欢猎杀与征服，国家承平了才一阵子，他就闲得浑身难受。不过，他马上就要回归了。

种种迹象表明：西部友邦吐谷浑现在越来越浑了。

第五章 平吐谷浑

01. 两征吐谷浑

因为李渊主动归还慕容顺的缘故，吐谷浑伏允可汗一度对唐十分友好（见《李唐开国》）。但好景总是不长，武德二年李轨覆灭后，大唐西境直抵青海，伏允可汗就坐不住、睡不着了，在东突厥的煽诱和权臣天柱王的鼓动下，改友唐为敌唐。从武德五年开始，两国小打大打加散打，直到太宗即位，伏允可汗才遣使请和。

然而，仅仅过了不到六年的时间，吐谷浑的军队又出现在大唐西境……

在大靠山东突厥已经被捶死的情况下，伏允可汗独力叫板大唐，显得既突兀又弱智。古今许多史家都将锅甩给了天柱王，认为他的挑唆是伏允可汗犯二的主要原因。

起初我也是这么认为的，直到我注意到《资治通鉴》中的几处细节：一是贞观三年，以细封部①为首的几个党项大部落陆续投唐。唐廷于各部设置州县，以其酋长为刺史。二是贞观五年，李勣南开党项之地十六州四十七县。三是贞观六年，"党项等羌前后内属者三十万口"。

---

① 隋唐之际，党项共有细封氏、费听氏、往利氏、颇超氏、野辞氏、旁当氏、米擒氏、拓跋氏八大部落，其中以拓跋部最为强大。

我们知道，吐谷浑是一个由东北移民——鲜卑人和西北土著——羌人组成的国家。隋唐之际，羌人的主体便是党项。党项和吐谷浑的关系类似于铁勒和突厥，但远比后者紧密且亲密。在吐谷浑每一次对唐的袭扰中，我们都能看到党项人的影子。

为了削弱吐谷浑，唐廷很早就开始拉拢党项诸部了。

眼见唐廷的分化瓦解日益奏效，伏允可汗终于忍无可忍，于贞观六年三月攻打兰州。

太宗问罪，伏允可汗谢罪。可这厢谢罪的吐谷浑使者还未出大唐国境，那厢吐谷浑的军队已经洗劫了鄯州（今青海海东乐都区一带）。送来五十，掏走一千，你说太宗能开心嘛，太宗要求伏允亲自入朝解释。伏允说他抱恙在身，来不了，并要求太宗嫁公主给爱子尊王。太宗回复说没问题，但需要尊王亲自入唐迎亲。这球伏允接不了，干脆撕破面皮，扣押唐使，兴兵进犯兰、廓（今青海省海东化隆县）二州。

《剑桥中国隋唐史》认为，为了控制丝绸之路的要道——白兰道①和河西走廊②，太宗早就想对吐谷浑下手了。其实，为了尽可能和平解决争端，太宗保持了极大的克制，先后十次遣使吐谷浑，希望伏允能主动认错，给他个台阶下。但伏允可汗一意孤行，足足打了太宗两年的脸。终于，他成功地激怒了太宗。

贞观八年（634年）六月，太宗敕命段志玄、樊兴将兵，会同降唐的党项部落一同征讨伏允可汗。他的战略目标很清晰：像当年一战

---

① 白兰道位处青藏高原东部，由青海南抵四川松潘，绵延两千公里。
② 河西走廊地处甘肃省西北部、黄河以西、祁连山和巴丹吉林沙漠中间，主要涉及甘肃武威、金昌、张掖、酒泉、嘉峪关等市，是一个呈北西—南东走向的狭长地带。因位于黄河以西，又形如走廊，故名河西走廊。河西走廊自古以来便是沟通中原与西域的交通要道。

扫平东突厥那样，一劳永逸地解决吐谷浑问题。

为保万全，他还增派了一支生力军。这支生力军就是当时铁勒诸部中唯一一个整部落内迁归唐的契苾部。

隋文帝时代，铁勒诸部大多臣服西突厥。当时，铁勒一哥可不是薛延陀，而是契苾。大业元年，铁勒诸部反抗西突厥暴政，公推契苾酋长契苾哥楞为大可汗、薛延陀酋长乙失钵（夷男的爷爷）为小可汗。所以，契苾人一直以铁勒人中的一等公民自居，情感上很难接受小兄弟薛延陀的崛起。

现任酋长契苾何力是契苾哥楞的孙子，尤其不甘心受夷男的摆布。大家都是孙子，当年你爷还给我爷做小呢，我凭啥听你的？！所以，贞观六年，他一个不服不忿，率全部落六千余帐至沙州（今甘肃敦煌）降唐。太宗最怕铁勒诸部拧成一股绳，对契苾部的降附请求当然不会拒绝，封契苾何力为左领军将军，其母为姑臧夫人，其弟契苾沙门为贺兰州都督，将契苾部安置于张掖、武威一带。

此次西征，太宗有心试一试契苾人是否真心归附，就把他们也派来了。

吐谷浑人似乎很不经打。在党项和契苾的襄助下，唐军一路奏凯，击溃吐军主力。伏允号令部众驱马西逃。段志玄等人穷追不舍，深入吐谷浑国境八百余里，一直追到距离青海湖仅三十里的地方，然后就回师了。但他们前脚才进鄯州，吐谷浑军后脚就杀到了城下。

战略目的没达到，太宗很不满意，将段志玄削职为民。他在酝酿新的征讨，可是有一个难题迫在眉睫：选谁当主帅？

他想用侯君集，侯君集是自己人，听话，靠得住，只可惜侯君集没有指挥大兵团进行灭国作战的经验。段志玄已经无功而返了，如果侯君集也铩羽而归，那他李世民的面子，还有大唐的面子，就都被伏允踩在了脚下。扒拉来扒拉去，不好意思，放眼大唐有灭国经验的帅才，有且只有李靖一人。

这就尴尬了。四年前那一弹之后，李靖就成了哑巴，出朝不出力，只听不说话。他心里有怨气，这一点太宗很清楚，但并不在乎。然而就在段志玄回军后，李靖忽然以抱恙为由，申请辞去右仆射之位。太宗当时也没多想，于十一月初批准了。

有时候事儿就是这么凑巧，你觉得人家没用了，忽然来了件大事，发现只有人家能办。皇帝当然不会也不可能低声下气地求臣子。没关系，太宗的套路多着呢，不能明着说，那就暗着说，派人以很高的规格慰问李靖，却绝口不提他事。

雪藏四年，忽然被天子的光辉照耀了，李靖还不明白咋回事吗？谁的面子都可以不给，唯独皇帝的不可以。他很识趣地主动上表，请求挂帅西征。

这才像话嘛，老哥，辛苦你出个远差！

十二月初三，太宗以李靖为西海道行军大总管，侯君集为积石道行军总管，李道宗为鄯善道行军总管，凉州都督李大亮为且末[①]道行军总管，岷州都督李道彦为赤水道行军总管，利州刺史高甑生为盐泽道行军总管，并突厥、契苾人马，二征吐谷浑。李靖为总指挥。

不知大家注意到没有，这次的出征阵容里少了一个名字，没错，没有党项。上次随段志玄出征，首鼠两端的党项人只吆喝不出力，严重影响了作战效果。所以，太宗这次就没有征调他们。

但李靖觉得，党项人与吐谷浑人虽然亲近，然而二者的利益也并非完全一致，还是可以争取的；并且，党项人对吐谷浑的情况十分了解，若是可以做向导，必定事半功倍。所以，他就试着以重金去收买党项八部中最强大的拓跋部酋长拓跋赤辞。

---

① 且末，音居末。

李靖所料不错，说起来拓跋赤辞还是伏允可汗的亲家，但此人却欣然接受了唐廷的招诱，并亲自到凉州来见李靖。不过，对于汉人，拓跋赤辞骨子里多少还是有些不放心，撂了狠话："隋人无信，喜暴掠我。今诸军苟无异心，我请供其资粮；如或不然，我将据险以塞诸军之道。"你们要是不守约定，就别怪我不客气了。李靖当时拍着胸脯做了保证。

他原计划六军协同并进，闪击伏允，可是李道彦和高甑生两路却久等不至。

李道彦和副手樊兴的进军路线是由岷州直插阔州，也就是由今甘肃定西岷县向西南进军至四川阿坝松潘县西部。唐廷征讨吐谷浑的消息传开后，先前降唐的党项诸部基本都反水了。理论上这种变化对李道彦没啥影响，因为挡在他前面的党项拓跋部已经被李靖收买了。但不知李道彦是咋想的，竟背信弃义，忽然发难，抢走党项人许多牛马。拓跋赤辞大怒，集结重兵扼守唐军必经之路——野狐峡（今甘肃平凉华序县野狐峡）。李道彦军求进不得，逗留日久，兵心逐渐涣散，旋即遭党项猛击，不得不退保松州（今四川阿坝松潘县）。受他连累，高甑生部也遭到了党项人的阻击。

此时，伏允可汗已经收到唐军东来的情报，立即收拢部众，向西逃窜。

李靖急了，不等了，追！

02. 吐谷浑灭国

得亏追得早。贞观九年四月，先头的李道宗部终于在青海湖东南的库山（今青海海西天峻县南库库诺尔岭）追上了伏允。唐军兵锋正盛，轻松击败吐军。但伏允并不慌张，烧掉牧草，丢掉重装，继续西逃。唐军追啊追，追了没多久，停了。然后，李靖就明白当初段志玄为什么不追了。在前方不远处，一块望不到边际的巨大荒漠横亘在他们的眼前。

在青海省的西北部，坐落着中国三大内陆盆地之一的柴达木盆地。这是一个被三条大山脉环抱的封闭盆地，西北抵阿尔金山脉，西南至昆仑山脉，东北接祁连山脉。盆地内三分之一的面积是沙漠，而且是中国海拔最高、面积第五的沙漠——柴达木沙漠；其余三分之二也好不到哪里去，基本上就是风蚀地、盐湖和盐土平原。柴达木盆地降水稀少，气候干旱，年均温度5℃以下，昼夜温差达30℃左右，全年8级以上大风日数达25—75天。

且不说恶劣的自然条件，单是人烟稀少这一条，就不适合大部队行进。偌大一个沙漠，数万大军一头扎进去，一旦粮草断绝，后果不堪设想。这就是当初段志玄追得好好的却忽然撤军的原因所在，也是伏允可汗不惧隋唐之强的原因所在。

现在，轮到李靖重做段志玄做过的选择题了：追，还是不追？

诸将的意见很统一，不能追。只有侯君集反对："当初段志玄刚刚回师到鄯州城下，吐谷浑的军队就反扑上来了。为啥？就是因为敌人的有生力量并未被消灭。如今我们已经击败了吐谷浑主力，吐谷浑人如鸟兽散，此时取之易于拾芥。否则，就前功尽弃！"

然后，就该主帅李靖表态了。侯君集考虑的仍旧是军事问题，李靖考虑的却是政治问题。段志玄之所以被削职为民，就是因为他没有贯彻圣上的意志。圣上请他李药师出山，说到底还是为了实现自己的意志。如果他也学段志玄选择退缩，再次拒绝实现圣上的意志，等待他的结果只会更糟。毕竟段志玄没有那么高的声望负担，可以选择放弃。而他呢，他可是前后击灭萧铣、辅公祏、颉利的李靖呀，他无法退缩，也决不能退缩。

追！

追不追的问题解决了，新的问题又来了：怎么追？

柴达木盆地独特的地理构造，决定了伏允可汗只能沿两个方向逃窜：要么向北，躲入祁连山；要么向南，躲入昆仑山。有人问了，横穿沙漠不可以吗？这怎么说呢，唐军是唐军他妈生的，吐谷浑人是吐谷浑人他妈生的，都得吃喝，找不到补给，什么人都过不了柴达木荒漠。

情报显示，两个方向都有吐谷浑的溃军，可鬼知道伏允可汗究竟走了哪边，只好两条路都追。李靖和李大亮一路，向北追击；侯君集和李道宗一路，向南追击。

种种迹象表明，伏允可汗十有八九在北路，因为李靖、李大亮的北路军频频遭遇吐军。薛孤吴仁在曼头山（今青海海南州共和县西南），薛万均、薛万彻、契苾何力在牛心堆（在今西宁湟中县加牙村一带）、赤水源（在今海南州兴海县东南）、寺海（在今海南州兴海县），李大亮在蜀浑山（在今共和县西），执失思力在居茹川（在今共和县西北之柴集河），先后击溃吐谷浑军，打死多名吐谷浑宗室，缴获杂畜数万。其中，以赤水源之战最为激烈。吐谷浑军在此强力阻击唐军。二薛轻骑先进，陷入重围。关键时候，契苾何力率数百骑杀到，成功救出二薛。很快，北路军便拿下了吐谷浑国都伏俟城（今共和县石乃亥乡铁卜卡）。

北边刀光剑影，南边却悄无声息，这里不仅黎明静悄悄，全天都是静悄悄的。侯君集、李道宗一路所经，全是不毛之地，连个鬼影都看不到。特别是破逻真谷地区（今共和县大非川东），盛夏居然降霜，不见一条河流。上自侯、李二将，下到普通一兵，只能吃冰嚼雪解渴。望着不见边际的无人区，侯君集的心里直打鼓，莫非伏允真的走了北边？

好不容易出了破逻真谷，到了有人的地界，总算收到了一个好消息：前方有一支吐谷浑军，只是不知伏允是否在其中。不管怎样，追了再说！

五月初一，南路军终于在乌海（今青海果洛玛多县花石峡镇豆错湖①）追上了这支吐谷浑军。

两军对垒之际，侯君集哭了，是喜极而泣：伏允就在此军中。仇人相见，分外眼红。这一仗无须动员，全军将士的愤懑与苦痛自动瞄准伏允。吐谷浑军大败，伏允落荒而逃。

此时，李靖已率领北路军主力杀到了吐谷浑国土最西端的且末地区（今新疆巴音郭楞州且末县）。偏师二薛所部收到了一条未经证实的情报：伏允现正躲在图伦碛（今新疆和田地区、巴音郭楞州之间的塔克拉玛干沙漠），不日将投奔于阗②。

契苾何力听了，当时就要点起大军直插图伦碛。但薛万均不同意，一来这个消息真伪难辨，万一是吐谷浑人的诱敌之计呢？二来图伦碛也是大沙漠，横穿沙漠太苦太危险了！可契苾何力坚持己见，不管真假都该一试，万一伏允真在图伦碛呢?！二薛倔，契苾何力比他

---

① 豆错湖，蒙语名为"托索湖"，藏语名为"冬格措纳湖"，翻译成汉语均为"黑海、乌海"。关于乌海，还有一种说法是指喀拉湖，但喀拉湖位于今塔吉克斯坦共和国境内，明显不符。

② 于阗，西域国家，都城在西城（今和田约特干遗址）。

们还倨，干脆自提契苾人马，直趋图伦碛。二薛大为光火，却也只能跟进。

然后，他们一起体验了比侯君集还要糟糕、还要艰苦的境遇。破逻真谷虽然没河，但起码有冰有雪；而塔克拉玛干沙漠到处都是漫漫黄沙，不见一滴水。唐军饥渴难耐，只能喝马血解渴。

有道是，苦心人，天不负。在艰苦卓绝的行军后，他们收到了老天爷封的大红包：没错，伏允真在图伦碛。

唐军犹如神兵天降，打了伏允一个措手不及，斩首数千级，俘获杂畜二十余万。伏允的西逃之路被彻底切断，只得带着千余残骑漫无目的地在荒漠里游荡了。

吐谷浑上下对天柱王极为不满，认为是他将灭顶之灾带给了国家。活动于鄯善地区（今新疆巴音郭楞州若羌县）的慕容顺利用了这股不满情绪，率众击杀天柱王，向李靖请降。消息传入戈壁，伏允可汗也为左右所杀。吐谷浑贵族随即拥戴慕容顺为可汗。

李靖率军东归，与侯君集、李道宗会师于河源地区的柏海（今玛多县境内扎陵湖①），具表上奏：平定吐谷浑。

03. 高祖驾崩

西征大捷，太宗却面无喜色。

---

① 玛多县境内的扎陵湖和鄂陵湖是黄河源头最大的两个高原淡水湖泊，素有"黄河源头姊妹湖"之称。

当乌海大战进行时,他的父亲、大唐王朝的开创者——高祖李渊龙驭归天了,享年70岁。

人生七十古来稀。我统计过,唐朝十四代二十帝(不包括武则天),够着七十这条线的只有两位,玄宗李隆基78岁,高祖李渊70岁。李隆基纯粹是寿命长,但李渊寿享遐龄靠的不是基因,而是心大。

人生三大悲剧——幼年丧父、中年丧偶、老年丧子——李渊一个都没落下。尤其是"玄武门之变",他一日之间失去了两个儿子十个孙子。一般人摊上这事儿,即便没痛死,估计也只剩半条命了。但李渊呢,痛过哭过之后,拍拍身上的灰尘,振作疲惫的精神,依旧还是那个"倜傥豁达,任性真率"的李渊。

被迫成为太上皇之后,李渊随即提出搬离大兴宫,入住大兴宫西面的大安宫。太宗没同意,这么快搬有点儿太那个了。一直到贞观三年四月,在李渊的极力坚持下,他才松口同意。

一个被变相软禁的太上皇,大门不出二门不迈,日子一定过得很苦闷吧?

非也!李渊想得特别开,该吃吃该喝喝,该造小人儿造小人儿,六十多岁的他充分发扬老骥伏枥、老牛犁地的精神,接连生了密王李元晓和滕王李元婴①两个儿子。根据史书记载,除了22个儿子外,他还有19个女儿,最后那几位公主八成也是李渊退休后的"作品"。

三套衣服丢两套,他是真的有一套。

贞观四年以后,李渊又多了一项新的爱好:挤对颉利。

颉利好歹也是一代枭雄,当年随便跺跺脚,亚洲政坛都要震三震,如今国破身囚、远离故土、屈膝事人,整日里郁郁寡欢,与家人

---

① 李元婴,就是王勃《滕王阁序》里的那位滕王。

"相对悲泣",健康状况每况愈下。太宗惺惺相惜,一度提出让他到麋鹿出没的虢州(今河南三门峡灵宝)任刺史,打猎解愁,但都被骄傲的颉利拒绝了。

李渊对他就没这么客气了。贞观七年(633年)十二月十二日,李渊置酒未央宫,不知是喝高了,还是故意的,非要颉利跳舞助兴,还让南蛮酋长冯智戴咏诗。人在屋檐下,怎能不低头?! 颉利不得已,只得和着冯智戴的吟咏,勉强跳了一段。

李渊看他们的眼神,就好像看两只当街卖艺的猴子,他开怀大笑:"胡、越一家,自古未有也!"

胡、越是一家了,可都成李家的家奴了。

太宗也举起酒杯,大拍老父马屁:"如今四夷宾服,这都是陛下您教诲有方!"这个马屁拍得十分到位,李渊哈哈大笑。

大殿之上,所有人都跪倒在地,山呼万岁。他们的欢笑声和万岁声无异于千万支利箭,插满了颉利的心头。我们有理由相信,那一天颉利的心头在喷血。回到家中,他就病倒了。一个月后,贞观八年(634年)正月,这位曾经的草原霸主客死长安。太宗依突厥习俗,将其火葬。

挤对死颉利,李渊开心得要疯,没打死你,但我气死你了。可能是疯得过了头,当年秋天忽然他就中了风,从此一病不起。太宗很着急,命大唐第一工程师阎立德于宫城东北外抓紧营建大明宫,作为老父的"清暑之所"。可惜大明宫还未建成,贞观九年(635年)五月六日,李渊就宾天了,因其庙号为高祖,故史称唐高祖。十月,李渊遗体入葬献陵,妻窦氏加号太穆皇后祔葬。

历朝开国皇帝在历史上的存在感和好评度都非常高,比如秦始皇、汉高祖、隋文帝、宋太祖、明太祖等。唯独李渊,存在感极低。更有甚者,很多人持这样的观感:李渊之所以能成为开国皇帝,只因为他是李世民的爹。这一点本就极为反常。

追根溯源，就是因为贞观史官篡改了武德史，刻意贬低了李渊的能力和贡献。遍观唐史三大典，李渊在举事前的犹豫徘徊、进军中的动摇退却、开国后的昏聩无能，表露无遗又淋漓尽致。反观李世民，坚毅果敢，首倡大义，多次力挽狂澜，功劳卓著。

其实，大家动动脚趾就该想到，开创一个伟大王朝的男人怎么可能是凡夫俗子？

晋阳起兵时，温大雅是李渊的秘书，他在随军入关之余，写了一本日记体的《大唐创业起居注》，专门记述了从太原起兵至开国称帝期间李渊的言行。在这本书中，李渊不仅是绝对的主角，而且形象十分高大，堪称英明神武、剖断明晰。

比如，李渊不仅以桃李子自居，而且很早就有起兵之念。就任山河大使时，他沾沾自喜，"帝以太原黎庶，陶唐旧民，奉使安抚，不逾本封，因私喜此行，以为天授"。就任太原留守后，他更是难掩激动之情地对李世民说："唐固吾国，太原即其地焉。今我来斯，是为天与。与而不取，祸将斯及。"

当然，不排除温大雅有拍马屁的地方，但总不至于太离谱。

这一点西方人和古人远比我们看得要透彻。

《剑桥中国隋唐史》指出："尽管李渊反隋时已年逾五十，但他仍不失为一个有雄心壮志、生气勃勃和干练的领袖人物。他策划了太原起兵。他对李密和东突厥的外交攻势，使唐军得以胜利进军并攻占隋都大兴城。他推行的大赦、封官许愿等政策，有助于促进全国统一。唐高祖创立了初唐的制度和政治格局。以任何标准衡量，'武德之治'均称得上是取得了突出成就，为唐王朝打下了坚实的政治、经济和军事基础。李渊之所以遭到冷落，一是因为他执政期短，又夹在中国史上最突出的两个人物隋炀帝和唐太宗之间。二是他的开国之功被唐太宗精心地掩盖了。"

《旧唐书》对李渊的评价不仅客观，而且相当有文采："有隋季年，皇图板荡，荒主烨[①]燎原之焰，群盗发逐鹿之机，殄暴无厌，横流靡救。高祖审独夫之运去，知新主之勃兴，密运雄图，未伸龙跃。而屈己求可汗之援，卑辞答李密之书，决神机而速若疾雷，驱豪杰而从如偃草。"

在我看来：李渊是唐朝最豁达、最潇洒的皇帝，没有之一。

04. 李靖谢幕

统兵打仗，赏罚分明至关重要。

李靖表奏朝廷，一面为侯君集、李道宗诸将请功，一面弹劾李道彦、高甑生失期。

李道彦的确犯了错，而且犯的还不是小错，失期只是果，他的过错在于一手酿成了失期的因。如果不是他违反约定，突袭拓跋赤辞，李靖的和羌政策不至于前功尽弃，他和高甑生也不至于失期，这场战争或许早早就结束了，许多大唐健儿可能就不必牺牲了。本是必死的罪，好在他有个爹叫李神通，太宗忍了又忍，将其流放边疆。

李道彦脑袋一发热，不仅害了自己，也害了副手樊兴和高甑生。

樊兴是奴隶出身，没有背景，不敢喊冤，乖乖接受了免死长流的处罚。

---

① 烨，音产。

可高甑生很不服气，李道彦犯错，凭啥打我的板子？他认定，这是李靖假公济私，排斥异己。高甑生之所以这么想也是有原因的，因为他是唐军中另一位大军头尉迟敬德的人。当年虎牢关下，尉迟敬德三人三骑生擒王世充之侄王琬，其中一人便是高甑生。高甑生左思右想，越想越生气，一个冲动办了糊涂事：状告李靖谋反。为了坐实此事，他还指使广州刺史唐举义指证李靖。

如果李靖深得太宗信任，借高甑生十个胆，他也不敢弹劾李靖。之所以敢弹，一是仗着有尉迟敬德撑腰，二是深知太宗忌惮李靖久矣。

李靖谋反？这简直是滑天下之大稽！可太宗居然真的派人调查了。结果当然是子虚乌有，失期加诬告，高甑生的罪更大了。这时有人替他说了话："甑生，秦府功臣，宽其罪。"史书虽未明言是谁，但大概率是尉迟敬德。

可此时的尉迟敬德哪里还有什么面子?!太宗断然拒绝，大道理说得很硬气："甑生违李靖节度，又诬其反，此而可宽，法将安施！"结果，原本过错远小于李道彦的高甑生也被免死长流。

高甑生委屈是小，关键是李靖心寒了。他心寒的不是高甑生的诬告，而是太宗明知他不可能谋反还派人调查。说到底，玄武门事变前的那道坎儿，圣上到现在都没过去。寒了心怎么办？回家取暖呗！从此，李靖"阖门杜绝宾客，虽亲戚不得妄见也"。

李靖的传奇，传奇的李靖，从此谢幕……

从武德二年到贞观九年，李靖在唐朝军事政治舞台上活跃了16年，屡建奇功，成长为一代军神。现在，曲未终人未散，但一代军神已谢幕离场……此外，一个本应受奖的人也受罚了，这个人就是薛万均。李靖冤，他一点儿都不冤。

战后，唐军集结大斗拔谷（今甘肃张掖民乐县东南甘、青两省交界处的扁都口隘路）休整，太宗遣使劳军。众将刚刚打了胜仗，都很开心。本来挺和谐的，忽然冒出了杂音：薛万均对使者自夸功劳，把赤水源、图伦碛两战的功劳都揽到他们兄弟二人身上，完全没提契苾何力一个字儿。

要争功你就悄悄地争，起码也该避着契苾何力吧，可他那番话是当着人家契苾何力的面儿说的。契苾何力气得咬牙切齿，当场拔刀就要削他，被众将死死拉住。

按理说，契苾何力于二薛有救命之恩，薛万均就是再浑，也不该黑下心肠独占功劳。

这就要从唐军中的痼疾——番汉矛盾说起了。太宗胸怀宇内，包罗天下，甭管番将汉将，只要有真本事，他就会用。但汉将普遍看不起番将，觉得他们不过是一帮头脑简单、四肢发达的野蛮人。二薛就是汉将中的死硬分子，别看契苾何力救了他们哥儿俩的命，他们却认为下属救主将理所应当，无须道谢，更何况这个下属还是个野蛮人。他们还觉得，你契苾何力是配属我们的，应该听我们的号令，可你却抗命不遵、以下犯上。

大军凯旋后，太宗单独召见契苾何力，询问缘由。契苾何力把前因后果一五一十说了。太宗大怒，当场就要将薛万均的全部官职转授契苾何力。

但契苾何力拒绝了，他说："陛下如果因为臣的缘故而剥夺薛万均的官爵，胡人们就会觉得陛下重胡轻汉，进而轻视汉将，这样不利于团结！"他的这番话都把太宗说愣了，不想一介番将居然看得如此通透，如此顾全大局。

契苾何力虽然没有得到薛万均的官职，却得到了整个大唐最珍贵的东西——太宗的信任。不久之后，他娶了李唐宗室之女临洮县主①，还得到了一个新官职——玄武门守将。自大唐开国以来，玄武门守将无一例外都是汉将，太宗肯把自己的安危交给一个异族，这里面的信任与器重不言而喻。

其余诸将，皆有封赏。受益最大的是侯君集。

西征之役之所以能成功，除了李靖策略得当、指挥有方外，契苾何力与侯君集的坚持至关重要。在这场战争中，侯君集充分展现了一个统帅应当具备的决断力与行动力。太宗十分满意，事实证明侯君集是完全可以挑大梁的，去了李药师，还有侯君集。

为了培养侯君集，太宗曾让他跟着李靖学兵法。侯君集觉得自己学会了、学通了。现在太宗也觉得他学会了、学通了。但在不久的将来，事实无可辩驳地证明，徒弟终究没能学到师父的精髓，兵法没拿满分，人臣之道更是不及格。

唐廷本可以吞并吐谷浑，分置州县，但太宗并没有这么做，非不想也，只是不愿意过分刺激西域诸国，避免将他们推入西突厥的怀抱。所以，他册封慕容顺为吐谷浑可汗，以吐治吐。然而慕容顺的群众基础太过薄弱，汗位还没焐热乎，就被干掉了，大臣争权，国中大乱。太宗又派侯君集率军入吐，迅速稳定了政局，册拜慕容顺之子诺曷钵为吐谷浑可汗。

四年后，为了进一步羁縻吐谷浑，太宗开了大唐和亲外番的先例，将宗室中的一个县主册封为弘化公主，下嫁诺曷钵。

经此打击，立国三百余年的吐谷浑再也没能缓过来。更加要命的是，一个强大的敌人已经在它的西南方崛起了……

---

① 唐制，帝王之女称公主，太子之女称郡主，亲王之女称县主。

第六章 渐不克终

01. 贤后辞世

西征刚刚结束，大唐王朝再遭国殇：贞观十年（636年）六月二十一日，一代贤后长孙氏因病去世。

长孙氏从小身体就不大好，患有哮喘，常年病恹恹的。李世民总说他有哮喘，其实是他老婆有哮喘，领导的套路真多啊！贞观八年一天深夜，柴绍等人忽然入宫，直奔太宗寝阁外，说有要事启奏。通常，若非有危及圣躬的恶性事件，大臣们绝不会、也不敢在深夜惊扰皇帝。这么多年了，还是头一次碰到这种情况。太宗高度警觉，穿戴甲胄，准备出阁查看。长孙氏的第一感觉是出事了，出大事了，非要跟着一起去。左右考虑到她的健康状况，把她拦住了。

当然，这一夜乃至这一年都没发生大事。但长孙氏的病情却从这一夜急剧恶化。

太子李承乾看在眼里，疼在心里，奏请母后赦免罪人，并度一批俗人出家为僧道，以祈福延年。

长孙皇后不同意：一来生死在天，人力难为；二来大赦天下是国家大事，应当慎之又慎，不能随随便便因为什么人什么事就大赦天下；三来圣上不信释道，凭什么因为我而强迫他做他不认可的事情？

李承乾知道母亲的脾性，转托房玄龄上奏父皇。只要能让皇后康复，太宗什么事儿都会做，当然一口应允。可长孙皇后愣是没同意。

到西征之役结束时，长孙氏已经到了油尽灯枯的地步。六月中，夫妻二人做了最后一次长谈。这次谈话让太宗感动非常，爱妻都到这般地步了，最牵挂的居然还是他和大唐的江山社稷。

长孙皇后提了四个请求：

第一，迎回房玄龄。爱妻患病，太宗心情不好，竟然因为一点小小的过失，就让房玄龄回家养老了。长孙皇后劝他："房玄龄服侍陛下这么多年了，一直很小心谨慎，从未泄露禁中秘事，他又没犯什么大的过错，希望陛下宽恕他，还是要重用他。"须知，当年阻击长孙无忌的正是房玄龄，长孙皇后能为哥哥的政敌说话，可见在她心里，夫君的江山胜过一切。

第二，不要重用长孙家族的人。历朝历代的皇后到了这个节骨眼儿上，肯定要说几句请皇上善待、照顾自己家人的话。唯独长孙皇后，不仅不说好话，反而央求太宗，千万不要长孙家族的人当有实权的大官。

第三，从俭薄葬。长孙氏原本就很节俭，当上皇后以后，她更是在宫中倡行节约。她说，妾生无益于人，不可以死害人，希望陛下能允许我薄葬，依山为陵，陪葬只有瓦木，不用金银。

第四，最后一次劝谏夫君："仍愿陛下亲君子，远小人，纳忠谏，屏谗慝①，省作役，止游畋，妾虽没于九泉，诚无所恨！"

言罢，长孙氏昏迷不醒。二十一日，她崩于立政殿，年仅36岁。

太宗尚在悲悲戚戚，宫司献上了一样皇后的遗物，打开一看是一本书，封面书"女则"二字。仔细翻阅一番后，他又哭了。

简单地说，《女则》是长孙皇后采集、评点古代后妃及命妇言行的一本评论集。她编这本书的目的，是规劝、勉励后宫女性依《女

---

① 慝，音特。

则》说话办事，成为天下女性的楷模，为大唐社稷传递正能量。

可惜此书自宋朝以后就失传了，现仅在唐史三大典中存有零星字句。比如，长孙氏曾指责东汉明德皇后马氏[①]，说她名义上反对外戚干政，实际上只不过是限制了娘家人的车马数量而已，马氏家族依旧是当朝显贵。

太宗将《女则》传阅近臣："皇后编的这本书，绝对是可以垂范百世的经典！她已经去世了，朕也知道悲痛是无益的，可是从今往后朕回到宫里，再也听不到劝谏我的话了。朕失去了一位良佐啊，叫朕如何不想她?!"叹罢，当即下敕，召回房玄龄。

十一月，长孙氏葬于昭陵，谥号文德皇后。太宗指示有司，遵从皇后遗愿，因九嵕[②]山为陵，凿石之工才一百余人，仅用时几十天就完成了全部工程。陵墓中不藏金玉、人马、器皿，只有土木器具。

爱妻辞世，可把太宗想坏了，特命人于宫中起层观，便于他远眺昭陵。他不仅自己频频登观眺望，还总拉着刚刚退居二线的魏征一起望。一来二去，魏征就烦了，你爹也没了，咋不见你这么上心呢?!一次，太宗又拉着他眺望昭陵。魏征故意眯着眼看了老半天，然后说："臣老眼昏花，实在看不见啊！"太宗就指给他看。魏征悠悠地来了一句："哦，臣还以为您是要我看高祖的献陵呢，原来是看昭陵啊，那我能看见了！"

这是魏征怼太宗怼得最狠的一次，连我都觉得有些过分了，人家老婆没了，好歹给个面子嘛！太宗当时就被怼哭了，不过并没有发火，不久就命人拆了层观！

[①] 明德皇后（39—79），伏波将军马援的小女儿，汉明帝刘庄的皇后。马皇后一生以俭朴自奉、不信巫祝、待人和善、约束外家著称。马皇后还是中国第一位女史学家，著有《显宗起居注》一书，开创了"起居注"这一史书体例之先声。

[②] 嵕，音宗。

02. 日趋放纵

一年之内老父爱妻相继谢世，于太宗的打击可想而知。他虽贵为九五之尊，面对生老病死一样无能为力，越发感到人生苦短譬如朝露，原有的及时行乐之念更加蓬勃炽热。是该好好享受享受了，要不然当这个皇帝干吗？

长孙皇后拢共提了四大条，召回房玄龄，他办了；薄葬，他也办了；不重用长孙族人，至少他在去世之前没再让长孙无忌拜相，算是落实了一半；最后一条，他也打了折扣，落实了三分之二，总共六小条，"省作役，止游畋"这两条没做到，压根儿也没打算去做。

长孙皇后去世刚一个月，他就在朝堂上放了话："朕鼓励大家直言进谏，是为了国家好！可是最近你们上书言事，说的都是关于别人的一些鸡毛蒜皮的小事。从今往后谁要是再说这些小事，朕就要治他的罪！"一些政治敏锐性较差的官员以为，这个"人"真的就是指别人。其实，在太宗的语境里，"人"就是他，他就是"人"。

转年正月，他忽然下敕，要在洛阳营建飞山宫。朝野一片哗然，怎么又要建新宫？！

魏征立即以严厉的措辞上书劝谏："隋炀帝仗着国家富强，穷奢极欲，大兴土木，最终使隋朝灭亡。陛下应该充分吸取教训，不要大兴土木，浪费民力！"这话说得很难听了，陛下，你是要走隋炀帝的老路吗？太宗破天荒地以生硬的态度做了回应："若不为此，不便我身。"不干这个事，对我身体不便。

二月，他专程前往洛阳视察施工情况。住宿明德宫①时，因为当地官员接待不周，太宗大为光火，当场处分了几人。魏征实在看不下去了："陛下仅仅因为地方招待不周就罢黜官吏，这容易败坏风气！当年隋炀帝出巡，要求沿途郡县进献美食，谁进献的食物丰盛，就奖赏；谁进献的食物不如意，就惩罚。这些陛下你不仅知道，而且亲眼见过，怎么现在却学起隋炀帝了呢？"

太宗意识到自己的言行的确有些过分了，赶紧找补："如果没有你，我都听不到这样的话。"他还对一旁的长孙无忌说："朕当年路过此地，花钱买东西吃，花钱租房子住。现在待遇如此丰厚，不能不满足了！"听这话是有些幡然悔悟的意思了。

但大家都想多了。据史书记载，这一年已经出现了"供官徭役，道路相继，兄去弟还，首尾不绝，远者往来五六千里，春秋冬夏，略无休时"的情况。有司反映上来，太宗竟说出"百姓无事则骄逸，劳役则易使"这样的话。

一次，房玄龄在路上碰见少府少监窦德素，多问了一句："玄武门最近为啥在施工啊？"太宗知道后，将房玄龄喊来一顿训："你是宰相，处理好南衙②政事就好了，北门修缮这点儿屁事用不着你来管！"对比贞观元年他说过的"秦始皇营宫室而民怨叛者，病人以利己故也。夫靡丽珍奇，固人之所欲，若纵之不已，则危亡立至。朕欲营一殿，材用已具，鉴秦而止"的话，真是啪啪打脸。

这不，三月又有人提出封禅之请，算来已经是第五次了。这一次太宗没有任何的犹豫与推辞，当即应允，并指定房玄龄、颜师古研究

---

① 明德宫，隋炀帝在洛阳修建的别宫。

② 狭义的南衙代指宰相官署，因三省均在皇宫之南，故称。广义的南衙代指以宰相为首的朝臣集团。与南衙相对的是"北司"。狭义的北司指宦官掌管的内侍省，因设在皇宫之北，故名。广义的北司代指整个宦官集团。

详细流程。

一看太宗都堕落到这个地步了，魏征觉得有必要说道说道了，于是连着上了四道奏疏劝谏太宗。其中最著名的便是第二篇——《谏太宗十思疏》，翻译成现代汉语就是"十个想一想"，其核心意思就是告诫太宗要善始慎终。

臣闻求木之长者，必固其根本；欲流之远者，必浚其泉源；思国之安者，必积其德义。源不深而望流之远，根不固而求木之长，德不厚而思国之治，臣虽下愚，知其不可，而况于明哲乎？人君当神器之重，居域中之大，将崇极天之峻，永保无疆之休。不念居安思危，戒奢以俭，德不处其厚，情不胜其欲，斯亦伐根以求木茂，塞源而欲流长者也。

凡百元首，承天景命，莫不殷忧而道著，功成而德衰，有善始者实繁，能克终者盖寡。岂取之易而守之难乎？昔取之而有余，今守之而不足，何也？夫在殷忧必竭诚以待下，既得志则纵情以傲物；竭诚则吴越为一体，傲物则骨肉为行路。虽董之以严刑，振之以威怒，终苟免而不怀仁，貌恭而不心服。怨不在大，可畏惟人；载舟覆舟，所宜深慎。奔车朽索，其可忽乎？

君人者，诚能见可欲，则思知足以自戒；将有作，则思知止以安人；念高危，则思谦冲而自牧；惧满溢，则思江海下百川；乐盘游，则思三驱以为度；忧懈怠，则思慎始而敬终；虑壅蔽，则思虚心以纳下；想谗邪，则思正身以黜恶；恩所加，则思无因喜以谬赏；罚所及，则思无因怒而滥刑。总此十思，弘兹九德，简能而任，择善而从之，则智者尽其谋，勇者竭其力，仁者播其惠，信者效其忠；文武争驰，在君无事，可以尽豫游之乐，可以养松乔之寿，鸣琴垂拱，不言而化。何必劳神苦思，代下司职,役聪明之耳目,亏无为之大道哉?

太宗不得已,手撰《答魏征手诏》,一上来就说自己看完后深受震撼、很受启发。到什么程度呢,看得都入了迷,天天看到半夜。然后,开始吧啦吧啦地讲自己的功绩,那年朕双手插兜,不知道什么叫作对手,朕干了那么多丰功伟绩,只不过朕低调,一直不说而已。接下来就是给自己最近这几年的狂浪找理由,最近几年祸事连连,先帝没了,皇后也没了,所以朕的精神状态很不好,吃也吃不好,睡也睡不好,有时难免考虑不周、处事不当。听听,全是客观理由,没有主观责任。结尾,郑重表态,爱卿你放心,我会改的。

七月,天降大雨,谷、洛二河暴涨,席卷洛阳宫,冲毁官舍、寺庙与百姓住房无数,溺死六千多人。太宗觉得这是天意示警,立即起驾返回洛阳宫,指挥救灾事宜。为示归罪于己,他停了封禅议程,并指示有司:"令百官各上封事,极言朕过!"

来吧,大家来找碴儿!

03. 停止畋猎

百官们可算逮到机会了,各种意见建议提了一大筐。大家反映最多的,就是游猎太频。

为什么这个问题最受关注呢?主要原因有三个:第一,打猎是危险系数极高的运动,万一皇帝为猛兽所伤,乃至崩了,朝廷怎么办?社稷怎么办?第二,皇帝就是一台行走的烧钱锅炉,他不停地动,钱就得不停地花。第三，皇帝是朝廷的中枢，他在哪里，朝廷就得在哪里。百官们白天陪他进行剧烈的体育运动，晚上还要加班，996都没这么卷，苦不堪言哪！

但太宗并不认账，反而辩解道："你们总是说朕游猎太频，现在天下无事，但我们不能疏于武备。朕打猎又没有惊扰老百姓，这有什么呢?！"

魏征就说了："陛下，是你让我们上书言事的。人家说得对，你就采纳；人家说得不对，你也没什么损失呀！"

太宗良久才从牙缝中挤出四个字："公言是也。"

他的态度惹恼了一个人。这个人就是已经升任侍御史的马周。马周索性给他的问题来了一个大起底：第一，徭役太重。第二，皇家奢靡。第三，漠视民力。第四，宠遇诸王太过。第五，不重视地方官吏的选用。并郑重提醒太宗："当年周幽王也曾笑话过夏桀和商纣，隋炀帝也曾笑话过北周北齐。陛下，你要不认真反思的话，今天你笑话隋炀帝，将来别人就要笑话你了！"

太宗一贯欣赏马周，看了奏章后大为所动，"称善久之"。此后，他在各方面均有所收敛，唯独打猎这事儿依旧如故。好嘛，让我戒了打猎，你们不如弄死我算了。

秋日的一天，他又跑到洛阳苑中打猎，射杀了四头野猪。混乱当中，一头野猪突然冲到了他近前，獠牙都快触到马镫了。一旁的民部尚书唐俭慌慌张张地下马与野猪搏斗。太宗趁机拔剑砍死野猪，捎带着还嘲笑了一把唐俭："你这个天策府长史又不是没见过我这个天策上将杀贼，怎么面对一头野猪还害怕了呢？"唐俭悠悠说道："汉高祖以马上得天下，却不以马上治天下。陛下平定四方，已经很神武了，犯不着对一头野兽逞强啊！"貌似轻飘飘的一句话，触及了太宗的灵魂，当即宣布罢猎。事后，太宗加封唐俭为光禄大夫，将第六女豫章公主选配其子唐善识，并从此戒掉了游猎的习惯。

刚立完规矩，侍御史柳范就来上眼药了，弹劾太宗第三子、安州（今湖北孝感安陆）都督吴王李恪频繁畋猎，惊扰百姓。他这一弹，弹得太宗是真难受。

因为吴王李恪可不是一般的战士，虽然是庶出，但人家不是一般的庶出。他的母亲赫然是隋炀帝的小女儿杨氏。也就是说，他的太姥爷是隋文帝，姥爷是隋炀帝，爷爷是唐高祖，父亲是唐太宗，他的身上流淌着隋唐两朝三代四帝的血脉。在中宗、睿宗两兄弟登场以前，李恪就是大唐皇室基因图谱中最靓的仔。

有用吗？不好意思，没啥用！再厉害，在伦理和法律上，他也不过是个庶子。即便大哥李承乾不当太子了，也会由长孙皇后的其他两个儿子——老四魏王李泰或老九晋王李治来接班，完全轮不到他。

不过，李恪性格英武果决，而且也喜爱狩猎，颇得太宗的欢心和宠爱，一度被太宗认为是诸子中除了魏王李泰最像他的一个儿子。

换作从前，太宗对李恪畋猎不仅不会生气，反而会加以褒奖。但现在形势不同了，他刚刚向群臣表态，要坚决杜绝畋猎之风，这个宝贝儿子偏偏顶风上，被人揪了出来。甭管真假，太宗生气了，起码他得做出生气的样子。当然，他不会责罚宝贝儿子，而是打算把板子全打在李恪的长史权万纪身上。

由于一众老臣坚持不懈地诋毁与打压，权万纪不仅官越当越远，而且在太宗心目中的位置也越来越远。最是无情帝王心，当年权万纪受宠时，太宗看他就是明日之星，迟早拜相的主儿；如今失了宠，太宗怎么看他都不顺眼，甚至准备用他的小命来立威。"长史权万纪事吾儿，不能匡正，罪当死。"

难得柳范是个耿直的人，看不惯，驳斥太宗："堂堂房相都拦不住陛下您畋猎，凭啥怪罪权万纪不能阻拦吴王？"

贞观朝的大臣们基本上都是这个揍性，说话完全不把门儿。

太宗气得脸都白了，拂袖而去。过了几天，实在气不过，专门把柳范提溜过来："你为什么当面羞辱朕，让朕下不来台？"这一次柳范学乖了："因为陛下是有道明君，臣不敢不忠直！"这马屁很到位，太宗消了气，乐了。

贞观十二年（638年）三月，太子李承乾的嫡子李厥出生。太宗十分开心，特意在东宫宴请朝中所有五品以上官员。

酒至半酣，他又习惯性地自我陶醉了："武德一朝，跟着朕扫荡群雄、平定天下，这是房玄龄的功劳。贞观一朝，纠正朕的过失，使国家大治，这是魏征的功劳！"当场赏赐佩刀给房玄龄和魏征。他还不无得意地问魏征："你说朕现在治国理政比往年如何呀？"

这样的场合，耿直如老魏也不好直接打他的脸，很有技巧地来了个先肯后否："如果论威德，那肯定是要比贞观之初强多了。但如果论是否让人心悦服，我觉得不如当年。"

太宗很好奇："却是为何？"

鱼儿上钩了，魏征就开始钓了："当年，您以未曾实现大治为忧虑，所以德义与日俱新。但现如今您安于现状，就不如当年了。"

太宗不服："我现在的所作所为和当年是一样的，怎么结果还不一样了呢？"

然后，魏征就抛出了他今天最想说的话："贞观之初，你唯恐大臣不进谏，常常加以引导，并欣然景从。现在即便勉强听从了，脸色也很不乐意。"

太宗明显不太乐意了："有吗？你举个例子！"

当然有！魏征就开始翻旧账了："当年您要杀元律师，孙伏伽认为元律师罪不至死，您听了很高兴，当场将兰陵公主（太宗第十九女）的园子赏赐给他。有人说您赏赐太重。您却说：'朕即位以来，未有谏者，故赏之。'但贞观八年皇甫德参上书谏阻修缮洛阳宫，陛下你怒不可遏，虽然最终听了我的话，但看得出来极为勉强。"

话都说到这份儿上了，太宗还能说啥，只得自我解嘲道："非公不能及此。人苦不自知耳！"

04. 世袭刺史

如果说西征吐谷浑之前，太宗的表现叫"放松"，那么西征后他已经膨胀到了"放纵"的地步，甚至一度昏了头，想师法夏、商、周三代，裂土封疆，分封诸王。

作为半个开国之君，太宗思考最多的问题是如何让李家的江山千秋万代地传下去。

谋江山，难；打江山，更难；守江山，难上加难，不仅有外人觊觎，还有祸起萧墙。外人惦记，这个没办法，人心隔肚皮，你也不知道人家脑瓜子里是怎么想的，只能随机应变、相机处置。但自家内部的问题，起码还是可以想点办法的，即便不能彻底根除，也可以设法限制在最低程度，不至于给外人以可乘之机。

贞观元年八月，他就曾问诸位大臣，怎么做才能让李家的江山递二世、三世乃至万万世。大家七嘴八舌说了很多，唯独萧瑀的话让太宗眼前一亮，"三代封建而久长，秦孤立而速亡"。啥意思呢？就是说，夏、商、周三代施行分封制，当天子遇到危险时，诸侯们都会来帮忙，所以三代的江山都能延续好几百年；而秦朝以郡县制取代了分封制，天子碰上大坎，没人来帮忙，因为一个诸侯王都没有，所以仅持续了二世几十年就灭亡了。

太宗想，对啊，隋朝不也是因为没有分封诸侯而速亡的嘛！从这时起，他就起了分封的念头，越想越觉得分封制好处多：

一来可以最大程度地缓解皇室成员间的流血竞争。郡县制下，诸王能不能上位是1和0的关系，上去了就是1，上不去就是0；但在分封制下，能不能上位只是个配比问题，上去了占得多一点儿，上不去虽说少一点，但总不至于是0。如此，即便还有争抢，但起码不是有你无我、有我无你的零和博弈了。这一点最吸引太宗，他最不愿意看到他和建成、元吉的人伦惨剧在后代身上重演。

二来宗家不再孤立无援。郡县制下，分家只有爵位和待遇，没有任何实际政治权力，更没有兵权，当宗家遇到危难时，分家有心也无力。但在分封制下，分家都是国中之国，是一个个小君王，都掌握着地方实权，一旦宗家有难，可群起而援之，确保李家江山不变色。

经过四年的深思熟虑，贞观五年太宗终于把分封的念头公之于众，令群臣讨论。

这下可炸了锅。因为分封制并不完美，也有隐患，而且还不小。绝大多数情况下，觊觎皇位的还真不是外人，恰恰就是宗室成员，除非改朝换代这样的极特殊情况，一般只有他们有资格、有机会、有实力问鼎皇位。

他们会想，都是父皇的孩儿，我比你差什么，凭啥你能当太子、当皇帝，我就不可以？太宗当年不就是这么想的吗?! 况且，不仅他们会这么想，他们手下的那一伙人也会想，我家主公也是圣上的子孙，身上也流淌着真龙血脉，凭啥不能当皇帝？这和当年长孙房杜、尉迟敬德等人的想法如出一辙。

郡县制下，宗室诸王没有实权，即便有野心有企图，也不敢轻易造次；但在分封制下，他们都是一国之主，掌控着一国的土地、人民、财政和军队，具备叫板的实力，一旦野心膨胀，就会铤而走险，诉诸武力。

类似的教训在历史上比比皆是。周天子分封诸侯，年深日久，诸侯日渐坐大，王室日益衰微，春秋战国五百多年间群雄争霸、干戈无息，周朝也遭颠覆。秦朝吸取了周朝的教训，果断以郡县制取代了分封制。西汉搞了个调和折中，郡县制与封国制并行，结果还是不行，闹出了"七国之乱"。西晋不吸取教训，还要学西汉，"八王之乱"重蹈了"七国之乱"的覆辙，前后混战十六年，阶级矛盾、民族矛盾集中爆发，然后"五胡乱华"，西晋下线。

前事不忘，后事之师。所以，大臣们普遍持反对意见。

魏征第一个反对，依旧先算经济账：诸侯得有自己的属官，这么多的属官还得朝廷开工资，这不是加重朝廷和百姓的负担了吗？魏征如果当会计，绝对是一把好手。再算政治账，很多封国远在边疆，内地真有事，短时间他们也过不来，没啥用！

礼部侍郎李百药的发言直指分封制的最大弊端："初代诸侯可能还顾念亲情，但他们的后代可就不一定了，万一野心膨胀，就会生出祸乱。"

中书侍郎颜师古一贯擅长调和折中，提了三点：第一，给诸侯王的封地不宜过大，小小的；第二，不能让他们的封地连成片，防止他们抱团反对朝廷；第三，他们的属官由中央任免。

这话说到太宗心坎儿上了，龙颜大悦，当即拍板，要在皇室宗亲和功勋大臣中实行分封制。

当然，作为一代圣主明君，太宗对分封制可能诱发的不良后果当然是有所考虑的。如何避免出现类似"七国之乱""八王之乱"的皇室内讧呢？他想了很久，终于想到了一个自以为是的"好"办法——思想教育。

举凡领袖,大多擅长搞思想教育,不会这个是带不好团队的。贞观七年(633年),太宗命魏征"录古来帝王子弟成败事",编纂一本《诸王善恶录》。说穿了,就是给诸侯王编一本专用教材,教导他们如何当一个让朝廷省心、让自己安全的模范诸侯王。

魏征遵令而行,很快编成。太宗阅后,十分满意,举着《诸王善恶录》对宗室诸王说:"此宜置于座右,用为立身之本。"他的想法是借《诸王善恶录》,对诸王进行正面引导和反面警示,改造他们的三观,通过先培训、再上岗的办法,为即将实施的分封制打补丁,让这项制度变得完美起来。

用心良苦有没有?殚精竭虑有没有?然而没有用!

不管是否真的说服了诸侯王们,反正太宗用《诸王善恶录》说服了自己。分封制,他是非搞不可的!

贞观十年(636年)二月,太宗开始行动了,册封以六弟荆王李元景为首的21位宗室亲王为地方州都督。这21人包括李渊健存十五子中的14人,即第六子荆王李元景、第七子汉王李元昌、第十子徐王李元礼、第十一子韩王李元嘉、第十二子彭王李元则、第十三子郑王李元懿、第十四子霍王李元轨、第十五子虢王李元凤、第十六子道王李元庆、第十七子邓王李元裕、第十八子舒王李元名、第十九子鲁王李灵夔①、第二十子江王李元祥和第二十一子密王李元晓;此外,还有太宗健存十一子中的七人,即第三子吴王李恪、第四子魏王李泰、第五子齐王李佑、第六子蜀王李愔②、第七子蒋王李恽、第八子越王李贞和第十子纪王李慎。贞观十一年(637年)正月,又将晋王李治外封为并州都督。

---

① 夔,音葵。
② 愔,音阴。

高祖李渊第二十二子滕王李元婴、太宗第十三子赵王李福和幼子曹王李明，这三个王还未成年，所以暂时不外放。

看着很公平，其实根本不是，魏王李泰和晋王李治根本就没有去上任，仍旧留在长安。为啥他们俩不用外放呢？原因很简单，老父亲李世民舍不得这俩儿子，想天天看到他们。

六月，太宗正式明确以上二十二王所任刺史为世袭，又加封以长孙无忌、尉迟敬德为代表的14位功勋大臣为世袭刺史。"非有大故，无得黜免。"只要不谋反，只要大唐在，你们的后世之孙永远都是这一州刺史，无忧富贵。

然而，反对的声音不仅没有消失，反而愈发强烈。此后两年间，不断有大臣上书，请求撤销分封制。甚至就连世袭刺史之一的长孙无忌都上书反对。但太宗不为所动。

有人或许不太理解，荣膺世袭刺史是绝大利好，长孙无忌作为受益者，不仅不拥护，反而上表固让，却是为何？原因很简单，长孙无忌是一个有政治抱负的人，他还年轻，未来大有可为，不甘心就此退出政治中枢，成为尉迟敬德那样的闲人。为了能够留下，他煞费苦心，一面鼓动儿媳长乐公主反复做太宗的思想工作，一面上书称："臣追随陛下那么多年，没有功劳也有苦劳吧？如今天下大定，您却让我去外州，这跟贬我的官有什么分别?!"

面对上上下下的强烈反对，太宗最终还是妥协了，于贞观十三年（639年）二月颁敕废止世袭刺史。

得亏没搞成，否则唐朝就将中国历史上各封建王朝的主要弊端都集齐了。

此敕一下，皆大欢喜。长孙无忌尤为高兴。老实说，若以后来倒观，他还真不如去当这个世袭刺史呢！

05. 府兵改革

当然，这几年间太宗抽空还是干了一些正事的。比如，他对创立于西魏宇文泰时代的府兵制进行了大刀阔斧的改革，将这一古老的军事制度推向了巅峰。

讲府兵制之前，我们有必要系统梳理下唐朝的军制变化。

乱世纷扰，当以武力取天下。为了完成全国统一，武德二年（619年）高祖李渊一手创设了关中十二军，奠定了大唐军制的雏形。关于关中十二军，我在《李唐开国》里讲过，即分布于关中各地的参旗军、鼓旗军、玄戈军、井钺军、羽林军、骑官军、折威军、平道军、招摇军、苑游军、天节军和天纪军。李渊父子平定天下，靠的就是关中十二军。

武德六年（623年）击败河北的刘黑闼以后，因为江淮的杜伏威早已归降，唐朝基本完成了统一，李渊觉得天下大定，不会再打仗了，再养着这么一支庞大的常备军，国家财政实在难以为继，就把十二军给废了。没想到内祸虽弭，外患又起，颉利一而再、再而三地搞事情，李渊一看情形不对，在武德八年（625年）又恢复了十二军。（事见《李唐开国》）

关中十二军其实已经是区域版的府兵制了，具备了府兵制最基本的特征——寓农于兵，士兵一手刀剑一手锄头，闲时农耕，战时出征。

等到大唐彻底完成全国统一并消灭东突厥以后，就该对全国军制做一个系统性的调整了。经过五六年的论证，贞观十年（636年），太宗宣布在全国推行府兵制，具体内容如下：

在全国设置634个军区，这种军区在当时被称为折冲府。需要指出的是，折冲府的设置并不跟着地方行政建制走，而是跟着战略需要走。比如关中地区是唐王朝的中央腹地，所以设了261个折冲府，占全国军府总数的41%多。

按编制大小，折冲府分为上、中、下三等，上府编制1200人，中府1000人，下府800人。府兵十人为一火，设火长，相当于今日的班长。五火为一队，设队正，大致相当于今日的排长；六队为一团，设校尉，相当于今日的营长。折冲府的一把手称折冲都尉，二把手称果毅都尉。

是个人都能当府兵吗？非也！首先，有年龄条件，"二十为兵，六十而免"，20岁以内和60岁以外的都不行。其次，有经济条件。在唐朝，穷人是没资格当兵的。当时的户口分为上、中、下三级，每级又分三等。下三等户口是没资格当兵的。能当府兵的，家里的经济条件起码在小康水平。

既然能吸引到小康水平的男丁，说明府兵的待遇必然是很不错的。事实也确实如此，府兵家庭一切租庸调全免，自家种的粮、织的布全都自己用，不用上交国家一粒粮、一尺布，还不需要服徭役。政府的意思很明确：你就好好过日子，我不抠掐你那点儿东西，但是当我需要你的时候，你要出来为我打仗。这在当时可是相当有诱惑力的政策，毕竟打仗这玩意儿不是年年都有，即便有也不会每次都轮到你头上。

当然，身为府兵也不是除了人什么都不用出。府兵的一切武装均须自办，什么铠甲啊、刀剑啊、弓矢啊，都需要自备，政府只定标准不掏钱。但相较于稳定的福利，这点儿钱就算不得什么，况且买一次足够用好几年了。这也从侧面解释了穷人为啥没资格当兵，因为他们根本买不起像样的装备。听着怎么有点儿像今天的网游？

这项制度不仅对个人非常合适，对国家也非常合适。我们算一笔账就知道了，贞观十年全国634个折冲府，按每个府都是中府算，全国有60多万军队。养这么大一支军队，国家居然不用掏一文钱、一粒米、一尺布，是不是很合算?！所以，府兵制非常适合初唐财政紧张的客观实际，既解决了兵员问题，又没有给国家财政造成负担。

折冲府以上，设在中央的领导机构是十二卫和东宫六率。这两个机构隋朝就有了，唐朝不过是换了一种叫法。十二卫是左右卫、左右骁卫、左右武卫、左右威卫、左右领军卫和左右金吾卫，归政府领导，说白了就是归皇帝领导。东宫六率是左右卫率、左右司御率和左右清道率，归太子领导。东宫六率只领有极少的军府，大头还在十二卫这边。每个卫都设有大将军。比如王君廓当过左卫大将军，刘弘基当过右骁卫大将军，牛进达当过左武卫将军。

不过，十二卫对府兵只具有领导权，不具有指挥权。战时皇帝点谁的将，谁就率兵出征，让李靖去就李靖去，让李勣去就李勣去。战事结束后，兵归于府，将归于卫，各回各家，各找各妈。说到底，训练权、领导权和指挥权是三权分立的。

十二卫设在皇宫之南，所以时人称之为"南衙府兵"。府兵并不是大唐唯一的军种，除了府兵还有一支保卫皇宫、保卫皇帝的常备军，就是禁军。禁军部署在皇宫北门，也就是玄武门，故又称"北门禁军"。

06. 刊正姓氏

除了改革府兵，太宗还刊正姓氏，编纂了一本记载全国宗族谱系的官方汇编——《氏族志》。为啥要搞这么个玩意儿呢？因为，当时的社会上出现了一种不良现象：士族卖婚。之所以会出现这种现象，与门阀制度的畸变有关系。

门阀制度的历史相当悠久，如果往根儿上刨的话，就得从汉武帝说起了。

汉武帝重用董仲舒，罢黜百家，独尊儒术，以致汉朝官僚多以经术起家。发展到东汉，就出现了一些大家族垄断经术、垄断仕途的状况。只要是世家子弟，就可以当官，而且可以当大官。寒门子弟几乎没有上升的机会，因为你们不懂经术，没有文化，不配当官。因此，人的命运好像真就成了天生的，人的骨头似乎生来就有了轻重贵贱。

三国时代，各国的统治阶级都是世家豪门。曹魏为了巩固统治，极力拉拢世家大族，创设了九品中正制，在选官制度上固化了豪门的特权。发展到南北朝，社会上就形成了士族和庶族的区分。士族就是世家豪门，在政治、经济乃至文化上均享有特权，并且这种特权可以为其后代子孙所继承。与士族相对的是庶族，即士族以外的一般中小地主。士族不仅不与庶族通婚，而且坐不同席。

门阀制度的巅峰是南北朝，到了隋唐时期虽然有所衰落，但依旧很顽固很强大。我在《李唐开国》里讲过，李渊之所以能在短时间内成就帝业，很大程度就是因为他世家豪门的身份。唐朝的政治，至少是黄巢起义之前的唐朝政治，本质上依旧是豪门政治。虽然推广了科举选官的制度，但当时的政治文化对家庭出身依旧看得很重，世家子弟可以不经科举直接做官，即便经过科举，也要比寒门子弟容易中举。把持朝廷大权的几乎都是豪门子弟，像马周那样的平民子弟能够官至宰相，几乎是凤毛麟角。况且，马周奋斗一生也就成全了他自个儿，没给后代打下什么基础。

唐朝的豪门作为一个整体，看不起寒门；并且，在豪门内部也存在着一条鄙视链。

隋唐时代的豪门依地域划分为四个集团，分别是山东士族、江左士族、关陇士族和代北士族。进入唐代，江左和代北两大集团都没落了，主要是关陇士族和山东士族。

有人说了，李渊他们家是关陇豪门陇西李氏，关陇士族的地位肯定要高过山东士族呀！非也，关陇士族虽然是统治阶级，但在社会评价体系中，包括关陇集团自个儿也认为山东士族才是一流。尤其是这个集团中的博陵①崔氏、清河②崔氏、范阳③卢氏、荥阳④郑氏、赵郡⑤李氏、太原王氏五姓，简直尊贵至极，是豪门中的豪门。

当时的豪门鄙视链是这样的：两大集团间，山东集团鄙视关陇集团。在山东集团内部，崔氏又居第一。在关陇集团内部，居第一梯队的是关西六大姓。哪六大姓呢？弘农⑥杨氏、京兆韦氏、京兆杜氏、河东裴氏、河东薛氏和河东柳氏。也就是说，皇族李氏所属的陇右李氏在当时的社会地位，不仅低于山东士族，而且低于同一集团的关西六大姓，只是个二流存在。

低阶的士族如果想抬高身价只有一种办法，就是通过联姻攀附高阶的士族。别看我家是关陇集团的，但我家与山东集团联姻，这就比没联姻的其他关陇集团高一大截子了。甚至于同门兄弟之间攀比妻族的出身，哥哥的老婆是关陇的，但弟弟的老婆是山东的，那弟弟两口子就比哥哥两口子高贵，在家里说话嗓门高八度，走路都是横着走。

---

① 博陵，今河北省衡水市安平县。
② 清河，今河北省衡水市故城县。
③ 范阳，今河北省保定市涿州市。
④ 荥阳，今河南省开封市。
⑤ 赵郡，今河北省石家庄市赵县。
⑥ 弘农，今陕西省渭南市华阴市。

但世间的任何攀附都不可能是无偿的，高阶士族当然知道低阶士族的意图，想高攀我们，行啊，那你就得置办高额的嫁妆或者聘礼。这种现象就叫作士族卖婚。卖方的胃口越来越大，要价越来越高，买方和潜在的买方就不满意了。

此外，还有一个极其重要的家族很不满意！谁啊，皇族李氏！有没有搞错，我们都成为皇族了，怎么社会地位还是不如山东士族，甚至都不如关西六大姓？一笔写不出两个"李"字，凭啥我们陇右李氏就比赵郡李氏卑微？所以，必须得打击这种不良社会风气。

贞观六年，太宗指令吏部尚书高士廉、御史大夫韦挺、中书侍郎岑文本和礼部侍郎令狐德棻[①]，牵头编纂《氏族志》，"刊正姓氏"。

啥意思呢？就是列出一个官方认证的世家大族名单，以打破旧的士族藩篱。

说白了，这就是个排序问题，文字方面没啥工作量。但就是这么个小活儿，居然拖到贞观十二年才提交了初稿。编书不难，难的是利益的平衡。

太宗满怀期待地接过初稿，打开第一页就火了。排第一的居然不是他们家，依旧是山东士族中最显赫的博陵崔氏的代表——黄门侍郎崔民干。怎么，我堂堂大唐皇帝，社会地位居然还不如一个黄门侍郎？你们是怎么领会领导意图的，搞了六年，就搞了这么个玩意儿?!他大发雷霆，骂了高士廉等人一通，要求重编，并做了明确指示："不要给我讲传统，就以现在的官爵给我定高下。"

其实，皇帝的意图高士廉他们是清楚的，但他们实在不敢冒天下之大不韪，招世人唾骂，所以才耍了心眼儿，又把球踢还给了太宗：博陵崔氏就该是第一，要改的话，陛下你来改。这样，即便再有改

[①] 棻，音分。

动,那也是皇帝夺情,与他们无关。

然后,他们就进行了修改,推出了一个新的版本。这个版本的《氏族志》将全国的世家大族分为9等293姓1651家,皇族李氏排第一,外戚长孙氏、窦氏居第二,博陵崔氏降为第三。

这一次太宗满意了,下令颁行全国。所以,他孜孜以求的其实并不是打压豪门大族,而是将关陇集团抬高到山东集团之上,在关陇内部又将皇族李氏推上制高点。对外,大家都是统治阶级;但对内,必须得分个高低出来,传统必须得给朕与现实妥协。

应该说这个事本身还是不错的,只是实际效果远没有太宗预期的那么好。因为传统观念太根深蒂固了,不是靠一道法令在一朝一夕间就能改变的。山东士族居然变得更加傲娇了,大家看,我们的尊贵连皇家都嫉妒了。别的集团也是这么想的,法律是法律,真理是真理,人家山东士族的血脉就是比我们高级。诸如太宗身边的重臣房玄龄、魏征等人,面儿上喊着坚决落实圣上指示,推动《氏族志》落地落实,暗里却更加积极地与山东士族联姻,抬高自家门第。

所以说呀,建章立制易,移风易俗难。

07. 武媚入宫

畋猎太频、大兴土木、不乐纳谏……贞观群臣都拿这些大事说事儿,规劝太宗。唯独有件不起眼的小事,当时谁都没放在心上,后来却酿成了惊天巨变。

贞观十一年,太宗巡幸洛阳宫,听说有个小姑娘长得怪带劲,一道敕书就把这个年仅14岁的小丫头召入宫中，任为才人。

唐制，天子除皇后外，还标配有四妃、九嫔、二十七世妇、八十一御妻，一共122人。四妃，即贵妃、淑妃、德妃、贤妃，正一品，与三师三公并列。九嫔包括三昭——昭仪、昭容、昭媛，三修——修仪、修容、修媛，三充——充仪、充容、充媛，正二品。二十七世妇有三等，正三品的婕妤九人，正四品的美人九人，正五品的才人九人。才人以下是八十一御妻，包括六品宝林27人、七品御女27人、八品采女27人。

皇帝纳个五品才人，说句难听的，连个事儿都算不上。估计很多大臣都不知道有这么一回事，即便知道也不会拂了皇帝的兴致。

但要命的是，这个豆蔻年华的小女孩儿她不是一般战士，她的本名已不可考，但后来人们给她取了个响当当的名字——武则天。

故事还得从她爹武士彟说起。

大家还记得武士彟吧，早年是晋阳商界一哥，人帅钱多，富得流油，后来做了风投，毁家纾难，跟着李渊起义。商界领袖的眼光果然不一般，李渊还真就入了长安，坐了龙庭。随后，武士彟升任库部郎中，还被李渊列为17名元谋功臣之一。论能力，武士彟是有的，只可惜他是商人出身，在重农抑商的大环境下，终究没法站到政治舞台的中心。武德年间，他的最高职务也不过是个工部尚书而已。

他的原配相里氏病殁，撇下了元庆、元爽一对儿子。李渊对老兄弟的情感生活很关注，亲自出面做媒，让他娶了前隋宗室——宰相杨达的女儿杨牡丹为妻。从面儿上看，这是一段非常好的姻缘。若不是杨家衰落了，若不是李渊出面，武士彟是攀不上这种高枝儿的，即便杨小姐是44岁的大龄未婚女青年。

武士彟已经有两个儿子了，就想要女儿。好嘛，杨牡丹一口气为他生了三个女儿。武则天是次女，生于武德七年。杨家的基因好，男帅女靓，武士彟本人又是个大帅哥，因此武家三朵金花的颜值极高。

我们有理由相信，九泉之下的李渊绝对悔得肠子都青了，武士彟的这个二闺女简直就是杀星下凡，不仅夺了他的江山社稷，还差点儿杀光他的龙子龙孙。

这个故事启示我们：不要乱点鸳鸯谱，坑别人倒是在其次，主要是有可能坑到自己。

贞观元年十二月，利州都督李孝常谋反案发后，太宗敕命武士彟接任利州都督。武士彟上任后，"招辑亡叛，抚循老弱，赈其匮乏，开其降首"，很快稳定了利州的局面，受到了太宗的褒奖。贞观六年，武士彟改任荆州都督，一面发展农业生产，一面打击豪强，政声卓著。不久后，他被晋爵为应国公，世代沿袭。贞观九年五月，李渊驾崩。武士彟悲痛万分，"因以成疾"。太宗对这位老臣的病情十分关注，多次派御医为他看病。然而，病入膏肓的武士彟终究没挺住，去地下继续追随李渊了。

叶落当归根，考虑到武士彟老家在并州文水，也就是今山西吕梁文水县，太宗指令并州大都督府长史李勣操办武士彟的丧事，所有费用由朝廷支付。贞观七年，太宗让晋王李治遥领并州大都督。这下李勣连都督都当不成了，就地转岗并州大都督府长史。在操办丧事的过程中，李勣与武士彟家人肯定有所接触。后来他力挺武则天，或许也与早年的这段机缘有关。

武士彟一死，武家可"热闹"了。杨牡丹是前隋宗亲，又是宰相的女儿，一副大小姐做派，在武士彟生前就对元庆、元爽哥儿俩十分刻薄。这下好了，风水轮流转，轮到人家哥儿俩当家了，还能有好?! 武元庆、武元爽连同堂兄武惟良、武怀运以及武怀运的嫂子善氏，处处刁难武氏母女。万般无奈之下，杨牡丹只得带着闺女，回到了长安娘家。

似乎是冥冥中注定，杨牡丹与太宗爱妃燕贤妃的一次会面，无意间改变了二闺女今后的人生走向乃至大唐的国运。

燕氏的姥爷是隋观王杨雄，杨达的亲哥哥，杨牡丹的亲大爷。因此，杨牡丹是燕氏的表姨，燕氏与武家三姐妹是表姐妹关系。武德四年，燕氏进入秦王李世民的后庭，封号"贵人"，在贞观元年被册封为贤妃。

谈及正当年的二妹的出路，燕贤妃顺口提了一句，何不让二娘入宫？

杨氏其实不想让女儿入宫，她是前隋皇族，太了解后宫生活了，知道女儿一入深宫，就成了笼中的金丝雀，孤苦伶仃，不得自由。但她又想起了大唐第一相师袁天纲的话。

这个袁天纲就是你们都知道的那个袁天纲。袁天纲是成都人，以相面精准而闻名天下。武德初，袁天纲在洛阳给当时还籍籍无名的杜淹、王珪、韦挺三人相面。他预言杜淹将以文章显贵，王珪不出十年官至五品，韦挺面相如虎，将出任武官；还说三人将来都会遭到贬黜，大家还会再见面。果然，武德中，杜淹入选天策府十八学士，王珪当上了五品太子中允，韦挺出任太子李建成的左卫率，全部应验。袁天纲由此一战成名，闻名海内。后来，受杨文干之乱牵连，杜淹、王珪、韦挺三人一起被贬西昌，又一次见到了袁天纲。袁天纲对他们说"公等终且贵"，最后都要官至三品。后来，杜淹以御史大夫的身份参预朝政，王珪任侍中，韦挺任黄门侍郎，果然都是三品。

太宗对袁天纲的相术大加称赞："古有严君平[①]，今朕得卿，何如？"袁天纲很会说话，严君平是生不逢时，臣要比他强得多！

这么有名的相师，达官贵人自然趋之若鹜。武德七年，时任工部

---

① 严君平，汉朝术数大师。

尚书的武士彟喜得次女。袁天纲主动登门，对武士彟夫人杨氏说："唯夫人骨法，必生贵子。"这话其实让杨氏挺尴尬的，她以为袁天纲指的是武士彟前妻所生的两个男孩儿武元爽和武元庆，就把两个孩子喊出来请袁天纲相面。袁天纲看过武元爽、武元庆后说："此二子皆保家之主，官可至三品。"随后他又给杨氏的大女儿——也就是后来的韩国夫人相面："此女亦大贵，然不利其夫。"不一会儿，乳娘抱着襁褓中的武则天走了出来。因为这娃儿穿着男孩儿的衣服，袁天纲看了一会儿，感觉不太确定："此郎君子神色爽彻，不可易知，试令行看。"这个郎君神色清爽，不容易知道，试着让他走走看。乳娘就让武则天在床前走动，并让她抬起头。袁天纲与这娃儿一对视，大惊失色："此郎君子龙睛凤颈，贵人之极也。"又转到武则天侧面看看了半晌，不无遗憾地说："必若是女，实不可窥测，后当为天下之主矣！"

想到袁天纲的话，杨氏觉得，或许入宫是适合这个孩子的路，就坚定了送二女儿入宫的心思。

另外，我研究认为，武媚入宫的推手可能不止一个燕贤妃。因为，贞观后宫中还有两个杨家人，一个是李恪他妈大杨妃，隋炀帝的小女儿；另一个就是原齐王李元吉的王妃、现在的小杨妃，她的父亲杨士贵是杨牡丹的堂叔。

有三大妃当入宫介绍人，贞观十一年底，武二娘顺利入宫，任五品才人。

因此，通俗小说中的一些记载便显得有些荒谬了，比如，讹传武氏由四川入宫。其实，她是从长安至洛阳应诏入宫的。又如，说武氏艳名远播，传入深宫，为太宗所知。那个年代没有网络，没有影像技术，怎么可能艳名远播？！武则天其实是经杨家众女举荐入宫的。

刚入宫的武媚娘看哪里都新鲜、都美好，殊不知一入宫门深似海，从此安逸是路人。殿宇深沉的皇宫犹如一道屏障，将她的过去和未来彻底隔开。

入了宫,就要侍寝了。太宗享用一夜,觉得这个女孩儿长得很妩媚,随口说了一句,以后你就叫武媚吧。

武媚娘,她来了!

第七章 西击高昌

01. 西域霸主

一个闲时热衷于围猎的皇帝，势必在外事上也热衷"围猎"。每当太宗吃喝玩乐休息够了的时候，有些人就要倒霉了。上次是吐谷浑可汗伏允，这次轮到高昌王麹文泰了。

我们都知道高昌是个西域国家，那它究竟在西域哪旮沓呢？简单地讲，高昌的国土范围约等于吐鲁番盆地。吐鲁番盆地坐落于天山东部，西起阿拉山沟口，东至七角井峡谷西口，北接博格达山山麓，南抵库鲁塔格山，东西长约 245 公里，南北宽约 75 公里，是一个东西横置、状如橄榄的山间盆地。

汉宣帝时，汉廷开始在这一地区驻军屯田。到元帝时，搬砖运瓦建起了军事堡垒，取"地势高敞，人庶昌盛"之意，命名为高昌壁，又称高昌垒。此为高昌得名之始。公元 460 年，柔然汗国灭了控制高昌地区的北凉，扶立阚伯周为高昌王。高昌自此建国。此后高昌政权几经更迭，历阚氏、张氏、马氏，终于在 499 年落入麹氏之手。

需要指出的是，上述四姓都是汉人，并且高昌国的主体民族就是西域化的汉人。也就是说，高昌其实是一个汉人国家，这是它与其他西域国家最显著的区别。比如，它的最高领导既不叫可汗，也不叫叶护，而是叫王。将军的封号有建武、威远、伏波等，一听就是汉地封号。

高昌不仅在文化上远超西域诸国，农业和商业同样是西域地区的No.1。吐鲁番盆地是中国地势最低、夏季气温最高的地方，土地丰饶肥沃，作物一年两熟。仅凭农业一项指标，高昌就能笑傲西域，更何况该国还掌控着西域诸国与华夏地区交通贸易的商道。高昌人当起了中介，吃了上家吃下家，连同是二道贩子的吐谷浑人都要向他们交过路费。

凭借着得天独厚的地理优势和源自华夏的文化优势，麹氏高昌迅速成为西域小霸。全国共设四郡十八县。最大的城市有两个，一个是首都交河城（今新疆吐鲁番市西雅尔郭勒），另一个是田地城（今新疆吐鲁番市鄯善县鲁克沁镇）。

汉人国家应该亲中土吧？那就是想多了！由于地缘政治的缘故，高昌在政治上一直紧紧追随西突厥，西突厥对中土什么态度，它对中土就什么态度。

武德二年（619年），西突厥统叶护可汗遣使入贡，随后高昌王麹伯雅也跟着入贡了。这是高昌与大唐建交的开始。武德六年（623年），麹伯雅去世，其子麹文泰继位。贞观四年，大唐击灭东突厥，威震西域。西域诸国纷纷向东看，你追我赶、争先恐后地入朝。高昌作为西域地区最东端的国家，离大唐最近，反应也最快。当年十二月，麹文泰主动入朝。

太宗很高兴，觉得是自己的恩威慑服了高昌。

殊不知麹文泰之所以入朝，其实是出于以下两方面的考虑：一方面，他的王后是隋朝的华容公主，出自宇文家族，心心念念想回故乡看看，一再鼓动他入朝；另一方面，他也想亲眼看一看这个灭了东突厥的大唐究竟是怎样的。

没想到，这一看竟然让他笑哭了。为啥呢？因为在穿行关陇地区时，麹文泰发现所过之处皆凋零破败，百姓穷困至极。隋末内战，关陇地区是重灾区，的确到这时仍未缓过来。麴文泰顿生轻视之意，什么嘛，这跟我大高昌的富庶繁华完全没法比。你看看，你看看，同为汉人国家，你们也太落后了！大有什么用？穷得不忍直视！其实，他是管中窥豹，关陇只是大唐国土的一丢丢，富庶的江南他是闻所未闻、见所未见。

太宗不知情，对他们两口子盛情款待。华容公主请求改姓李氏，列入皇室宗亲。太宗二话没说就同意了，封她为常乐公主。

但甭管他怎么拉拢，都不能动摇麴文泰追随西突厥的决心。毕竟大唐远在天边，西突厥却近在眼前。况且，西突厥坚定支持高昌做西域小霸。高昌人依旧对过往商旅课以重税，从大唐和西域诸国身上获取暴利。所以，大唐和其他西域国家对它都很不满意。

高昌是西域一哥，焉耆（今新疆巴音郭楞州焉耆县）就是西域二哥！其实，焉耆的位置也很不错，高昌在吐鲁番盆地，它在塔里木盆地，也是盆地国家，地理环境、自然条件也很优越。并且，焉耆早年也有一条通往汉地的商道，虽说是从戈壁里过的，不如高昌的那条好，但有总比没有强。奈何年深日久，加之隋末中土大乱，这条商道逐渐废弃了。眼看高昌人躺着都能赚钱，焉耆王突骑支眼红得要死。这不，他也遣使入贡，向唐廷提出重开焉耆商道的请求。

多一个供货商总是好的，太宗欣然同意。

眼看着甲方和乙方要甩开它单干，中介高昌不开心了，屡屡发兵侵扰焉耆，你不是想赚钱嘛，我让你赚！连带着，麴文泰对唐廷也很不满了。待到大唐灭了吐谷浑后，高昌和西突厥对唐的警惕敌视就更深了。

麴文泰积极充当反唐急先锋，一再向唐廷挑衅：先是实际禁绝西域诸国向大唐进贡，我没说你们不能向唐皇进贡，但你们不能从我的地盘儿上过。那从哪儿过？！太宗命他归还流亡高昌的中原难民，他置若罔闻，就是不还。伊吾国（今新疆哈密市伊吾县）亲唐，他发兵攻打。太宗下敕切责，点名让他的重臣阿史那矩入朝。麹文泰竟打了个五折，人是派了，但不是阿史那矩。紧接着，他又联合西突厥对焉耆动武。太宗派人问罪。他却对唐使出言不逊："鹰飞于天，雉伏于蒿，猫游于堂，鼠噍[①]于穴[②]，各得其所，岂不能自生邪！"太宗都被怼蒙了，还没缓过劲儿来，又听说麹文泰竟遣使薛延陀，对夷男说什么"你已经是和天子同级别的可汗了，为何还要叩拜唐朝使者"？

自东突厥灭亡后，太宗最担心的就是薛延陀日益壮大，整合铁勒诸部，将来成为第二个突厥。

事实上，薛延陀崛起的势头的确挺猛，到贞观十二年（638年）时已有雄兵二十万，且屡屡击败西突厥，已露出草原霸主的端倪。虽说夷男暂时还未表露出不臣之心，但太宗的担心却与日俱增。当初他之所以接纳契苾部，就是为了削弱薛延陀。贞观十二年，他特意册拜夷男二子曳莽和拔灼为小可汗，一个统辖诸附庸部落，一个统辖薛延陀本部，其实是想给薛延陀埋下内讧的种子。

明知太宗忌讳这个，麹文泰偏要上眼药，怂恿夷男和大唐对着干。太宗能不怒吗？

贞观十三年（639年）二月，高昌联手西突厥，再次攻掠焉耆。

这一次太宗决心摊牌了，一面遣使交河城问罪，一面严斥高昌使者："你们高昌这些年来断绝朝贡，抄袭天朝官职，还筑城掘沟，毫无藩臣之礼。朕的使者到了你们国家。麹文泰却说：'雄鹰翱翔蓝天，野鸡潜伏蒿草，猫儿登堂入室，老鼠在洞穴中苟且，各有各的活路，没了大唐，我高昌还不能活了吗？'听听，这叫什么话?！还有，他还派

[①] 噍，音交。
[②] 穴，音穴。

人怂恿薛延陀夷男和我敌对，离间大唐和薛延陀的关系。是可忍，孰不可忍？朕明年就要发兵征讨你们高昌了！"

太宗的这番话很快就传到了漠北。夷男一看太宗动了真怒，马上遣使请战："奴受恩思报，请发所部为军导以击高昌。"太宗很开心，重赏夷男，约定一同攻打高昌。

那麴文泰害怕吗？不，他一点儿都不害怕！他早考虑清楚了，两国远隔千里且道路险阻，唐军如果来得少，他和西突厥联手就能对付；唐军如果来得多，粮草供给就是大问题，他只需以逸待劳，坚守顽抗，用不了多久，唐军就只能退走了。届时，他联合西突厥，尾随追击……李世民，别看你能灭得了吐谷浑，可你奈何不了我大高昌！

挟地自重，这是伏允和麴文泰的通病。

02. 遣返突厥

说好的联手出兵，不承想一桩突发事件却让唐薛联盟流了产。

咋回事儿呢？始毕之子、突利之弟结社率竟勾连聚合了一伙突厥铁杆反唐分子，武力冲闯大兴宫，意图击杀太宗。

东突厥灭亡以后，其上层分子对唐心态十分复杂。这种复杂性很典型地体现在了始毕的三个儿子——突利、欲谷设和结社率身上。

老大突利是坚定的亲唐分子。当初，唐、突两家刚闹掰，他就暗中投了大唐，还和李世民拜了把子。颉利被擒后，突利成了突厥人的老大，越发紧密地簇拥在以太宗为核心的唐廷周围。

老二欲谷设刚好相反，是坚定的反唐分子。铁山之战后，他逃亡高昌，听说大哥在唐廷很是吃得开，还当了突厥人的老大，所以当年八月又来归附了。后来八成是感觉唐廷纯粹拿突厥人当枪使，竟和突利彻底闹掰，降而复叛，投了西突厥。

与二哥的决绝不同，老三结社率一度对大哥抱有幻想。降唐之初，太宗委任他为中郎将，与突利之子贺逻鹘留居长安，其实是以二人为人质，羁縻身在顺州（今辽宁朝阳市南）的突利。结社率心知肚明，极力怂恿突利反唐，奈何突利不从。后来，他甚至以诬告突利谋反的极端方式，挑唆唐廷与突厥的关系。太宗当然是不信的，越发疏远他。

贞观五年（631年），突利入朝，行至并州时突然病逝，年仅29岁。结社率疑心唐廷暗害突利，愈加痛恨太宗，日夜思忖如何报复。这是个蠢蛋，一直到贞观十三年（639年）才想出办法，还是一个极其愚蠢的办法。他计划带领四十多名突厥死士，趁太宗第九子晋王李治四更①天出宫时，杀入大兴宫，手刃李世民。

为什么是晋王李治，而不是别的什么王呢？唐制，除太子须在东宫起居外，其余诸王一旦行过冠礼，就不能在宫内居住了。李治时年11岁，还未行过冠礼，因此依旧留居宫中。

四月十一日凌晨，结社率、贺逻鹘等人，趁夜色潜伏于宫门外，只待四遍鼓声过后李治出宫，便一起杀入宫中。

好巧不巧，那天偏偏是个大风天，李治看天气不好，就没出宫。结社率等人左等右等，眼看天要亮了，快藏不住了，索性把心一横，强行闯宫。事发突然，禁军竟被打死数十人。但毕竟先机已失，加之众寡悬殊，一干人等被禁军击退，盗走御马二十多匹，打算北渡渭水，返回部落。唐军一路追击，将结社率等人全部杀死，生擒了贺逻鹘。

---

① 四更，凌晨1点至3点。

此事震惊了朝野。这起暴乱表明，突厥人对大唐的仇恨非但没有消除，反而更加深重了。百官一致认为，决不能再让突厥人留居内地了，以免日后重蹈"五胡乱华"的悲剧。

面对现实，太宗也不得不承认之前的羁縻政策完全失败了。他倒是想怪罪温彦博，可人家已经去世两年多了。他很困惑，我以仁心待伯仁，伯仁为何却要杀我？他更为头疼的是，贺逻鹘一个人好说，将其流放岭南就是了，可那十几万突厥人该怎么处置呢？既然不能留在唐土，就只能让他们返回塞上故地了。于是，七月他册封阿史那思摩为俟利苾可汗，命他率部众北渡黄河，返回塞上故地，"世作藩屏，长保边塞"。

突厥人其实早就想回故乡了，这种寄人篱下、被人监视的生活他们受够了。想回是想回，但他们并不想在这个时候、以这种方式回到故乡。因为，此时大漠南北统一是薛延陀的天下，薛延陀人最恨突厥人，他们不敢回去。

太宗只得下敕给夷男："当年朕把突厥安置在河南是权宜之计，没打算让他们常住。现在他们人口多起来了，朕开心得很啦，终于到了把他们送回故土的时机了。今年秋天，朕就打算让他们回去了。关于名分，你们受封在前，还是老大，他们只是老二。至于居住地嘛，他们还住漠南，你们住漠北。突厥和薛延陀都是朕的臣民，不要互相攻击，谁要是不听话，朕就发兵打他。"

夷男嘴上虽然没敢说啥，但心里跑过的羊驼何止千万？！

太宗设宴为阿史那思摩饯行。可怜阿史那思摩一辈子不招本族人待见，一大把年纪了还要当这个苦差，心里着实难受，哭着对太宗表忠心："陛下，我们都是亡国之奴，散落各地。现在陛下保全我们的种姓，还让我当了可汗，真是皇恩浩荡啊！我发誓，我的万世子孙都愿意效忠陛下。"言甘者，心必苦！

太宗完全信任阿史那思摩吗？也不是，他仿效匈奴制度，以阿史那忠（苏尼失之子）为左贤王，左武卫将军阿史那泥孰为右贤王，以分阿史那思摩之势。

随后，阿史那思摩启程奔赴塞下，着手准备北归事宜。

虽然办得很无赖很难看，但好歹是办完了。太宗不得不对大臣们做检讨了："中国，根干也；四夷，枝叶也；割根干以奉枝叶，木安得滋荣！朕不用魏征言，几致狼狈。"的确，事实证明温彦博的主张理论上说得通，但实践中根本行不通。唐廷为了安置突厥降众，花费了巨大的人力、物力、财力，结果全都白费了。在国际上的影响也很不好，堂堂天可汗竟出尔反尔，在四夷中的威信大打折扣。

现在虽然弥补了这个错误，但新的处置办法又造成了新的危害。

一方面，唐廷成功地将所有突厥人都推到了对立面。那些原本对唐廷抱有好感的突厥人忽然意识到，从始至终，天可汗就没信任过他们，一直在拿他们的前途命运做实验。不排除有部分人甚至认为，唐廷将他们赶回漠南，是想借薛延陀之手，将他们杀得干干净净。

另一方面，唐廷也成功地将薛延陀推到了对立面。至少在此以前，夷男对大唐是极为恭顺的，没有不臣之心，也没有袭扰的举动。现在，太宗忽然将突厥人送了回来。于夷男而言，这不仅是要他把已经吞到肚子里的漠南土地吐出来，还要亲眼看着昔日的仇敌日渐繁衍壮大。

我都准备帮你灭西突厥了，你却还我一个东突厥，几个意思？太宗接收契苾部，他忍了；太宗分封他的两个儿子，他也忍了；可是遣返突厥，他真的没法忍！是，你们强大，我们暂时打不过你们！但联手对付高昌这事，就算了吧！

03. 高昌灭国

夷男态度的转变，太宗当然感受到了，但他的态度也是决绝的：突厥必须北归；另外，没有你薛延陀，我大唐照样收拾高昌。

十一月，他给了麴文泰最后一次机会，命他入朝谢罪。麴文泰连拒绝的理由都和伏允一模一样：有病，去不了！

没关系，你来不了，那就我过去！十二月初四，太宗昭告天下，以侯君集为交河道行军大总管、薛万均为副总管，率大军西征高昌。

虽然夷男缺席了，但他空下的位置刚好有人补上了。这个人就是原东突厥拓设、处罗可汗的长子阿史那社尔。

阿史那泥孰上台后，西突厥的内外处境一度有所改善，但总的来说仍不乐观：在外，有强敌薛延陀从旁窥视，蚕食紧逼；在内，降附的两个东突厥王子阿史那社尔和欲谷设先后反叛。

贞观元年，回纥酋长药罗葛·菩萨在马鬣山（在今蒙古国西南）大破欲谷设十万精骑，并一路追击欲谷设直至天山。社尔出兵救援堂哥，却为薛延陀夷男所败，损失惨重。次年，他率残部西逃至可汗浮图城（今新疆昌吉州吉木萨尔县）。贞观四年，东突厥为唐朝所灭。这下社尔就无家可归了。他见西突厥内讧不休，起了鸠占鹊巢之意，悍然举兵反叛，于短短数月间席卷了半个西突厥，拥众十余万，自称可汗。如果他继续猛攻阿史那泥孰，说不定西突厥统一大业就在他手上完成了，可他偏偏选择了向薛延陀复仇。

就在他和夷男较劲的日子里，咄陆可汗阿史那泥孰去世，其弟咥①利失可汗即位。咥利失进行了大刀阔斧的改革，将西突厥本部划分为十大部落，以碎叶城（今吉尔吉斯斯坦托克马克市阿克·贝希姆遗址）为界，以西为右厢五弩失毕，分别是阿悉结阙、阿悉结泥孰（简称泥孰）②、哥施阙、拔塞干暾沙钵和哥舒处半（又叫阿舒虚半）五部；以东为左厢五咄陆，分别是鼠尼施处半（又称苏尼失处半）③、处木昆律（简称处木昆或触木昆）、胡禄屋阙（简称胡禄屋）、摄舍提暾和突骑施贺逻施（简称突骑施）五部。咥利失分赐十部酋长每人一支箭，作为世袭权力的象征。

从此，西突厥有了一个全新的名字：十箭。

然后，咥利失就发动了对社尔的反扑。在咥利失和夷男的夹击下，社尔一败再败，众叛亲离，不得不于贞观十年率残部一万余户降唐。太宗将其部众安置于灵州以北，征社尔入朝为官，许配以皇妹衡阳公主（高祖十四女）。处罗可汗九泉之下碰到亲家李渊，不知作何感想？

社尔做过几年西突厥可汗，不仅在西突厥内有一定的群众基础，而且对西域诸国及西突厥的情况十分了解。刚好夷男撂挑子，太宗就大胆起用了他。

早年，高昌民间曾疯传一首童谣："高昌兵，如霜雪；唐家兵，如日月。日月照霜雪，几何自殄灭！"唐廷大举西征的消息传至交河，高昌人越发恐慌。只有一个人不怕，就是麹文泰。他不仅不害怕，而且十分自信："唐朝距离我国有七千里之遥，其中沙漠就占了两千里，地无水草，寒风如刀，热风如烧，他们的大军怎么可能过得来？之前

---

① 咥，音迭。

② 阿悉结阙和阿悉结泥孰本为一部。

③ 哥舒处半和鼠尼施处半本为一部，即处半。处半连同处木昆、处月、处密，原为匈奴后裔所建之悦般国。

我曾访问过唐朝，他们那边城邑萧条，照隋朝时差远了。如果李世民发兵多，那么粮草一定跟不上。如果他发兵不到三万，咱们压根儿不用怕，以逸待劳，坐收其弊。不出二十天，唐军的粮草就断绝了，只能撤退。届时，咱们从后邀击，全歼唐军！所以，大家不用怕，信本王，得永生！"

莫慌，莫慌，淡定，淡定！

过了大半年，贞观十四年八月，实锤来了：侯君集率领的唐军已抵达今新疆巴音郭楞州轮台县地区。

麹文泰一直觉得，太宗是虚张声势，绝不会派兵来攻，所以他从未认真考虑过如何应对的问题。他不仅轻视了太宗的决心，也轻视了侯君集的能力。侯君集何等人物，当年征吐谷浑时高寒区他都走过了，还怕你这荒漠吗？！麹文泰傻了眼，吓坏了，一个不小心，居然吓死了。他唯一比伏允强的地方，就是死得特别是时候。

在一片凄风苦雨中，他的儿子麹智盛草草登上了王位。

情报显示，高昌国人正在柳谷（在今新疆吐鲁番市地区）为麹文泰下葬。众将建议直捣柳谷，将高昌君民一窝端。大杀神侯君集竟然拒绝了："不行，陛下讨伐高昌的理由是麹文泰无礼。如果趁麹文泰的葬礼袭击高昌，就是我们不义了！"

这是侯君集第一次担任三军主帅，他要展示出一个统帅的气度和格局，进一步夯实他在太宗心中的地位。如果为将，以他的性格，只怕马上就发兵柳谷了。

大军继续前进，仅用半天时间就拿下了田地城，当天晚上就杀到了交河城下，将城池围得水泄不通。麹智盛致书哀求。侯君集的回复简单粗暴："苟能悔过，当束手军门。"麹智盛不应。

唐军不仅兵力占优，而且装备十分精良，配备有强弓劲弩、投石车和巢车。巢车主要做观察用，高达十丈，三十多米，一旦立起，可俯瞰城中。有士兵在车上眺望侦察，"有行人及飞石所中，皆唱言之"。实际的使用情况大抵如是：刚才一号车没有击中目标，调整位置，向左偏三尺三，发射！哎，对，这下砸中了。有这样的装备加持，唐军"飞石雨下"，打得交河城军民躲在家里，不敢露头。

即便到了这步田地，麴智盛还是没有出降，他对自己人已经没有任何幻想了，但他对主子——西突厥乙毗沙钵罗叶护可汗很有幻想。

怎么又冒出个乙毗沙钵罗叶护可汗？没错，西突厥又内讧了。贞观十二年（638年），西突厥大臣统吐屯反叛，咥利失退保焉耆。统吐屯本打算拥立欲谷设为可汗，但左厢五咄陆不同意，联手出击，打死统吐屯，逼得欲谷设躲入西部。也不知欲谷设是怎么做的，居然获得了右厢五弩失毕的拥护，自称乙毗咄陆可汗。一年后，咥利失死于内讧，其残部拥立他的侄子为乙毗沙钵罗叶护可汗。于是，西突厥就出现了西部乙毗咄陆 VS 东部沙钵罗叶护的格局，两汗以伊犁河为界，分庭抗礼。

可怜西突厥被社尔和欲谷设这对堂兄弟轮番祸害，折腾得够呛。

听闻唐军西征高昌的消息后，沙钵罗叶护倒是派了一支军队进驻可汗浮图城（今新疆昌吉州吉木萨尔县），为高昌站台。可是当他得知侯君集大军进围交河城的消息后，害怕了。区区一个高昌，唐朝不至于派如此庞大且装备精良的人马，太宗八成是冲着他来的。沙钵罗叶护越想越怕，干脆开溜，一口气跑出一千多里地去。

可汗浮图城的西突厥将军一看大哥都跑了，那还打个啥，马上举城投降了。

这就断了麴智盛的念想。八月八日，绝望的他开门出降。

侯君集分兵四出，迅速击降其余二十二城，完成了对高昌全境的征服。

太宗直接将高昌并入大唐版图，改高昌为西州，可汗浮图城为庭州，并仿效汉朝，在西州开设了大唐的第一个都护府——安西都护府，派兵驻守，管理西域地区军政事务。

立国181年的高昌就此灭亡。

除了太宗，最高兴的就数侯君集了。西征高昌，这是他第一次以三军主帅的身份领军出征，并且取得了完胜的优秀战果。大唐军中新的核心是谁？这还用问吗？！

说来也怪，贞观一朝只要有征讨，不论胜负，军将归来后必受弹劾。这一次也不例外。

首当其冲的就是侯君集。御史弹劾他有两大罪状，一是私取珍宝，二是不能禁止将士盗窃。的确，侯君集自己屁股不干净，管部下没底气，当然管不住。太宗马上将侯君集下入大牢，命大理寺调查审讯。朝野上下都为侯君集捏了一把汗，都觉得他这次要挨收拾了。

关键时候，有人站出来为侯君集说了话："侯君集等人确实有错，但更有大功，臣怕世人说陛下功过不分。"说话的人是谁呢？正是当年伪梁中书侍郎、现大唐中书侍郎岑文本。萧梁灭亡后，在李孝恭、李靖的举荐下，岑文本入朝为官，因为材料功底好，深得太宗赏识。

岑文本的话有理有据。太宗深以为然，就下令释放侯君集，不再追究。但从这一刻起，侯君集已经失去了在他心目中的位置。

如果换作是李靖，肯定啥也不说了，从此闭门谢客，不问政事。但是侯君集觉得，陛下，我可是你的人哪，你怎么能以对待李靖的方式对待我呢？太宗的不留情面使他忽然明白了一个道理：领导之所以用自己人，主要是易于控制，而非绝对信任。他功高震主，所以才引起了太宗的猜疑和反制。可他自问对太宗忠贞不贰，太宗如此对他，未免太过无情了吧？！

他怨天怨地，怨君上怨同僚，就是不怨自己。他由堂堂国之上将沦落成了一个絮絮叨叨的怨妇。这也难怪，他用了二十多年顺风顺水地走到了这一步，却在旬日内被清空。他经不起这样的失意。在抗挫折方面，他不仅比不上李靖，甚至比不上尉迟敬德。他好恨啊！

继主帅侯君集之后，副帅薛万均也受到弹劾。侯君集败于骄，而他败于蠢。他是真的蠢！上次征讨吐谷浑，他当着救命恩人契苾何力的面儿，红嘴白牙地抢人家的功劳。这一次他学侯君集犯浑，侯君集私分高昌财宝，他私通高昌妇女，好一对搭档！而且，薛万均不认错，居然要求和高昌妇女一同到大理寺，同告发者当堂对质。太宗很生气，准备答应下来，治一治这个狂妄的家伙。

侯君集有岑文本说话，薛万均则有魏征说话。岑文本以驭将之道说服太宗，魏征则以国家形象说项："让大唐大将军和亡国妇女在公堂上对质男女私情，这有损国家体面！"太宗暂为隐忍，做了冷处理。

第二年，他游览芙蓉园时，恰值薛万均负责警卫任务。太宗揪住了薛万均清理宫苑闲杂人员不彻底的小辫子，大发雷霆，将他免官，打入大牢。薛万均气愤难当，忧愤而死。

每战必有人遭殃，但每战也必有人冒头。征讨吐谷浑，成全了一个番将契苾何力。这次征讨高昌，又成全了一个番将阿史那社尔。

私分战利品，唐军众将基本都有份。唯独阿史那社尔不肯同流合污，说是没有皇帝的敕命，秋毫不取。后来，太宗顺水推舟下了恩敕，允许众将分取战利品。但即便这样，社尔也只是要了一些老弱仆户和残次物品。太宗十分高兴，"以高昌所得宝刀及杂彩千段赐之"。不久后，又重用阿史那社尔统领北门左屯营，封毕国公。

封赏后不久，唐廷迎来了一批来自青藏高原的客人。

第八章 和亲吐蕃

01. 赞普求婚

这群高原上的客人来自一个唐人完全陌生的国度——吐蕃。

据现代考古学成果显示，至迟在距今四千年以前，西藏地区已经有人类活动了。发展到南北朝时期，形成了大大小小几十个部落。其中，生活在今山南地区雅砻①河流域的悉勃野部日渐强大，经过持续的武力扩张，到唐武德二年时已基本整合了西藏高原。

然而好景不长，贞观三年，赞普②论赞索③被人毒死，国中大乱。内外交困下，论赞索年仅13岁的儿子弃宗弄赞即位，经过三年的武力征伐，平息了叛乱，稳定了政权。为了打击旧贵族势力，并对全国实施有效管控，贞观七年（633年）他将都城迁到了雅鲁藏布江北岸的逻些，也就是今天的拉萨。

史学界普遍认为，贞观七年迁都逻些，标志着吐蕃王朝的正式建立。

这位开辟吐蕃人民新天地的弃宗弄赞，在中国历史上有一个大名鼎鼎的马甲——松赞干布。两者有什么区别呢？简单地说，弃宗弄

---

① 砻，音隆。
② 赞普，藏语，意为有权势的君主，系吐蕃国王专称。
③ 论赞索，《新唐书》译为论赞索，现代历史学者普遍称其为囊日论赞或朗日论赞。

赞是他的本名，而松赞干布则是后人为他上的尊号。为了便于读者阅读，本书采用松赞干布的尊号。

依我之见，松赞干布有三大历史功绩：第一，他首次将松散的高原各部落整合成了一个统一的王朝。就这个意义上而言，他好比是藏版秦始皇。第二，统一吐蕃的建立为同一民族的形成提供了现实可能。吐蕃是藏民族形成的开端，没有吐蕃，就不会有后来的藏民族。以此而论，他又是藏版汉高祖。第三，他使青藏高原上的人类第一次融入了亚洲地区史。因为，松赞干布建立吐蕃王朝后所做的第一件事情就是开眼看世界。

这头一眼就看到了大唐。不奇怪，毕竟在他所有的邻居中，大唐是最文明、最发达、最强大的存在。

贞观八年（634年），松赞干布遣使长安，向大唐皇帝献上礼物。

说实话，大唐君臣很蒙，因为直到这时他们才知道这个世界上居然还有个叫吐蕃的番邦。这是西藏土地上的人类第一次进入汉人的史书，之前的汉人史籍中从未有过关于他们的只言片语。大家都不知道这个番邦在哪里，国土有多大，人口有多少，兵力有几何。不过，既然是来称臣纳贡的，总归是一件好事儿。

太宗就挺高兴，连不知名的番邦都主动前来归附，不正说明朕的皇恩浩荡嘛！他派使节赴逻些，致意还礼。

贞观九年（635年），唐使抵达逻些，受到了松赞干布的热烈欢迎和盛情款待。吐蕃之所以如此待见唐使，除了因为大唐十分强大外，还因为彼时唐廷正在暴捶吐蕃的宿敌——吐谷浑。别看都是姓吐的，同处一片高原，两国就是要比谁更"吐"。虽然有关吐蕃王朝建立前两国关系的记载非常少，但从此后吐蕃对吐谷浑的仇恨敌视和疯狂报复来看，我们有理由相信，在吐蕃王朝建立前，吐谷浑没少收拾这个落后的邻邦。

从唐使口中，松赞干布听说突厥和吐谷浑都曾迎娶过隋朝的公主，当时就动了心思：我也要整一个。所以，当唐使归国时，他就派使者随行，"多赍金宝，奉表求婚"。

讲到这里，我们有必要先搞清楚一个问题：为啥周边的部族政权都想娶中原王朝的公主？

原因无外乎两条：一来政治上得实惠。两国和亲，其实就是缔结了同盟，有强大汉人王朝的加持站台，对于部族政权的统治和扩张大有好处。二来经济上也得实惠。嫁公主，就要陪嫁妆。部族政权不仅能得到金银财宝、绫罗绸缎，还能得到更为珍贵的汉地技术人才和先进设备，甚至于在边境开设贸易市场这样的长期饭票。

贞观十年（636年），吐蕃请婚使团随唐使抵达长安，向太宗提出了和亲的请求。

然后，就被太宗给拒了。大唐开国至今，还没有一位和亲公主（弘化公主下嫁诺曷钵是在三年后），突厥那么强大，我们都不肯嫁公主，凭啥为你名不见经传的吐蕃开先河？

也不知吐蕃使团团长是何居心，回去以后居然这么向松赞干布解释："臣刚到大唐时，唐朝招待很周到，还答应要嫁公主。偏偏吐谷浑王也来了，一顿挑唆离间，然后唐朝就不甚礼遇我了，还拒绝了和亲。"这完全是瞎扯，因为吐谷浑可汗诺曷钵第一次入朝是三年以后的事情。

松赞干布勃然大怒，发兵进破党项、白兰等诸羌，打得吐谷浑节节败退，随后兵锋直指大唐西境。在吐谷浑身上占足便宜的他有些头脑发昏了，居然想武力逼婚。

贞观十二年（638年）七月，吐蕃二十万大军陈兵唐松州（今四川阿坝州松潘县）城外。松赞干布既没有攻，也没有围，而是一面按兵不动，原地杵着，一面遣使长安，献上金帛，说是来迎娶公主的。

这就很无情无耻无理取闹了，人家大唐都没答应嫁，你就跑来迎，岂止是流氓，简直就是流氓！太宗很不高兴，不予理会。

随后，吐蕃军队开始攻打松州，屡败松州都督韩威。太宗怒了，不给你点颜色看看，你就不晓得马王爷长几只眼！来人哪，盘他！八月，吏部尚书侯君集、右领军大将军执失思力、左武卫将军牛进达、左领军将军刘简四路大军，合步骑五万，就去盘松赞干布了。

侯君集的主力还未抵达。九月，先锋牛进达部掩其不备，大破吐蕃军于松州城下，斩首千余级。

这一下松赞干布可算是知道大唐的腰有多粗了，慌忙撤退。唐军也未追击。不久后，他专程遣使谢罪，并极有韧性地再次提出和亲。输归输，我还是想娶大唐公主。

可能是他的诚心打动了太宗，也可能是太宗觉得这个能一次性动员二十万雄兵的番邦不可小觑，反正他破天荒地同意与吐蕃和亲了。

02. 文成入藏

贞观十四年（640年）十月，唐廷刚刚击灭高昌，以大论[①]禄东赞为首的吐蕃迎亲使团抵达长安。

禄东赞是唐朝文献对他的称呼，他的吐蕃名字叫作噶尔·东赞域松，噶尔是其家族姓氏。禄东赞和松赞干布的关系，好比房玄龄之于太宗，其人"性明毅严重，讲兵训师，雅有节制"，具有杰出的政治、

[①] 大论，即国相。

军事、外交才能，史称"吐蕃之并诸羌，雄霸本土，多其谋也"，甚得松赞干布信任。把麾下头号良佐都派来了，可见松赞干布对和亲一事的重视。

禄东赞觐见太宗时，大唐第一丹青圣手、刑部侍郎阎立本也在现场，随手画下了当时的情景。这幅随笔画就是大名鼎鼎的《步辇图》[①]。

唐廷这边已经确定了和亲人选。当然，绝不会是高祖或者太宗的女儿，只能是远房的宗室女。有人根据松赞干布后来向送亲使江夏王李道宗"执子婿礼"的记载，推断这位被册封为文成公主的姑娘是李道宗的女儿。这种可能性是有的，但并不绝对。因为李道宗和太宗一个辈分，都是文成公主的父辈，松赞干布向代表太宗的李道宗"执子婿礼"。史籍也从未记载李道宗有个女儿是文成公主，我们姑且认为这位可怜的姑娘是李唐宗室中一个很边缘的成员吧！

本是一迎一送很简单的事情，吐蕃那边儿派禄东赞迎亲，唐廷这边派李道宗送亲，就完了。但到了吐蕃人民那里，经过口耳相传的渲染，就变得神乎其神起来。

根据藏族传说，当时共有五个国家向大唐请婚，除了吐蕃，还有党项、大食[②]、天竺和突厥四家。这显然是不可能的：一来彼时的党项还只是松散的部落联盟，实力弱小，根本入不了唐廷的眼；二来大食和天竺当时还未与唐廷建交；三来突厥汗国作为一个政治实体，已不复存在。

五国请婚，可把太宗愁坏了，为了公平起见，整了一出《最强大脑》，设了几道智力闯关题，规定哪家婚使全部通关，公主就归哪家。

[①] 现存画作被认为是宋朝摹本，存于北京故宫博物院。
[②] 食，音义，即阿拉伯帝国。

具体几道题呢，到现在都有分歧，有说"五难婚使"的，有说"六难婚使"的，感兴趣的朋友可以自己搜下。

按照吐蕃人写的本子，其余四国使臣当然是通不过的，最终的结果必然是禄东赞以全部通关的优异成绩征服了太宗。

这个故事肯定是假的。国与国之间结亲，那是深思熟虑的政治考量的结果，怎会视同儿戏？况且，太宗的人设里什么字都有，仁、义、礼、智、信、霸、狠、色、狡、奢……唯独没有"皮"这个字。

故事虽然是假的，但禄东赞的聪明睿智是真的，太宗对他欣赏也是真的。想不到番邦之中也有奇才啊！太宗极力拉拢禄东赞，不仅册封其为右卫大将军，还想将姐姐琅琊长公主（高祖第四女）的外孙女许配给他。

但老谋深算的禄东赞却推辞了："臣已经有老婆了，不能抛弃她！况且，我家赞普还没有娶到公主，我一个臣子怎么敢先娶唐女？"

他不要公主，是因为他想要的远比一个唐女有价值得多。此时的太宗决然想不到，在不久的将来，禄东赞父子会给大唐带来多么巨大的屈辱。而禄东赞更想不到，他的后代子孙居然要靠大唐收留才能保命。

贞观十五年（641年）正月十八日，文成公主在唐送亲使江夏王李道宗和吐蕃迎亲专使禄东赞的陪伴下，由长安启程，踏上了前往雪域高原的路途……

这是一段有去无回的旅途，此后直到去世，这位可怜的姑娘再未能踏足唐土一步。

秋木萋萋，其叶萎黄，有鸟处山，集于苞桑。
养育毛羽，形容生光，既得行云，上游曲房。
离宫绝旷，身体摧藏，志念抑沉，不得颉颃。

虽得委禽，心有徊惶，我独伊何，来往变常。
翩翩之燕，远集西羌，高山峨峨，河水泱泱。
父兮母兮，进阻悠长，呜呼哀哉！忧心恻伤。

不知公主西行之时，可曾默默吟诵王昭君的《怨词》？

文成公主哭着往西走，松赞干布却是笑着往东走。他亲自到柏海（今青海扎陵湖）迎接公主。从史书记载来看，他很是下了一番心思，见李道宗时纳头便拜，"尽子婿礼"；见公主时，则脱下吐蕃衣物，专门更换了汉地纨绮。到这儿，李道宗的任务就算完成了，返京复命。

随后，松赞干布带着文成公主翻越日月山，抵达逻些。他为了让公主住得舒服，已在逻些红山之上建好了一座宫殿，这就是蜚声世界的布达拉宫的前身。布达拉宫中现在依旧保留着唐太宗五难禄东赞、文成公主进藏所遇各种艰难险阻，以及抵达拉萨时受到热烈欢迎等壁画内容。

这一下松赞干布赚的是盆满钵满，不仅得到了大唐公主，还得到了丰厚嫁妆。

文成公主入藏时，究竟都带了些什么呢？我们的史书记载不详，反倒是《吐蕃王朝世系明鉴》等吐蕃典籍记载得一清二楚，有"释迦佛像，珍宝，金玉书橱，三百六十卷经典，各种金玉饰物"，又有多种烹饪食物、各种花纹图案的锦缎垫被、卜筮①经典三百种、识别善恶的明鉴、营造与工技著作六十种、治病药方一百种、医学论著四种、诊断法五种、医疗器械六种，此外还有各种谷物和芜菁种子等。留藏汉人除文成公主陪嫁的侍婢外，还有一批文士、乐师和农业技术人员。

---

① 筮，音是。

这种文化和技术的海量输入,很快就使吐蕃人的生活发生了巨大改变。原先,吐蕃人"以毡帐而居",穿毡裘衣。大唐的纺织技艺传过来以后,一些有条件的贵族家庭逐渐"释毡裘,袭纨绮,渐慕华风"了。又如,吐蕃人喜欢以红色颜料涂面。文成公主觉得这样不好,好好的一张脸为啥非得涂成猪腰子色儿?于是,松赞干布一道命令,全民禁止以赭①涂面。唐代诗人陈陶有"自从贵主和亲后,一半胡风似汉家"的诗句,正是公主入藏对吐蕃社会文化、经济发展促进推动的真实写照。可以说,文成公主入藏是一次官方有组织的、大规模的、系统的文化和技术输入,大大加速了吐蕃文明化的进程。

最关键的是,通过和亲,吐蕃事实上傍上了大唐这个长期饭票。一来和亲使吐蕃在国际社会上的地位和影响力迅速提升。西突厥、东突厥、薛延陀这些国际舞台上的大牛,均苦求大唐公主而不可得。谁都没想到,名不见经传、比蛮夷更"蛮夷"的吐蕃却办到了,想必是有些实力、有些本事的,自然就高看它一眼。二来和亲打开了文化交流的大门。吐蕃与大唐之间,无论官方交流还是民间交流,其广度和深度都远超非和亲国家。举个例子来说,每当需要什么技术的时候,吐蕃随时可以向大唐索要,而大唐基本上是有求必应。光这一点,就足够突厥、薛延陀眼馋了。

由此观之,松赞干布的确是吐蕃民族不世出的杰出人才,其见识之精深、眼光之长远,令人敬佩。

---

① 赭,音者。

03. 突厥北归

几乎与文成公主西出长安同时，贞观十五年（641年）正月，突厥俟利苾可汗阿史那思摩统率各部约三万户，北渡黄河，重归塞上，建牙定襄。时隔仅十年，定襄城头又飘扬起了狼头纛。

思摩刚回定襄，就给太宗写信表忠诚："臣非分蒙恩，为部落之长，愿子子孙孙为国家一犬，守吠北门。若薛延陀侵逼，请从家属入长城。"他把姿态摆得很低，说突厥永永远远都是大唐的看门狗。当然，重点在后半句：如果薛延陀来攻，请允许我们躲入长城。弦内之音，你得管我们，别到时候不让我们进来。

太宗表示，完全没问题。

思摩的担心很快得到了证实。情报显示，薛延陀已于漠北集结人马，准备南下攻击突厥。太宗勒令夷男不得攻击突厥。夷男明里答应，暗中却厉兵秣马，积极备战。大漠附近，突厥与铁勒摩擦不断。

此时太宗正在全身心准备封禅大典。去年十月，以荆王李元景为首的一批大臣，第六次提出封禅之请。太宗当时没同意。仅仅过了一个月，百官第七次表请封禅。这一次他答应了，命诸儒详定仪注。

思摩北归当月，太宗留太子李承乾于长安监国，起驾向洛阳进发。四月，他在洛阳昭告天下，将于贞观十六年（642年）二月封禅泰山。

但老天爷不同意，不久后就传来了漠北的警报。听闻太宗要封禅泰山，夷男喜出望外："大唐皇帝东封泰山，军队肯定要跟着他去，边境空虚。我们正好趁此良机，以摧枯拉朽之势击败阿史那思摩。"

薛延陀决意南下灭突，大唐与薛延陀之战已无可避免。五月，太宗借口"有星孛①于太微",宣布取消封禅,开始积极备战。

大战在即,李靖垂垂老矣,侯君集又不可信任,该用谁为帅呢?太宗思来想去,觉得非李勣莫属。到这一年,李勣已在并州待了16年了。对于过去16年对李勣的冷漠,太宗是这么解释的:"朕不是不信任李勣,恰恰相反,朕对他高度信任,让他在并州待了那么久,是把他当作帝国的长城。"君王百张口,怎么说都有理。

十一月,李勣入朝,正式接掌了侯君集兵部尚书的位置。

太宗的判断是对的,就在当月,夷男以实际行动宣告了薛延陀与唐朝友好关系的终结。二十万铁勒联军在夷男之子大度设的率领下,南渡朔漠,以善阳岭(今内蒙古呼和浩特市和林格尔县西南大红城)为依托,攻击突厥。思摩慌忙率众躲入长城,遣使告急。

对于薛延陀,太宗从来不曾掉以轻心过,他早知双方终有掰腕子的一天,既然夷男已经冒头了,那就打他,打疼他。他调集兵部尚书李勣、右卫大将军李大亮、右屯卫大将军张士贵、营州(今辽宁朝阳)都督张俭、凉州都督李袭誉五路大军,合十余万之众,反击薛延陀。李袭誉出甘肃武威,由西包抄;张俭出辽宁朝阳,由东包抄;李勣出山西朔州,李大亮出宁夏灵武,张士贵出山西大同,居中主攻。

大军开拔前夕,太宗面授机宜:"薛延陀长驱南下,兵疲马瘦,既没有突袭突厥,又没有火速撤退,纯属上门找死。我已经让思摩火烧草原了,现在他们的马已经没草料吃了。你们不要急于接战,与思摩互为掎角,等薛延陀人撤退时再猛击之,一定可以打败他们。"

这个时候,风闻唐廷大兴军马,夷男有些害怕了,遣使入唐,提出与突厥和亲。可惜,太宗已经不给他机会了。

十二月,正是塞北苦寒时节,李勣率唐军主力赶到善阳岭,"尘

---

① 孛,音被。

埃涨天"。大度设看了，心惊肉跳，慌忙率众北走。

　　李勣拣选六千精骑，穷追不舍，终于在今呼和浩特以北大青山地区追上了薛延陀军。薛延陀人马且战且退。退至诺真水（今内蒙古包头市达尔罕茂明安联合旗百灵庙镇北之艾不盖河）时，大度设急了眼，勒兵陈亘十里，要与唐军决一死战。

　　别以为这16年来李勣就在并州闲着了，其实他早将薛延陀列为假想敌了，日夜研究如何破解薛延陀步骑协同的办法。功夫不负有心人，还真让他找到了破解之道。

　　薛延陀战法确实厉害，不仅击退了突厥人马，还扛住了唐军的轮番猛攻。好在李勣早有准备，命令全军将士下马，执长槊迎战；又令副总管薛万彻率千余骑兵，专门攻击薛延陀军中执马的士兵。薛延陀的步骑优势均被破解，登时溃败。

　　这一战，唐军取得了"斩首三千余级，捕虏五万余人"的大胜。大度设的残军被撵得到处跑，东不得，西不得，只得北归。可时值冬日，大漠冰天雪地，人畜冻死者十之八九，等回到漠北时只剩下两三万残兵了。薛延陀汗国元气大伤。

　　月底，先前出使大唐的薛延陀使者辞还。太宗让他捎话给夷男："朕早就跟你交代过，让你们薛延陀和突厥以大漠为界，谁要是侵略另一方，朕就出兵讨伐他。可笑你们自恃强盛，非要侵略突厥。李勣不过带了几千骑兵，就打得你们抱头鼠窜、狼狈不堪。你回去告诉夷男，以后做选择时要慎重，动点儿脑子！"

　　太宗摩拳擦掌，想再接再厉，一鼓作气除掉薛延陀这个心腹大患。不料，当此关头，他最害怕、最担心的事情还是发生了……

第九章

储君之争

01. 贪玩的高明

太子李承乾既是太宗的嫡子，也是他的长子。武德二年（619年），因其出生于大兴宫承乾殿，故而太宗为他取名承乾，字高明。承乾者，承继皇业、总领乾坤之意。当时敢给儿子取这个名字，李世民的野心和胆气真不是一般的大。

按照史书的说法，高明同学"性聪敏""特敏惠""丰姿峻嶷①、仁孝纯深"，怎么看都是个好孩子。其实这些都是马屁话，大人眼里所有的小孩子都很可爱、很聪明，随便说点儿什么、做点儿什么，就觉得这娃娃长大了不得了。从他后来的表现看，李承乾其实是一个很平庸的人，跟"高明"更是搭不上半点儿关系。

武德九年（626年）十月初八，刚上台的太宗皇位还没焐热乎呢，就将李承乾扶上了太子宝座。这里的意思很直白：都别惦记了，大唐第三代皇帝就是我的嫡长子承乾了。别看李世民自个儿夺嫡上位，他偏要让后代坚持嫡长子继承制，这事儿听着就很扯！

册立完太子后，中国两千多年封建史上的头号教育难题——"如何培养一个好太子"，就摆到了太宗面前。太宗的办法与现如今的中国父母并无二致。

---

① 嶷，音夷。

第一步，请家教。

历朝历代的帝师团都是云集了彼时学术圈各种大牛的精英班子。高明同学的帝师团也不例外。这是一个长长的名单，有经学大牛孔颖达（孔子三十一世孙，编纂过经学界的红宝书《五经正义》）、二牛陆德明（给《周易》做过注），有礼学大师、时任礼部尚书李纲，有史学界大咖赵弘智和令狐德棻，以及熟谙政事的萧瑀、张玄素、于志宁、杜正伦等人，一水儿的各界精英、学科带头人。

第二步，压担子，找各种机会让他历练、成长。

贞观四年，李承乾只有12岁，太宗就让他审理决断尚书省一级的案子。此举无异于让一个六年级小学生担任最高法院首席大法官。此外，每当太宗外出畋猎或巡幸时，都要李承乾监国。所以，小小少年李高明真是压力山大。

据官方报道，李承乾的表现很不错，可圈可点。

一次，太宗让他写治国之策来看。李承乾提起笔，唰唰唰，很快写满了三页纸。老父亲看得美啊，边看边点头："先论刑狱为重，深得经邦之要也。"我儿作文棒棒哒！

李承乾不仅自己作业写得好，还给老师们布置作业，让孔颖达编撰《孝经章句》，令颜师古注解《汉书》。书成后，他还替老师们上表太宗，请求收入皇家图书馆——弘文馆①。太宗欣然敕准。

此外，遍观高明同学历次监国，可以说是态度端正、作风扎实、处置及时、办法得当，从没出过大的纰漏。

然而这都是表象，这位唐太子还有着不为大众所知的另一面：大唐第一浪荡公子。

---

① 弘文馆，初名修文馆，始设于高祖武德四年，武德九年更名为弘文馆，属门下省，主管详正图籍、教授学生、参议制度及礼仪。

身为太子，富甲天下，却偏偏喜欢偷盗的刺激，你们说怪也不怪?！李承乾指使下人们偷盗百姓家的牛马烹煮食用。人多锅小，煮的速度赶不上吃的速度。高明同学充分发挥主观能动性，自主设计开发了八尺铜炉和六隔大鼎，问题迎刃而解。

李承乾和他的七叔、汉王李元昌同年，二人脾性相投，整日厮混在一起，大有奔不离灞、灞不离奔的意思。叔侄俩常常各领一队下人，拿着真家伙玩真人"反恐精英"。刀剑无眼，常有受伤，但李承乾不在乎，甚至说了："七叔，如果我今天当上皇帝，明天咱俩就组织一场万人游戏。"

这些太宗都能忍，一句"他还是个孩子嘛"就过去了。但接下来李承乾干的荒唐事儿，老父亲真的没法接受。

谁能想到大唐储君居然是一位哈突青年！李承乾对突厥文化习俗推崇备至，平日里以穿突厥衣物、留突厥发式为美，还自修了突厥语四六级。东宫中不仅建有突厥毡房，还高高飘扬着狼头纛。

做老子的把大唐军旗插到了突厥汗庭，当儿子的却把突厥军旗插进了大唐东宫。九泉之下的颉利可汗如果知道了，估计能乐得当场复活！

一次，李承乾心血来潮，对下人们说："我现在是突厥可汗，马上要死了，你们要按照突厥风俗给我办个葬礼！"说罢，就躺在地上装死。下人们顿时鬼哭狼嚎，仿效突厥丧仪，骑马绕着他转圈圈，从他身上跨过，还用佩刀划他的脸。李承乾突然坐起，面露由衷的向往："等我当上天子，我就率数万精兵到金城去打猎，然后投到阿史那思摩麾下，弄个设①当当。"

堂堂大唐太子的人生理想居然是给突厥可汗当一个设，太宗听后

---

① 设，又称杀、察、煞、失等，是突厥的高官，主要职能是别部统兵。

瞠目结舌。

李承乾的荒唐可能与他因天生跛足而生的自卑有关，对的，他长了一只天残脚。按理说，自卑的人应该自闭才对。但他偏偏是大唐朝一人之下、万人之上的存在，自卑非但没有导致自闭，反而衍变成一种病态的狂放。当这种狂放撞上青春期以后，更是呈几何级数暴增，于是就成了眼下这个样子。

自己的儿子舍不得训，太宗就去训七弟李元昌，不仅没效果，反而搞得李元昌对他很有意见。无奈之下，他只得去捣鼓各位帝师："爱卿们，你们对太子的荒唐举动，不仅要进谏，而且要极谏啊！"

其实，帝师团里的各位大师早就在这么做了。其中，尤以于志宁、孔颖达、张玄素三人劝谏最为频繁、最为激烈。

不过呢，这三人又有不同。于志宁最腹黑，当着李承乾的面不说，背后疯狂向太宗打小报告。张玄素最厚道，很少上疏告状，总是当面纠正，并且语气还算缓和，一副碎碎念苦口婆心的样子。孔颖达介于二者之间，他是既当面指责又背后告状，而且态度相当强硬，训李承乾就跟训自己儿子似的。

太宗对帝师们的极谏表示高度赞赏和由衷鼓励，帝师们数落李承乾越狠，他就越开心，赏赐就越丰厚。

他们当然都错了，错就错在没有因材施教，只是按照自己的理解一味瞎搞，却从未认真研究过教育对象——李承乾这个人。

李承乾生于深宫，长于妇人之手，在他的成长过程中，除了父母对他比较严厉外，其他人都是毕恭毕敬的。这就决定了他不可能接受严厉的训斥。面对帝师们的训斥，他会想，你算老几，敢训我？此外，因为成长于深宫，他的情商其实是很低的。说穿了，他就是一个半大孩子，还处于好赖不分的阶段。他意识不到老师们苦口婆心是为他好，他只知道这帮老不死的成天盯着他，找各种机会训他，可恶至极。

而太宗呢，还自以为是地在贩卖他的帝王经，一个优秀的帝王就应该虚心纳谏，不管是和缓的进谏还是激切的进谏，只要说得对，就应该也必须接受。老学究的帝师们更是觉得，圣上就是你的标杆，圣上能受得了极谏，你身为储君怎么能受不了呢?!

起初，李承乾还有心迎合，做出大人们喜欢的各种样子。但时间久了，人人都来找他的不是，找来找去，他就只有两个不是了：这也不是，那也不是。

李承乾受不了了，开始抗争，和老师们对着干。一次，他正在击鼓玩乐，张玄素闻声而来，叩门切谏。李承乾气坏了，当着张玄素的面儿，把鼓砸了个稀巴烂。有用吗？没用！事后，张玄素上疏告状，他又被父皇训了一顿。

李承乾就想了，怎么做才能既在父皇面前保持好形象，又能堵住这帮腐儒的嘴呢？没错，大家肯定也猜到了，演戏。此后，每当听到进谏之言，他就装作十分诚恳地接受，正襟危坐，引咎自责，对对对，是是是，应该应该，的确的确。但回到东宫的一亩三分地后，他立即跟变了个人似的，怎么狂浪怎么来。对他来说，狂浪是一种态度，狂浪在起起伏伏，狂浪，狂浪……

纸终究包不住火，没过多久这招也玩不转了。帝师们继续围攻他。李承乾恼羞成怒，竟然派刺客暗杀于志宁。可当刺客们看到于志宁家十分清贫，他本人睡在苫①席上时，觉得这是一位大清官，实在下不去手。但张玄素就没这么幸运了，一次上早朝时，不知从哪儿冒出来个人，用大马锤狠狠给了他几下，差点儿没把他打死。

太宗用脚后跟想，都知道怎么回事，太丢人了，不能追究，只得含混了过去。

---

① 苫，音山。

在让父亲失望的路上，李承乾这个瘸子却跑得比谁都快。可狂奔的路上不只有他，还有他的亲弟弟李泰，只不过人家是在朝相反的方向奔跑。

02. 进取的青雀

李泰比李承乾小一岁，他的字很有意思，青雀，通俗地讲就是蓝鸟。

青雀同学是太宗14个儿子当中最有才华的一个，没有之一。这孩子从小就是一身的文艺细胞，长大后"雅好文学，工草隶，集书万卷"，优秀得要要的。兄弟当中，最能和父皇玩到一块儿去的是老三吴王李恪，但要说最能和父皇聊到一块儿去的，肯定是老四李青雀。文学、史学、政治、书法，太宗爱好的这些东西，青雀都喜欢，而且都有很深的造诣。如果不是因为过于肥胖，不能骑马打猎，恐怕连李恪都要被他挤到一边儿了。

当父亲的都喜欢优秀的儿子，太宗对青雀宠到没边儿了。李泰"腰腹洪大"，走不了几步就气喘吁吁。太宗瞅着心疼，特许他乘轿子直抵朝堂。须知，依礼制连太子李承乾都要走路上朝。青雀抱怨府里的后花园太小，太宗马上将"居地三十顷，周回十七里"的芙蓉园赏赐给他。青雀嫌弃他在东都的王府寒酸，太宗二话不说，立即将东都尚善、旌善两个坊的土地赐给他盖新王府。

李泰喜好文学。太宗特许他在魏王府里设立文学馆。青雀因此网罗了一大批人才。这件事的社会影响和政治影响极大。众所周知，当年秦王李世民就是通过创设文学馆网罗才俊，最终夺取了天下。此时的李泰俨然就是当年的秦王李世民，太子有的，除了太子这个名位外，他都有；太子没有的，他也有。

一介亲王受宠到了这个地步，老臣们就坐不住了，他们担心太宗的过分宠爱会让李泰产生非分之想，便经常在公开场合打压李泰。

青雀当然也有自己的一帮小伙伴，就去太宗面前挑唆，说什么三品以上大员大多轻视魏王。

太宗勃然大怒，将朝中所有三品以上大臣提溜过来一顿训："隋文帝时代，诸王可以随意戏弄一品以下大臣。我就不同了，管着我的儿子们，不让他们嚣张跋扈。可现在我听说你们这些三品以上的大臣除了太子，不把别的亲王放在眼里，这也太过分了。我要是放纵自己的孩子，你们这些人还不得受辱？"

通观唐史三大典，太宗对所有三品以上大员发火，只有这么一次。所以，大家都很害怕，连房玄龄都吓得"惶惧流汗拜谢"。

有人就不怕！还能有谁，当然只能是魏征。"陛下，谁也不敢轻视魏王。但《春秋》早就说过了，周王的人地位再卑微，也在诸侯之上。您刚才说起隋文帝，殊不知正是因为他的娇惯，所以他的儿子们'多行无礼'，最终没一个善终的。"这种话也就他敢说。

太宗自觉失态："哎呀，都怪我因溺爱而忘记了公义。刚才发火的时候，自以为很有道理，听了魏爱卿的话，才知根本没道理啊。哎，身为君主，说话可不是件容易的事情呢！"可他嘴上这么说，心里仍在置气，怎么的呢，说青雀不讲礼仪？开什么玩笑，我让礼部尚书教他，看你们以后怎么说。

随后，他就让礼部尚书王珪担任李泰的老师。别看六部尚书中，礼部尚书的实权最小，但在帝王眼中这却是个重要岗位。因为礼部尚书管思想、管教育，历来都是给太子当老师的。倒过来说，够格给礼部尚书当弟子的，有且只有太子。现在太宗让王珪给李泰当老师，何尝不是另一种逾越礼制的宠爱呢?!

但没多久，王珪就给太宗提意见了："三品以上大员路遇亲王时，都要下车站立，这不符合礼仪。"太宗当时就炸毛了："你们这些大臣果然轻视我的儿子!"魏征附议王珪。接下来太宗说的话之露骨，我都不好意思写。他说："你们不要只捧太子，而不把诸王放在眼里。万一哪天太子死了，他们当中有人就会成为皇帝，到时你们这些势利眼怎么办?!"魏征就开怼了："打从周朝起，以父子相继取代兄终弟及，就是为了杜绝庶子觊觎皇位，彻底堵塞祸乱的根源。治国者应当深以为戒!"太宗沉默良久，最终妥协了。此后，三品以上大臣路遇亲王，只要在马上或轿上点个头、打个招呼就可以了。

老臣们一心维护李承乾，奈何高明同学不长脸，一心一意专干不正经的事儿。对比没正事儿的他，青雀却一心一意只干正事儿。

贞观十二年（638年），李泰上疏，说要编一本《括地志》，详细介绍大唐山川风物。别看大唐已经建立二十多年了，还真没编过国家地理。太宗也想知道自己打下的这片江山到底有多大多好，当即应允，并特批相关保障由朝廷负担。

一时间，位于长安延康坊的魏王府"大开馆舍，广延时俊，人物辐辏，门庭如市"。其间，太宗还亲临王府看望青雀。看就看吧，他还当场下敕，大赦雍州、长安城斩刑以下的全部囚犯，免除延康坊居民当年全部租赋，并赏赐了王府僚属和延康坊中的老人们很多东西。

经过三年多的努力，贞观十六年（642年）正月，李泰献上了完本的《括地志》。全书一共550卷，以县为基础单位，详细阐述了全国10道358州（都督府）1551个县的沿革、地望、得名、山川、城池、古迹、神话传说、重大历史事件等。毫不夸张地讲，真正做到了一书在手、大唐我有。

太宗如获至宝，下令将《括地志》收入弘文馆。

哎呀，这个青雀真是太招人喜欢了！太宗萌生了一个想法：让青雀搬入宫中，与他朝夕相处，至于居所嘛，就定在武德殿吧。可他刚表露出这个念头，就遭到了魏征的强烈反对："陛下，当年你四弟元吉可是住过武德殿的，你是在鼓励魏王向太子之位冲锋吗？"一语惊醒梦中人。太宗惊呼："几致此误。"

既然不能入宫，那就给钱吧！这一给又出问题了，李泰每月的供给居然超过了太子。大臣们意见很大，不是说不该爱魏王，但一定要有个度，以免他产生非分之想。

然后，太宗的处置让所有人都无语了。说他没改吧，不对，因为魏王的供给的确又少于太子了。可是说他改了吧，也不对，因为他没动李泰的供给，而是取消了李承乾的开支限制。你们说尊卑应该有别，又没说怎么改，那我只要改得不一样不就好了嘛？！

就在太宗暗自得意的时候，帝师们又不干了。自打取消了月供上限后，李承乾越发豪奢，不到两个月就花了七万钱！

当父亲，难；当父皇，更难！

03. 跛子 PK 胖子

大概从贞观十二年开始，李承乾频繁遭到训斥，李泰则经常受到表扬。这种鲜明的对比被世人看在眼里，很难不产生多余的联想。不管乐见者还是不乐见者，都觉得圣上似有易储之意，魏王夺嫡大有可能。

最要命的是，青雀和高明这两个当事人的心理也发生了变化。一方面，太宗有增无减的宠爱和朝野日益高涨的口碑，让李泰真的产生了夺嫡的心思。当年父皇以非嫡长子逆袭上位，自己为什么不可以呢？他的野心不可遏止地膨胀起来。另一方面，李承乾有感于弟弟急遽增长的威胁，开始发起反制。

接下来的数年间，兄弟俩明争暗斗，日渐势同水火。朝臣们或为公义或为私利，纷纷选边站队。拥护李承乾的主要是传统保守力量，其主体为关陇集团，以大权在握的老臣为主。反之，其他士族集团的人以及年轻且急于上位的官员们，则大多会聚在李泰旗下。

魏王党的主要代表有中书侍郎岑文本、黄门侍郎刘洎、给事中崔仁师、黄门侍郎韦挺、工部尚书杜楚客和工部尚书、太子詹事张亮。

大家仔细看看这些人，岑文本和刘洎出自江南士族，张亮是平民出身，崔仁师出自博陵崔氏，韦挺和杜楚客（杜如晦的弟弟）倒是出自关陇集团，可他们一个追随过隐太子李建成，一个是李泰的魏王府长史。在关陇集团占据绝对主导地位的朝中，这些人都是被压制的对象，他们的政治立场自然倾向于为传统势力所抵触的李泰一方。

贞观十六年《括地志》编成以后，跛子李高明和胖子李青雀也进入最终PK阶段。

李承乾首先发难，指使人假借魏王府一位典签的名义，上书检举李泰的罪恶。太宗勃然大怒，命人抓捕诬告者，当然一无所获。但他已隐约感到，此事与李承乾脱不了干系。

紧接着，有人密告太子李承乾与太常寺①一个名叫称心的乐童搞基，还与术士秦英、韦灵符二人过从甚密，行谶纬之事。太宗以为这是有人蓄意抹黑承乾，勃然大怒，命人调查。一查，居然是真的，堂

---

① 太常寺，唐廷九寺之一，为掌管礼乐的最高行政机关。

堂大唐太子居然有龙阳之癖。

太宗气得差点儿没背过气去,将称心、秦英、韦灵符等人全部处死,还狠狠地训了李承乾一顿。李承乾怨恨老父,称病不来上朝长达数月。朝野议论纷纷,搞得太宗很没面子。

李承乾认定,称心之死一定是老四捣的鬼,决议报复。他暗中挑选了一百多名壮士,组成刺客团,日夜训练,准备刺杀李泰。

事情闹到这步田地,太宗终于回过劲来了,老臣们说的是对的,都怪他没有防患于未然,才酿成今天这种局面。痛定思痛,他觉得应该果断采取措施,快刀斩乱麻了。

八月,他在朝堂上公然问群臣:"当今国家何事最急?"

这话问得突然,房玄龄、长孙无忌等老臣均不知如何应答。没关系,太宗早就安排好了托儿——谏议大夫褚遂良。

褚遂良有来头,他的父亲就是晚隋大才子、西秦薛举帐下黄门侍郎、秦王府十八学士之一的褚亮。褚遂良青出于蓝而胜于蓝,才名更在乃父之上。太宗还是秦王时,他就在秦王府中做参军,兼管文学馆。褚遂良不仅文章写得漂亮,而且工于书法,后人将他与欧阳询、虞世南和薛稷并称为初唐书法四大家。

值得一提的是,四大家中的薛稷是褚遂良的学生,薛稷有个舅舅叫魏征,因此褚遂良的仕途受到了魏征的关照。贞观十年,他获得了一个关键岗位——起居郎,这是负责记录皇帝在公务活动中言行的史官。既然要记录皇帝的言行,就得时刻跟着皇帝,跟得久了自然就成了心腹。更何况太宗本人也是书法爱好者,褚遂良很对他的胃口。太宗曾经公开评价:"褚遂良有学问,人品好,对朕很忠诚,就像小鸟依人一样,我见犹怜!"顺便说一句,如今形容女性娇小可爱的"小鸟依人"一词即源于此。

贞观十二年(638年)五月,弘文馆学士虞世南病逝。在魏征的举荐下，褚遂良担任弘文馆学士，成为太宗的秘书，后来又被擢升为谏议大夫。

此次朝堂问话，太宗和褚遂良早就捏通了。太宗问罢，褚遂良立马出班奏道："现在四海安宁，只有尽早确定太子和诸王的名分最是紧迫。"太宗马上表态："此言是也。"随即提出要任命上月刚刚病倒的魏征为太子太师。

关于这项任命，他曾对侍臣说过："若论忠直，群臣里头没有超过魏征的，朕就让他当太子的老师，以消除世人的妄自揣摩。"九月，太宗正式下诏，加魏征为太子太师。魏征拖着病体跑到朝堂上请辞。太宗没同意，手诏答复："周幽王和晋献公都是因为废嫡立庶才危害国家的。汉高祖刘邦一度想废掉太子，经商山四皓出面劝谏，他才放弃了这个念头。朕今天用你，就是希望你像商山四皓一样维护传统。我知道你现在患病，没关系，你在家里躺着就行，抽空管管太子就可以了。"

可见，到这个时候他已经下定了最终决心：决不易储，好坏都是承乾了。

又过了三个月，贞观十七年（643年）正月，他又在朝堂上表态："听说外面都在传，说什么太子有足病，魏王才是太子的最佳人选。我现在告诉你们，太子确实有足病，但走路是没问题的。《礼记》说过：'嫡子死，立嫡孙。'太子的嫡子已经五岁了，朕绝对不会乱了祖宗章法。"

此言一出，尘埃落定。承乾，你不要担心了，大唐第三代君王非你莫属。泰儿，父皇是很喜欢你，但也只能到此为止了。

但乱局已经酿成，可不是他喊停就能停得了的。

04. 凌烟阁功臣

太宗刚刚宣布完最终表态，魏征就病逝了。

其实，早在十六年接任太子太师时，看似病情好转的魏征已经到了回光返照的地步。果然，太师当了没几天，他的病情迅速恶化。

太宗很着急，又是"赐以药饵"，又是"遣使者问讯"。探视的使者一拨接着一拨，竟至"相望于道"。就这他还不放心，干脆让中郎将李安俨到魏征家里打卡坐班，一有动静，马上奏报。但各方面反馈的消息都指向同一个结论：这一次魏征真的不行了！太宗意识到，与这位老伙计说"再见"的时候到了。

贞观十七年正月，他带着太子李承乾和女儿衡山公主亲临魏府。魏征虽然已经卧榻不起，但还是穿戴着整齐的朝服。太宗一边摸着魏征一边流泪，问他有什么想说的。魏征从牙缝中挤出了十个字："嫠不恤纬而忧宗周之亡。"寡妇不愁织布的纬线少，而忧虑宗周的危亡。太宗感动坏了，当场宣布将衡山公主下嫁魏征长子魏叔玉。

十六日夜，太宗忽然梦见魏征，如同平日一样。次日清晨，急报到了：魏征逝世，年63岁。

贞观谏臣，首推魏征。《贞观政要》有专门的统计，魏征侍奉太宗十七载，总计面陈谏议50次，上疏11道，折合文字多达"数十余万言"。其次数之繁多、言辞之激切、态度之坚决，贞观群臣无人能出其右。

那么，太宗对魏征是什么印象呢？用他自己的话说，魏征是一个妩媚的人。没错，列位的眼睛没有瞎，他的确用的是"妩媚"。

在一次宫廷宴会上，长孙无忌借着酒兴说："王珪、魏征当年都是敌人，没想到如今却能和我一起参加宴会。"太宗意兴阑珊："王珪、魏征都是忠臣，所以我才用他们！"紧接着，他道出了心中埋藏已久的一个疑问："对了，魏征，你每次进谏时，如果我不听你的，我再和你说话，你就不搭理我了，这是为何？"魏征说："我觉得一件事这么办不妥，所以才会进谏。如果陛下不听，我接了话茬，这事儿就得按着错误的思路办了，所以我不敢接您的话了。"太宗就纳闷了："朕不听，你可以接着进谏啊！"魏征回道："臣不是口是心非的人。稷、契当年也是这么侍奉大舜的！"言下之意，陛下是像大舜一样贤明的君王，我魏征要以稷、契为榜样，决不能口是心非。那太宗听了还能不开心嘛，哈哈大笑："人言魏征举止疏慢，我视之更觉妩媚，正为此耳！"

如今，这位让太宗时而觉得妩媚非常、时而恨得牙痒痒的魏征已经永远地离开了他。

太宗亲临丧礼，痛哭流涕，废朝五日，追赠魏征为司空、相州都督，赐谥号"文贞"。为了让这位老臣风光大葬，太宗破例给魏征加羽葆鼓吹①和班剑四十人，赠绢布一千段、米粟一千石，陪葬昭陵。可魏征的妻子却谢绝了他的隆恩："征平生俭素，今葬以一品羽仪，非亡者之志。"对朝廷供给的一切仪仗和物品都推辞不受，仅用白布、帷幕装饰承载灵柩的素车，"无文彩之饰"。

下葬当日，宦官送来了太宗手书制成的墓碑。太宗敕命在京九品以上文武全去送葬，他本人登上宫楼，遥望魏征的灵车一路向昭陵驶去，伤心流涕之余，说出了千古绝句："以铜为鉴，可正衣冠；以古为鉴，可知兴替；以人为鉴，可明得失。朕尝保此三鉴，内防己过。今

---

① 羽葆，古时葬礼仪仗的一种，以鸟羽聚于柄头如盖，系诸侯王葬礼专用。鼓吹，用鼓、钲、箫、笳等乐器合奏。

魏征逝，一鉴亡矣。"

魏征有四个儿子，但才行成就皆不及乃父。此外他还有一个女儿，嫁给高祖第十四子霍王李元轨为妃。他的来孙魏谟继承了他的品格和作风，言论切直，无所畏避，官至宰相。

魏征的亡故使太宗意识到：当年跟着他和先帝打天下、开治世的那批元勋，如今老的老、死的死，即将退出历史的舞台。这些人为了他们李家的江山，或竭尽心智，或流血拼命，足为百代万世之楷模。由此，他想到应该用某种特殊的方式，将这些元勋永久地纪念起来，既可以让后世君王永远记住老臣们的贡献，也可以为后世臣子树立学习的标杆。说干就干，他马上指示有司去研究。

朝廷永远都不会风平浪静。这不，新任洛州都督张亮忽然单独谒见，揭发侯君集有谋反之意。

咋回事呢？二月初，太宗敕命太子詹事张亮调任洛州都督。张亮正在家中整点行囊，侯君集忽然来了，一见面就问他："你是受谁排挤？"张亮调侃道："不是你吗？"侯君集就说了："我平定一国归来，即遭圣上嗔怪如铺天盖地一般，怎么还能排挤你呢？"说着，他甩了甩袖子，恨恨地说道："我心情很压抑，你能造反吗，我跟你一起反！"这就是侯君集没有知人之明了，别看张亮兼着太子詹事，其实他是李泰的人。侯君集相当于主动送人头上门了，那张亮还会客气吗？他当时一顿打哈哈，可事后马上进宫面圣，将侯君集掀了个底儿朝天。

太宗虽然有些吃惊，但也并不那么吃惊。因为，不止一个人对他说过侯君集会谋反的话。

第一个说这话的是李靖。当初，太宗让李靖教侯君集兵法。侯君集学了没几天，就跑来告状："李靖将反矣。"太宗问他是怎么知道的。侯君集就说了："李靖只教了臣一些粗枝大叶，真正的精华他藏着不教，这不是要谋反了吗？"太宗就去问李靖。李靖是这么说的："现在天下大定，我教给他的东西足够制服四夷了，他还嫌不够，这正说明是他想谋反！"

李靖之后，李道宗也说过："侯君集志大而智小，而且居功自傲，不把房玄龄、李靖放在眼里。我看啊，他迟早会谋反！"当时，太宗并不相信："侯君集还是很有才干的！你不要胡乱猜测！"

现如今张亮也这么说了，太宗终于信了，看来侯君集已决意站到他的对立面了。不过，仅凭几句不能证实的话就办侯君集，他肯定不服。所以，太宗叮嘱张亮先不要声张。

这时，缅怀元勋的办法也研究出来了：仿效前汉宣帝麒麟阁十一功臣①和后汉明帝云台阁二十八将②，遴选出二十四位开国一等功臣，画像题赞，挂入大兴宫三清殿旁的凌烟阁，永传后世。

当月，太宗钦定了这二十四位功臣，他们是：赵国公长孙无忌、河间王李孝恭、莱国公杜如晦、郑国公魏征、梁国公房玄龄、申国公高士廉、鄂国公尉迟敬德、卫国公李靖、宋国公萧瑀、褒国公段志玄、夔国公刘弘基、蒋国公屈突通、勋国公殷开山、谯国公柴绍、邳国公长孙顺德、郧③国公张亮、陈国公侯君集、郯④国公张公谨、卢国公程知节、永兴公虞世南、邢国公刘政会、莒⑤国公唐俭、英国公李

---

① 甘露三年（前51年），汉宣帝令人画11名功臣图像于麒麟阁，以示纪念和表扬。这11人是霍光、张安世、韩增、赵充国、魏相、丙吉、杜延年、刘德、梁丘贺、萧望之、苏武。

② 永平三年（60年），汉明帝令人画28位大将的画像于云台阁。这28人是：邓禹、吴汉、贾复、耿弇、寇恂、岑彭、冯异、朱祐、祭遵、景丹、盖延、坚镡、耿纯、臧宫、马武、刘隆、马成、王梁、陈俊、傅俊、杜茂、铫期、王霸、任光、李忠、万脩、邳彤、刘植。

③ 郧，音云。

④ 郯，音谈。

⑤ 莒，音举。

勣和胡国公秦琼。

其中的长孙顺德、刘弘基、柴绍、唐俭、殷开山、刘政会等六人，既是武德朝十七位太原元谋功臣，也是贞观朝凌烟阁二十四功臣。

截至这时，名单中已有十二人故去。最先过世的是殷开山，武德五年征讨刘黑闼时病死于军中。贞观元年，屈突通殁。四年，杜如晦殁。六年，张公谨殁。九年，刘政会殁。十二年，柴绍、长孙顺德、虞世南、秦琼四人殁。十四年，李孝恭殁。十六年，段志玄殁。最后一位就是刚刚去世的魏征。

太宗为二十四位功臣逐一作赞，由阎立本绘像、褚遂良书写，悬挂于凌烟阁内。这就是中国历史上与麒麟阁十一功臣、云台二十八将齐名的凌烟阁二十四功臣。"诗鬼"李贺有诗专写凌烟阁：

男儿何不带吴钩，收取关山五十州。
请君暂上凌烟阁，若个书生万户侯？

男子汉大丈夫为什么不带上锋利的吴钩，去收复那黄河南北割据的关山五十州？请你登上凌烟阁去看看，有哪一个书生能被册封为食邑万户的公侯？

明知侯君集已有谋反之意，却仍将他图形凌烟阁，足见太宗心中还是有杆秤的，是非功过他分得很清楚。凌烟阁中的侯君集是为大唐冲锋陷阵、赴汤蹈火的忠臣侯君集，而凌烟阁外的那个侯君集则是成天牢骚满腹、四处怂恿谋反的奸臣侯君集，是他要着手剪除的隐患。

太宗正准备动手，出事了！不过，这事出得比较邪乎，不是出在危机四伏的京师长安，而是出在遥远的山东齐州（今山东济南）。

太宗第五子、齐王李佑居然谋反了！

05. 太子党覆灭

要反的人还没反，不该反的人却反了。

齐王李佑打小就是个熊孩子，张狂急躁，恣意妄为，不受太宗待见。贞观十年（636年），他被封为齐王，出任齐州都督。

到底是太宗的儿子，随得厉害，李佑也喜欢畋猎，整日怠于政事，出城游猎，祸害得齐州上下怨声载道。齐王长史薛大鼎屡次劝谏无果，只得如实上奏朝廷。奈何太宗不信，反觉得薛大鼎无能，将他革职了事。然后，他给李佑派了一位新长史，正是权万纪。

这些年来不管遭受怎样的打击，权万纪始终不改性格，耿直如一。到任之后，他是一点儿都没给李佑面子，连续犯颜劝谏，还上表太宗，驱逐了李佑的亲信昝①君谟和梁猛彪。李佑浪荡惯了，根本不把权万纪放在眼里，暗中又召回昝、梁二人。都督和长史的关系闹得很僵。

时间久了，李佑在齐州的胡作非为多少也传到了长安。太宗多次降敕斥责。李佑慌了，权万纪也慌了，藩王有罪，长史岂能无过？权万纪可不想步薛大鼎的后尘，就劝说李佑："齐王您要是能改过自新的话，我就入朝为你向圣上说好话！"李佑不肯。权万纪不慌不忙地递给他一份奏章。李佑看了惊出一身冷汗，奏章上写满了他的过错，还能咋办，只得咬着后槽牙同意。

然后呢，权万纪就入朝了，如约向太宗表了态，说齐王一定能悔过自新。太宗很满意，当场勉励了权万纪，却再次降敕齐州，历数李

---

① 昝，音攒。

佑的过错，要求他引以为戒。李佑还以为是被权万纪套路了，恨恨地说道："长史卖我！劝我而自以为功，必杀之。"

从长安回来后，自以为有皇命加持的权万纪对李佑越发不客气，先是没收了李佑全部的猎犬猎鹰，不让他出城打猎，继而又严禁昝君谟、梁猛彪与李佑相见。

二月的一天夜里，有人往权万纪府上扔了几块石头。已成惊弓之鸟的权万纪认为这是昝君谟、梁猛彪二人意图谋害自己，他与齐王已到了最后摊牌的时刻。他先发制人，一面差人逮捕昝、梁二人，一面飞书长安，弹劾李佑左右亲信。兹事体大，太宗立派刑部尚书刘德威前往齐州调查。调查属实。太宗大怒，召权万纪、李佑入朝。

不承想，昏了头的李佑居然命亲信燕弘亮、燕弘信兄弟半路拦截了权万纪，并将其残忍肢解。

私杀朝廷命官这可是死罪，李佑自知不容于国法，一不做二不休，索性决定起兵作乱。他打开府库，封赏文武，修缮城楼。齐州人民不支持他，好多官员丢下家人，缒城而出。

李佑叛乱的消息震惊了朝野。太宗既惊讶，又伤心，于三月初六敕命兵部尚书李勣率军讨伐。李勣大军尚未抵达，齐州内部生乱，兵曹杜行敏发动兵变，生擒李佑，诛杀燕氏兄弟，平定了叛乱。

随后，李佑被赐死于长安内侍省，其党羽44人一同被杀。

此外还有一人，复姓纥干①，名承基，是李佑养的一名杀手。本来呢，已经对他定罪完毕，"当死"。但纥干承基为了保命，露出了他的另一个身份——太子李承乾的专用杀手，还说要向圣上检举一个更大的阴谋。

很快，有司就将纥干承基的供述呈了上来。太宗看后如遭晴天霹

---

① 纥干，鲜卑姓氏。

雳，久久不敢相信自己的眼睛：他下决心力保的太子李承乾，他的第一个儿子，居然组织了一个阴谋集团，打算发动政变推翻他。

据纥干承基供述，侯君集的女婿贺兰楚石是太子千牛卫，经贺兰楚石牵线搭桥，心怀怨望的李承乾与侯君集一拍即合。在侯君集的撺掇下，李承乾决心不再任由摇摆不定的父亲掌握自己的命运，他要发动政变，将似有似无的可能变成确定的现实。侯君集甚至举着双手对李承乾说："此好手，当为殿下用之。"

很快，汉王李元昌、驸马都尉杜荷（杜如晦次子，尚太宗第十六女城阳公主）、洋州刺史赵节（高祖第五女长广公主之子）、左屯卫中郎将李安俨等人勾连聚合在李承乾麾下。所有同谋者"皆割臂，以帛拭血，烧灰和酒饮之，誓同生死"。但他们还没来得及举事，齐州李佑反了，朝廷高度紧张，太宗也无暇分身，政变计划只得暂缓。

纥干承基还说了，当李承乾听说李佑于齐州举兵的消息后，曾亲口对他说："从东宫西墙到大兴宫不过才二十步，齐王那点儿小动静怎么能比得上咱们要办的事儿呢?!"

蠢人就是蠢人，太宗都已经昭告天下决不易储了，李承乾居然还要政变，简直就是愚蠢他妈给愚蠢开门——愚蠢到家了。

李承乾谋反集团被一网打尽。李承乾对纥干承基的所有指控供认不讳。

太宗悲恸欲绝，他好恨啊，他恨造化弄人，非要他们兄弟之间的悲剧在他的儿子们身上重演，他恨侯君集怂恿煽动，他恨李承乾愚蠢透顶，他更恨自己枉称英武，竟被群小蒙蔽至今。他问大臣们："将何以处承乾？"

整个朝堂静得可怕，房玄龄、长孙无忌等重臣均缄口不言，这问题太难回答了。如果说从轻发落，万一陛下想重罚呢，会不会疑心自己是李承乾一党？说从重处理吧，可人家毕竟是父子，万一当父亲的想轻饶儿子呢？

沉默良久，还是一名中层官员——通事舍人来济打破了僵局："只要陛下不失为慈父，太子能够寿终正寝，这就够了！"这句话说得很有水平，正对太宗的心思，随即下敕将李承乾废为庶人。

然后是汉王李元昌。太宗的意思，好歹是先帝的儿子、自己的弟弟，起码留他一条性命。但这次群臣高度一致，坚决要求按法律办事，将李元昌明正典刑。太宗无奈，只得赐李元昌自尽。

紧接着就该侯君集了。太宗亲自讯问他。侯君集咬死不承认谋反。太宗就烦了，你且看这是谁。少顷，一人上殿，侯君集大惊失色，竟然是他的宝贝女婿贺兰楚石。原来，他刚被捕，贺兰楚石就跑到太宗面前检举他的罪过了，还交出了他和李承乾往来的全部书信。铁证如山，侯君集终于低下了头。太宗问大臣们："侯君集有功于大唐，我不想杀他，可以吗？"李元昌都杀了，侯君集还能例外？群臣均以为不可。于是，太宗哭着对侯君集说："与公长诀矣！"侯君集"自投于地"，悲不自胜。

李安俨早年是隐太子李建成的属官，"玄武门之变"时拼死搏斗，太宗觉得他很忠诚，委以左屯卫中郎将的重任。奈何这位老兄每次都选错，老天爷也救不了他。

赵节是长广公主的儿子。其父死后，公主改嫁杨师道。案发后，任中书令的杨师道暗中为赵节开脱，因此获罪，被降为吏部尚书。太宗亲自登门向姐姐解释。公主哭着为儿子求情，甚至不惜跪地磕头。但太宗一边回拜一边哭着说："赏不避仇雠，罚不阿亲戚，这是天下至公之道，连朕也不能违反！阿姐，我只能对不起你了！"

不久，侯君集、李安俨、赵节、杜荷等人同日被杀。临刑前，侯君集提了一个要求，希望太宗念在他有功于大唐，给他留下一个儿子。太宗同意了，没有灭侯氏家族，将侯君集的老婆孩子流配岭南。

一代名将落得如此下场，虽说是咎由自取，但也确实挺悲情的！在抄没侯君集府邸时，有司发现了两个美人，肌肤吹弹可破、光洁似雪。一问，这两个美人长到现在只喝人奶，不吃别的东西。嗯，侯君集还挺会享受的！

李安俨被杀后，他九十多岁的父亲无人赡养，太宗安排两名女奴伺候老人家。

受杜荷牵连，其长兄莱国公、慈州刺史杜构被罢官夺爵，流死岭南。在杜如晦死后13年，杜氏家族退出了大唐的政治舞台。

与杜构一同流放的，还有将作少监李德謇①。杜家的脸面丢了就丢了，毕竟杜如晦已经没了，眼不见心不烦。但李德謇他爸李靖还在，求李靖的心理阴影面积。

帝师中，除孔颖达和于志宁因为经常上疏告状受到太宗嘉勉外，其余如张玄素、赵弘智、令狐德棻均被扣上了"不能谏争"的帽子，免为庶人。纥干承基告密有功，加官晋爵。

干活的被免官，告状的受嘉奖，告密的还加官晋爵，苍天无眼，太宗无眼！

06. 李青雀出局

李承乾倒台，可把李泰乐坏了，储位已空，舍我其谁？外朝的岑文本、刘洎等人纷纷劝说太宗册立李泰为太子。太宗也有此意，并且

---

① 謇，音简。

已私下答应李泰,要让他当太子。

正在这个节骨眼儿上,一向闷不吭声的长孙无忌却站了出来,提出了另一个人选——老九晋王李治。长孙无忌说了,晋王仁善,大唐的基业交给他准没错。

李治字为善,人也确实善到了极点。他还有个小名叫雉奴,翻译成现代汉语就是鸡仔儿。李治很小的时候,著作郎萧德言教他《孝经》。一次,太宗考他:"你给我概括下这本书的精要。"李治对曰:"夫孝,始于事亲,中于事君,终于立身。"太宗听了很开心:"很好,如果你能做到这几点,足以侍奉好父亲和兄长,就是一个合格的臣子了!"从上面的对话中,我们既可以看出李治这个人的本质,也能看出太宗最初给他的定位是侍奉好父兄,做一个好臣子。

当长孙无忌推出李治时,包括太宗在内都蒙了,这俩不都是你亲外甥嘛,犯得着这么干吗?

他们不懂,对长孙无忌而言,太犯得着了!父亲早逝,家族衰落,长孙无忌从小吃了不少苦,所以他心中一直有一个执念:一定要振兴长孙家族。他的起点很高,既是太宗的铁杆发小,又是大唐国舅,年纪轻轻就成了国之重臣。奈何前有房玄龄排挤,后有妹妹弹压,长期处于位高无权的境况。不过话说回来,长孙无忌倒也不那么着急,因为他有一个谁都无力逆转的天然优势——他太年轻了。这一年他才49岁,比房玄龄小15岁,比萧瑀小19岁,已经位列三公了。只要他好好活下去,将来必是大唐第三朝的重臣。

所以,究竟是李泰还是李治即位,对长孙无忌的意义就大了去了。李泰颇类太宗,英明聪睿,很有主见。况且,他身边已经有一个成熟且庞大的政治集团了。他若是即位,得势的只会是岑文本、刘洎、马周、杜楚客、韦挺这些人。届时,长孙无忌只会被高高供起来,成为政治上的边缘人。但李治即位就不同了:一来这孩子天性软弱，是出了名的大善人、老实人；二来他没有政治集团，他只有他自己。所以，只要长孙无忌鼎力支持他，将他扶上皇帝宝座，那么未来的朝廷就一定是长孙无忌说了算。

原本只有一个选项，现在冒出了个B选项。对于李治的仁孝，太宗是非常认可的，但他又觉得李治仁慈过了头，有些软弱了，当不了一个好皇帝。因此，他仍旧倾向于李泰。

不过，这帝位注定就是李治的。关键时刻，有人帮了他的大忙。谁啊？正是他的亲哥哥李泰。

听闻舅舅力挺老九，李泰急匆匆地入宫，一见面就扑到太宗的怀里，信誓旦旦地说："父皇，我只有一个儿子，等我死的时候，我会杀了他，传位给九弟。"这话可把太宗给感动坏了，第二天对诸位大臣说起这件事时，仍难以抑制感动之情："人谁不爱其子，朕见其如此，甚怜之。"

这时，褚遂良却在旁边说了一句："陛下你这话犯了一个很严重的错误，你一定要三思而后行，决不能糊涂啊！你真相信魏王当了皇帝后，将来会杀了自己的儿子，传位给晋王？之前你立承乾为太子，又过分宠爱魏王，他们兄弟相争，才闹到眼下这步田地。前事不远，足以为鉴。陛下如果要立魏王，一定要把晋王先安置好！"

褚遂良在这个节骨眼儿上说这番话，用意太值得玩味了。表面上他不持立场，可以立魏王，但要先把晋王安顿好，听着没毛病啊，很妥帖很周到。但实际上，将问题抛出来的这个动作，就已经表明了他的政治立场。如果他支持李泰，完全没必要说这番话。

褚遂良之所以支持李治，主要是出于自身利益的考量。李泰如果为帝，将来他褚某人只能靠边站，他已经为此焦虑很久了。但自从长孙无忌提出册立李治后，他眼前一亮，意识到这是他翻盘的绝佳机会。长孙无忌是国舅，他在太宗心目中的分量非比寻常，如果自己和他联手支持晋王，说不定能逆转乾坤。所以，他才说了这番话。

这番话太关键了，犹如醍醐灌顶。太宗听了，潸然泪下："我不能尔！"从这一刻起，他册立李泰的心思其实就动摇了。

紧接着，急不可耐的李泰又办了一件蠢事，居然跑去吓唬亲弟弟："九郎你和七叔交好，七叔如今被赐死了，你难道不怕吗？"李治本来胆子就小，吓坏了，"忧形于色"。太宗看他满脸愁容，问他怎么了。他不说。太宗一再追问，李治才把李泰说的话告诉了父亲。那一瞬间，太宗的心都碎了，泰儿心机居然如此深重？！然而，即便到了这个时候，他还是没有下定最后的决心。

不过，没关系，有人献上了压倒李泰这头骆驼的最后一根稻草。

这日，太宗去探望幽禁中的李承乾，问他为什么谋反。此时的李承乾无比坦荡："父皇，我已经是太子了，还有啥可求的？李泰一党想夺我的位置，我为了自保，听信了奸人的话，才沦落到这个地步。如果你让李泰当太子，那就正好落入了他的算度内！"

此言一出，李泰彻底出局。

07. 雉奴成渔翁

太宗亲御两仪殿，让群臣退出，只留下李治、长孙无忌、房玄龄、李勣和褚遂良五人。

他伤心地说："我三个儿子一个弟弟干出这种事，我活着还有什么意思？！"说罢，竟将头撞向床头。长孙无忌等人慌忙上前拦住。太宗都快疯了，又抽出佩刀想自杀。褚遂良眼疾手快，上前夺下佩刀，转手却递给了李治。

太宗明白了，褚遂良也是支持李治的，便说道："我欲立晋王。"长孙无忌等的就是这句话，马上接道："谨奉诏，有异议者，臣请斩之！"

拢共三个嫡子，李承乾和李泰都出局了，李治又在场，这还用说嘛，只能是他了。房玄龄和李勣纵然另有所属，也不敢作声了。

太宗对李治说："你应该谢谢你舅舅！"李治这个傻憨憨，竟然真的拜谢了长孙无忌。太宗接着说："你们几个和朕已经达成了一致，只是不知道群臣是什么意思？"还是长孙无忌接话："晋王仁孝，天下归心。不信的话，陛下可以问问百官，如果有人和我们几个意见不一样，我万死不辞！"

于是，太宗转临太极殿，召见朝中所有六品以上文武官员，问他们："承乾所为悖逆，泰儿为人凶险，都不能立为储君。朕想再选一个储君，大家畅所欲言。"皇帝已经和重臣会前酝酿完了，傻子这时才敢提别的人选呢，百官只能齐声高呼："晋王仁孝，当为嗣。"

太极殿的事情刚刚发生，李泰就知道了，他不甘心，率一百多名随从入宫，想做最后的争取。但太宗已经不给他机会了，敕令禁军拦截，将李泰幽禁于北苑。

四月初七一大早，太宗亲临承天门楼颁敕，册立晋王李治为皇太子，大赦天下，饮宴三天。

高明和青雀争来争去，争得头破血流、两败俱伤，结果反倒是对皇位毫无兴趣的雉奴捡了漏。命乎？运乎？

太宗如释重负，不无欣慰地对重臣们说："我如果立泰儿，别人就会看到太子之位通过经营运作是可以得到的。从今往后，如果太子无道，有藩王从旁窥视，两个人都不用，这是一条规矩，后世子孙都得遵循。如果李泰当上皇帝，承乾和治儿肯定没有好下场。反之，治儿上台，承乾和泰儿都不会有事儿！"

他想得可真美！他是对得起父子情深了，却对不起李唐江山，没有李治，哪儿来的武则天?!

初十，太宗又以长孙无忌为太子太师，房玄龄为太子太傅，萧瑀为太子太保，李勣为太子詹事，左卫大将军李大亮领右卫率，前任太子詹事于志宁、中书侍郎马周为左庶子，吏部侍郎苏勖、中书舍人高季辅为右庶子，刑部侍郎张行成为少詹事，谏议大夫褚遂良为太子宾客，配齐了李治的东宫班底。

对李承乾、李泰的处置接踵而来。

李承乾的情况简单，一来已经定罪，二来其党羽早已被团灭，直接发黔州（今重庆彭水）安置了事。但是，有一活一死两个人，却成了太宗泄愤的对象。

一活，就是交州（今越南河内）刺史杜正伦。当初，太宗让杜正伦兼任李承乾的太子左庶子时，曾叮嘱他："如果承乾疏远贤良，狎昵群小，你先教育他，如果他不听，你再告诉我。"说白了，就是让杜正伦盯梢李承乾。杜正伦严格落实首长指示，就任后屡屡劝谏，却不为李承乾所接受。实在没辙了，他脑子一发昏，竟把太宗的原话告诉了李承乾。这李承乾听了就不干了，马上"抗表以闻"，父皇，您真说过这话？搞得太宗很没面子，将杜正伦一贬再贬，一直贬到河内。现在李承乾谋反案发，查出侯君集曾送给杜正伦一条金腰带，太宗怒上加怒，又将杜正伦贬到更远的今越南河静。

杜正伦被贬，还连累了他已故的伯乐魏征。当初，魏征最看重两个人——文臣中的杜正伦和武将中的侯君集，屡屡向太宗推荐。太宗就纳闷了，怎么你推荐的人都如此不堪，难不成你老魏头也结党营私不成？然后，又有人进言说，魏征病倒后将自己所写的全部谏辞统统交给了起居郎褚遂良，让褚遂良秉笔直书。这可捅着太宗的腰眼儿了，马上下令取消衡山公主与魏叔玉的婚约，不解气，又让人把他手书制成的魏征墓碑给推倒了。

伴君如伴虎，皇帝翻脸真是比翻书还快。

李泰的情况就比较复杂了，他是有错而无罪，不能以对待罪人的方式对待他。太宗褫夺了他的各类官职，并将其封爵由魏王降为顺阳王，软禁于均州（今湖北十堰郧阳）。他向群臣们解释道："父子之情，出于自然。朕今与泰生离，亦何心自处！然朕为天下主，但使百姓安宁，私情亦可割耳。"并举着李泰的表奏说："泰诚为俊才，朕心念之，卿曹所知；但以社稷之故，不得不断之以义，使之居外者，亦所以两全之耳。"但对李泰的党羽，他就没这么客气了。除岑文本、刘洎、马周、张亮四人外，其余魏王党人均遭到清算。杜楚客免死废为庶人。崔仁师由给事中降为鸿胪少卿。韦挺由行黄门侍郎降为太常卿。其余党徒"皆迁岭表"。

尘埃落定了吗？不好意思，还没有！

在太宗的14个儿子当中，李治长得最像他，高大威猛，看着的确很有帝王气概。但知子莫若父，老父亲太宗是最了解这孩子的，看着是那么回事，其实就是个银样镴枪头。过了半年，他就后悔了，忧心忡忡地对长孙无忌说："你劝我立雉奴，可雉奴太懦弱了，我怕他守不住我李家的江山，唉，这该怎么办呢？"其实，他心里憋得慌，对谁说都可以，唯独不应该对长孙无忌说，尤其是不应该说下面这句话："吴王李恪特别像我，我想改立他，你觉得怎么样？"

长孙无忌听了暗暗吃惊，他苦心孤诣这么多年，当然不能坐视外甥的皇位被外人夺走，"固争，以为不可"。

太宗倒也直接："你反对是因为李恪不是你的外甥吧？"

长孙无忌当然不承认，侃了一通大道理："太子仁厚，真守文良主；储副至重，岂可数易？愿陛下熟思之。"

其实，太宗也就是发发牢骚而已。一国之君，金口玉言，怎能出尔反尔？李治刚当上太子才几个月，又不曾犯错，突然换他，何以服众？天下人又会怎么看他李世民？行吧，好赖都只能是雉奴了。

他只能告诫李恪："父子虽然是至亲，但儿子如果犯了罪，也要伏法。当年汉武帝已经立昭帝为太子，燕王刘旦不服，想作乱，结果被霍光给除掉了。你要引以为戒啊！"

只是他无论如何都想不到，就因为今日和长孙无忌闲聊了这三五句，居然间接害死了李恪。

08. 看看起居注

太宗一直想看起居注，现在受了夺嫡之争的刺激，越发想看了。

什么是起居注呢？说白了就是帝王日记。只不过记录者不是帝王本人，而是起居郎，并且所记内容限于皇帝在公务活动中的言行。在所有公务活动场合，皇帝身边均有两名起居郎随侍，一人负责记事，一人负责记言。某年某月某日，皇帝办了什么事儿，说了什么话，记得一清二楚。不难想象，起居注必定是一本难看的流水账，但这本流水账却是历朝历代撰修国史的第一手材料。

关于起居注，有一条为历代所沿袭的不成文规则：帝王不得翻阅自己的起居注。你可以看前任的，后任可以看你的，但你就是不能看自己的。这是为了防止帝王干预记史，维护秉笔直书的史家传统。

历朝历代绝大多数皇帝根本想不到看起居注，因为他们都觉得自己高大上、伟光正，怎么可能办错事，怎么可能说错话？还有一小部分，想看又不敢看，终究没看，因为哪怕仅仅是表露出想看的想法，都会招致士大夫们的口诛笔伐，而且也会给世人留下这样的想法：没干啥见不得人的事，你干吗非看不可?!

李世民是个例外，非要看，他太在乎历史会怎么评价自己了。贞观十六年四月，他问起居郎褚遂良："你天天不停地记，朕能看看吗?"事关原则，褚遂良回道："陛下，秉笔直书是史家的职责，臣从来没听说有哪个帝王要看自己的起居注的!"太宗嘴一秃噜，把实话说了出来："朕有办得不对的地方，爱卿你也会记下来吗?"一旁的刘洎是初唐出了名的直肠子快嘴，直接补刀硬怼："即便褚遂良不记，天下人也都会记。"太宗当时被怼得很难受，就说了两个字儿："诚然。"

现在他更想看了，非看不可！不过，这次他不找褚遂良了，直接去问主管监修国史的房玄龄："历代史官记载的国史为啥不给皇帝看?"他特意说了一个上位概念——国史。

房玄龄多聪明一人儿呀，回答得很委婉也很有水平："史官不虚美，不隐恶。君王如果看到国史，一定会生气。所以，史官不敢给君王看。"

一般帝王碰到这话，就不好再说什么了。但太宗铁了心要看："我和前世帝王不一样，之所以想看国史，是为了从历史中学习经验、吸取教训，更好地服务苍生。这样吧，你可以弄个精简本，给朕看看!"这下房玄龄就不好说什么了。

然后，谏官们就坐不住了，这么不成体统的事，别人不说，他们得说呀！但他们说了也没用，太宗铁了心要看。

只能给他看了！可是，总不能将原原本本的起居注拿给他看吧。比如，李渊的起居注肯定有这样的记载：武德九年六月四日，秦王于玄武门杀太子、齐王，命尉迟敬德逼宫。所以，必须得改。于是，房玄龄组织人手将高祖和太宗的起居注整理成了《高祖实录》和《今上实录》，献给太宗。不难想象，为了不让太宗上火，他们必然进行了大量篡改和粉饰。

这类篡改集中体现在三个方面：

一是抹黑李建成的人品，否定他的能力和贡献。

受《高祖实录》《太宗实录》的影响，《新唐书》说李建成："荒色嗜酒，畋猎无度，所从皆博徒大侠。"这个就太假了！荒色？怎么个荒法，是逼良为娼了，还是强抢民女了？荒了多少个女人？只字未提。说建成、元吉与张婕妤、尹德妃勾搭成奸。请问谁看到了，此人姓甚名谁，家住何处，官居何职？这种抹黑连司马光大爷都看不下去了："或言蒸于张婕妤、尹德妃，宫禁深秘，莫能明也。"嗜酒？怎么个嗜法，用勺子舀着喝，还是捧着坛子喝？多久喝一次？一次能喝多少？还是没有提。至于"所从皆博徒大侠"，更是让人啼笑皆非。试问王珪是博徒吗，魏征是大侠吗？李建成若不是个东西，王珪和魏征这样的人杰怎么会跟他？

关于李建成其人，温大雅在《大唐创业起居注》中明确写道："太子及王（指太宗）俱禀圣略，倾财赈施，卑身下士，逮乎鬻缯博徒监门厮养，一技可称，一艺可取，与之抗礼，未尝云倦，故得士庶之心，无不至者。"

李建成的能力也被"资简驰"一语概括。其实，他的能力即便不及太宗，也绝不会差到无能的程度。近代史学大家陈寅恪就看得很透："然高祖起兵太原，李建成即与太宗各领一军。及为太子，其所用官僚如王珪、魏征之流即后来佐成贞观之治的名臣，可知李建成亦为才智之人。至于李元吉者，尤以勇武著闻，故太宗当日相与竞争之人绝非庸懦无能者。"

贞观史官屈服于太宗的无形压力，硬生生将李建成塑造成了道德水平低下的无能之辈。此辈窃据大位，不利苍生。所以，吾皇夺位是牺牲小义、成全大义，是为了江山社稷、黎民黔庶的正义之举。

更何况太子之位本来就是吾皇的！比如，《资治通鉴》载："及为唐王，将佐亦请以世民为世子，上将立之，世民固辞而止。"又载："世民功名日盛，上常有意以代建成。"在太宗饮酒"中毒"时，又载李渊语："首建大谋，削平海内，皆汝之功。吾欲立汝为嗣，汝固辞；且建成年长，为嗣日久，吾不忍夺也。"凡此种种，都是为了给后人留下太宗夺位合情合理又合法的观感。

二是贬低李渊的能力和贡献。本来是因为李渊所以李世民，结果硬是改成了因为李世民所以李渊。

三就是对玄武门之变的描述和定性。

太宗早年其实是想把玄武门之变那事彻底抹掉，可老天爷偏给他来个现世报，也让他体会了一下亲儿子斗得头破血流的感觉。说到底，李承乾、李泰这么斗还不是学他吗？太宗在世人面前真是丢脸丢到家了。我相信他肯定在某个失眠的夜晚给老爹李渊唱歌诉衷肠：爹，我吹过你吹过的风，这算不算相拥？我走过你走过的路，这算不算相逢？关键是被儿子们这么一搞，玄武门之变那事就遮不过去了。

房玄龄他们还是比较上道的，在第一稿里提及玄武门之变时"语多微隐"。可这事儿已经遮不住了，所以太宗看过后就说了："昔周公诛管、蔡以安周，季友鸩叔牙以存鲁。朕之所以，亦类是耳，史官何讳焉！"当年周公为了周朝江山，杀了兄弟管公和蔡公；季友为了鲁国社稷，毒死了弟弟叔牙。朕发动玄武门之变，出发点和他们是一样的，你们不用忌讳。说来说去其实就一个意思：该记还是要记的，但你们要注意把握基调，按朕定的调子来！

我也不是成心给李世民上眼药，人家周公和管叔、蔡叔，季友和叔牙，都是异母兄弟，而他和建成、元吉却是一母同胞的亲兄弟，这是本质上的区别，大了去了！

其实，太宗这些小心思都是脱了裤子放屁——多此一举。刘洎说得对："借使遂良不记，天下亦皆记之。"于是，我们在《旧唐书》里仍会看到这样的记载：

> 四日，太宗将左右九人至玄武门自卫（请注意这个措辞）。高祖已召裴寂、萧瑀、陈叔达、封伦、宇文士及、窦诞、颜师古等，欲令穷覆其事。建成、元吉行至临湖殿，觉变，即回马，将东归官府。太宗随而呼之，元吉马上张弓，再三不彀。太宗乃射之，建成应弦而毙，元吉中流矢而走，尉迟敬德杀之。

09. 悔婚薛延陀

储君之争尚未料理完毕，薛延陀遣使来提亲了。

列位看官可能要问了，薛延陀怎么忽然就来提亲了，招呼都不打一声？别价。

夷男虽然彪，但还没有松赞干布那么彪，招呼已经打过了，而且太宗也同意了。

诺真水之战后，夷男进行了深刻反思，胳膊终究拧不过大腿，薛延陀与强大的大唐为敌是不明智的。如今突厥回归漠南已成事实，他只能退而求其次，考虑考虑如何压制这个宿敌了。

夷男的担忧不无道理，突厥称霸大漠南北一百多年了，对各杂姓部落仍然具有强大的威慑力和习惯性的吸引力。一旦突厥的狼头纛竖稳了，就会像一块巨大的磁铁一样，把各杂姓部落吸过去。此消彼长，薛延陀就会衰落。怎么破呢？思来想去，夷男想到了一个好办法：和亲。

与大唐和亲，好处多多：一来可以化敌为友，化干戈为玉帛，一举解除大唐巨大的政治军事压力，为薛延陀走向强大创造良好的国际环境。二来突厥那么煊赫，都没能娶到大唐公主；如果薛延陀娶到大唐公主，自然压突厥一头，各杂姓部落就不会离散。三来一旦和亲，就可以名正言顺地向大唐要这要那，获得大量的物资和技术输入。

想到这么多的好处，夷男又后悔了，后悔没有早日提出和亲，还能咋的？抓紧办吧！

贞观十六年（642年）八月，一个庞大的薛延陀使团抵达长安，向大唐献上良马三千匹、貂皮三万八千张以及一面玛瑙镜，并郑重提出和亲，而且特别声明一定得是真公主，高祖的女儿或当今圣上的女儿都可以。

于大唐而言，对待薛延陀无外乎两种办法，一种是武力击灭，一种是羁縻遏制。前者显然成本巨大，而且结果还不好说。因此，唐廷内部的主流意见始终是后者，一手怀柔，一手遏制。

群臣均认为应当接受薛延陀的求婚。太宗当然知道夷男的小九九，但两相对比，和亲的确比交兵更稳妥更合适。不过，就情感而言，他心里有些疙疙瘩瘩。因为，大唐开国至今还没有一位真公主出嫁外番，弘化公主和文成公主都是宗室女。一想到自己的姐妹或者女儿远嫁塞北荒蛮之地，为蛮酋所蹂躏，他就浑身不舒服。但再一想到契苾何力，他就狠下心来，同意和亲了。

诺真水之战后，大唐与薛延陀正式闹掰，降唐的铁勒诸部就有些不安分了。说到底，他们终归是铁勒人，关键时候还是会站到薛延陀一边。情报显示，安置于甘、凉二州的契苾部似有叛唐北归之意。太宗就派契苾何力回去安抚旧部。

契苾何力回去以后，才发现情况远比他预料的还要糟糕：他的母亲和弟弟已经北上郁督军山拜谒夷男去了，全部落一心要跟着薛延陀走。他很生气："皇帝对咱们契苾人不错，你们为什么要谋逆呢？"可是部众不听，还劝他一同北上。契苾何力不同意："我弟契苾沙门是个孝子，可我契苾何力是个忠臣，我绝对不会和你们一起作乱的！"部众不由分说，将他挟持到了漠北。

面对铁勒一哥夷男，契苾何力表现得相当豪横，"箕踞"①，摆明了就是不认夷男这个铁勒可汗。夷男强忍不快，责问他为什么要背叛自己的民族，委身唐人？契苾何力却面向长安的方向大呼："我是大唐烈士，不可受辱，天地日月，愿知我心！"说罢，拔出佩刀，就把左耳割了下来，以示决不叛唐。夷男气坏了，你还是不是铁勒人了？当场就要砍了契苾何力。他老婆把他拦住了，毕竟是契苾部的老大，你杀了他，契苾部的人怎么想？

契苾部叛逃的消息传至长安，太宗当时就断言："这肯定不是契苾何力的意思！"诸大臣可不这么认为："戎狄都是一路货色，契苾何力到了薛延陀，如鱼入水。"太宗摇头不已："不会的，契苾何力心如铁石，一定不会背叛我的！"不久，薛延陀的使者来了，太宗问起契苾何力的情况。草原人比较实在，前前后后一五一十都说了。太宗当场洒泪，对左右说："契苾何力怎么样？朕是很了解他的。"

这样的忠臣，必须得把他要回来！十月，太宗派兵部侍郎崔敦礼出使薛延陀，同意将自己的第十五女新兴公主下嫁，条件是放归契苾何力。夷男喜出望外，立即释放了契苾何力。

这不，经过大半年的准备，现在夷男派人来提亲了，拟献上马

---

① 箕踞，两脚张开，两膝微曲，坐着形状像箕，在古代是一种极其不雅的坐姿。

五万匹、羊十万只以及牛驼万头作为聘礼。唐廷这边也准备履约，着手安排新兴公主出嫁事宜。

谁知，契苾何力突然反对："我朝绝对不能和薛延陀和亲。"太宗说："朕已经答应夷男了，怎么能食言呢?!"契苾何力说："臣不是要陛下马上回绝，而是希望陛下拖一阵子。我们可以让夷男亲自来迎亲，他肯定不敢来，这样我们就有理由取消和亲了。夷男性情刚戾，咱不跟他和亲，他就坐不稳汗位，不出一两年肯定就病死了。他的两个儿子一定会争夺汗位，到时候我们取薛延陀易如反掌！"

群臣大多持反对意见，陛下，聘礼咱都收了，悔婚太不厚道了。但太宗终究还是听了契苾何力的。说到底，他并不愿意出嫁公主。然后，他就开始套路夷男了，先是要求夷男亲自到灵州迎亲，还说他也会去。夷男居然答应了。太宗又生一计，遣使说准备在今年某月某日前在边境接收聘礼。夷男为了和亲，真是豁出去了，横征暴敛各部，才凑齐了聘礼。可时已入冬，牲畜横穿大漠，由于缺水缺草，不仅近一半死在了途中，而且未能按时抵达。太宗要的就是这个效果，借口夷男没有如期履约，取消灵州之会，解除和亲之约。

被套了这么大的一个路，夷男该炸了吧？不，他没有！有可能他并未意识到太宗在涮自己，也有可能是他忍住了，原先不吃亏的时候都打不过，现在吃了这么大一个亏，就更打不过了。得亏他忍住了，要不然太宗定会借机灭了薛延陀。

太宗这么涮夷男，可能也和他受储君之争的刺激有关，魏征的墓碑他都能砸了，还会在乎一个夷男吗？薛延陀没给他泄愤的机会，他就盯上了另一个目标：东夷高句丽。

第十章 东征高句丽

01. 半岛铁盒

欲了解高句丽，须先了解半岛之历史。

据司马迁《史记》所载，周武王伐纣灭商后，商朝宗室箕①子率五千商民一路东逃至今朝鲜大同江流域，建立了"箕子朝鲜"。汉初刘邦诛杀异姓王，燕国大将卫满率千余人逃亡箕子朝鲜，在站稳脚跟后取而代之，又建立了"卫氏朝鲜"。公元前107年，卫氏朝鲜为西汉所灭。汉朝于其地设置乐浪、玄菟②、真番、临屯四郡，将辽河③以东的今辽宁、吉林二省部分地区及半岛北部纳入了大汉版图。

汉室衰微后，对辽东地区逐渐失去控制。在这片广袤的土地上，生活着契丹、奚、靺鞨、扶余、沃沮、东濊④等多个民族。公元前37年，扶余国⑤王子朱蒙为兄弟所不容，从吉林跑到了辽宁，至玄菟郡高句骊县（今辽宁抚顺新宾县）建国，故称"高句骊"，后逐渐演变为"高句丽"。公元前8年，他被汉廷封为侯爵。彼时的高句丽国受

---

① 箕，音机。
② 菟，音图。
③ 辽河在汉代以前称句骊河，汉代称大辽河，五代以后称辽河。
④ 濊，音灰。
⑤ 扶余国，又作"夫余国"，是由扶余人在今朝鲜半岛北部与我国东北地区建立的一个国家。

玄菟郡管制，说是个国，其实就是几个村。公元12年，王莽发兵攻杀朱蒙。从此，高句丽开始与中原王朝作对。

三国两晋南北朝时期，大陆上群雄争霸，少有人染指辽东。高句丽趁势崛起，向四面鲸吞蚕食，逐渐征服了辽河以东的大部分地区及汉四郡故地，一跃而成为东北亚头号强国，还将都城迁徙到了平壤。大约从公元5世纪起，中原人逐渐将高句丽简称为高丽。实际上，这里的"高丽"和后来的"高丽王朝"完全是两码事。本书唯实，依旧称高句丽。

向北拓展到白山黑水后，高句丽转头向半岛南部扩张。有人问了，为啥不向西啊？原因很简单，大陆上的人太彪了，无论是草原荒漠上的游牧民族，还是平原丘陵地带的农耕民族，都很彪，他们不向东，高句丽人就已经谢天谢地了。

半岛南部生活着当地土著，其人种构成与高句丽完全不同。史学界通常认为，这些土著才是朝鲜民族的直系祖先。经过一轮又一轮的整合，南部形成了三个大的部落联盟，分别叫马韩、辰韩、弁韩，统称"三韩"。后来，百济取代了马韩，新罗取代了辰韩，伽倻取代了弁韩。三国中，伽倻最弱，百济最强，新罗居中，百济和新罗长期争霸。

当强大的高句丽人南下后，鸡贼的新罗人就拜了高句丽的码头，留百济独力抵抗北方野蛮人的入侵。高句丽和百济缠斗百年，互有胜负，但最终还是高句丽占了上风。眼瞅百济要完了，已经蚕食了伽倻的新罗忽然提出捐弃前嫌，一起对付高句丽。百济当然很开心。不承想新罗求和是假，趁百济不备，夺取了半岛南部最富庶的汉江流域。百济王气不过，发兵攻打新罗，结果吃了败仗，自己也被干死了。从此，半岛南部东半拉的新罗和西半拉的百济就结下了解不开的仇怨。百济北交高句丽，东连倭国，专与新罗为敌。

半岛是个铁盒，铁盒里奏着高句丽、百济与新罗的三重奏。三国你搞我我搞你，搞来搞去谁也搞不死谁，形成了三足鼎立的局面。朝鲜史学家师法中国，将这段历史时期也称为"三国时代"。至于三国的实力对比，我们可以做个类比，高句丽相当于曹魏，百济相当于孙吴，而新罗就是蜀汉了。

他们三家掐啊掐，掐着掐着，大陆上一声炮响，伟大的隋王朝诞生了。一直受欺负的新罗比较机灵，"岁遣朝贡"，和隋朝打得火热。高句丽王高元是个人物，于开皇十八年（598年）发兵入侵辽西，为隋军所击退。隋文帝震怒，发水陆大军三十万讨伐高句丽。但陆军赶上了雨季，道路泥泞，粮草不济，行至辽河时已无力投入战斗；海军赶上了大风，船多沉没，死者十之八九，东征失利。隋炀帝即位后，兴兵百万，三讨高句丽，或因指挥不当，或因后院起火，或因上当受骗，不仅铩羽而归、大损国力，还激化了内部矛盾，直接诱发了隋末民变。

其实，无论政治、经济、军事、人口还是资源，高句丽都远远弱于隋朝，之所以能扛住隋朝的四次征伐，是有原因的。辽东地区和半岛北部多山，高句丽总结历史教训，依山修建了很多山城。平日里他们在平原地带的城池居住生活，一旦有外敌入侵，能打则打，打不过就躲入附近的山城。山城内储备有大量粮食和战备物资，且据险临下，足够长期坚守。敌军久攻不下，当然可以绕过山城，但这样一来他们随时面临着被后方山城袭击的风险。根据史料记载，高句丽在辽东地区总共修建了约200座山城，可以说是星罗棋布。至今，辽宁境内仍留存有68个高句丽山城遗址。靠着这种以小博大的防御性战略思想，高句丽足足撑了七百年，算是相当了不起了。

不过话说回来，高句丽虽然维护了尊严，但也付出了沉重的代价。隋朝毕竟太强大了，经常性的征讨使高句丽的国力遭到严重削弱。

武德元年，高句丽一代雄主高元病殁，其弟高建武即位。武德四年（621年），唐廷击灭郑、夏二国，高建武看到了大唐的潜力，马上遣使入贡。李渊试探性地致信，要求他遣返被俘隋军及流散难民。高建武还真当回事儿了，数年间陆续遣返了好几万人。武德七年（624年）二月，他干脆遣使入唐，请求在高句丽行大唐历法，正式表明臣服的态度。李渊大悦，同时册封高建武为辽东郡王、百济王扶余璋为带方郡王、新罗王金真平为乐浪郡王。这些封号大有深意，明着承认你们三个是王，实际上却暗示你们占据的都是汉四郡故土。

满意归满意，但唐廷对高句丽始终难消敌意，一直采取恩抚与遏制并用的政策。

怎么个遏制法呢，就是八个字：北抚靺鞨，南结新罗。

靺鞨是一个相当古老的民族，在中国历史的不同时期有不同的马甲，商周时叫肃慎，战国时叫挹①娄，北魏时叫勿吉，隋唐时叫靺鞨，辽宋时叫女真，清代时叫满洲。他们世居白山黑水之间，以渔猎为业。因为比较弱小，隋唐之际的靺鞨诸部不外乎三种选择，要么臣服突厥、薛延陀，要么臣服高句丽，要么臣服隋唐。唐朝的政策就是不断招诱靺鞨诸部，以削弱高句丽。这和当年招诱党项以削弱吐谷浑是一个路数。

百济是三姓家奴，同时与高句丽、大唐、倭国交好。因为与唐朝并不接壤，没有领土争端，所以百济与唐朝的关系总体还算可以，唐廷也并没有把它视为主要对手。

新罗与大唐则是一拍即合。贞观五年（631年）正月，新罗王金真平病殁，因为无子，由其女金德曼即位，是为善德王。善德女王遣使入贡，受到了太宗的册封。诸番中，新罗与唐朝往来最为频繁。唐

---

① 挹，音亦。

朝上上下下对新罗的认可度都很高，认为"新罗号为君子之国，颇知书记，有类中华"。

02. 决意东征

贞观五年，太宗派人赴高句丽，办了两件事：一是收殓辽东荒野中的隋人尸骨，二是摧毁了高句丽人用隋人尸体建造的京观①。

高建武认为这两个举动表露出了汉人的复仇意愿，十分恐慌，在唐使离境后，即下令修建长城。高句丽长城计划东起扶余（今吉林长春），西至渤海，长一千多里。从后来太宗东征来看，高建武的这个决定还是很有先见之明的。

贞观十五年（641年），唐使陈大德出使高句丽。他有心了解高句丽的山川风俗，每经过一座城池都要贿赂当地城主，希望能到当地的风景名胜去转转。当地人就带着他到处旅游。陈大德发现，无论他走到哪里，都能碰见隋朝旧人。这些人看见他十分开心，争着抢着说自己原本是隋朝哪个哪个郡的人，还向他打听亲戚们的下落。陈大德怎么可能知道，只好宽慰他们说："都好着呢！"隋人欢呼雀跃，奔走相告，待到陈大德离开时，他们自发赶来送行，"望之而哭者，遍于郊野"。唉，谁不怀念故乡亲人呀？！这都是隋炀帝造下的孽啊！

没想到太宗听完陈大德的汇报，竟然说："高句丽所占据的是汉朝四郡之地，本就属于中国。朕如果发兵攻打辽东，他们肯定举国之力

---

① 京观，用尸体加土盖成的土堆。

来救援。届时，我就派水军由东莱渡海，直趋平壤。但现在山东中原还没从隋末战乱中缓过来，朕不想给百姓增加负担！"可见，他早有讨伐高句丽之意，并且连怎么打都想好了。不过，之所以没动手，可不是因为什么"山东州县凋瘵①未复"，而是因为当前的半岛均势对唐有利，只要高句丽不尝试打破这种均势，就犯不着兴师动众讨伐它。

然而，第二年形势就变了。当年十一月，太宗正在武功狩猎，忽然收到了营州（今辽宁朝阳）都督张俭的急报，说高句丽发生了政变，东部大人渊盖苏文杀了高建武。

渊盖苏文姓渊名盖苏文，唐人为避高祖李渊名讳，称之为泉盖苏文，本书唯实，依旧称渊盖苏文。渊氏家族是高句丽的政治世家。史载，渊盖苏文"貌魁秀，美须髯，冠服皆饰以金，佩五刀，左右莫敢仰视。使贵人伏诸地，践以升马。出入陈兵，长呼禁切"。虽然身配五刀，但渊盖苏文可不是个五把刀，客观地讲，他的确称得上是高句丽七百年间头号人物。

渊盖苏文长期把持军政大权，对王权构成严重威胁。高建武及其亲信密谋除掉他。岂料计划泄露，渊盖苏文假意邀请高建武和他的大臣们视察军队，并设宴款待。宴席上，他指挥刀斧手，当场诛杀百余名大臣，亲手杀死高建武，分尸弃于水沟。随后，渊盖苏文自封"大莫离支"（相当于摄政王），扶植傀儡高藏为王，独揽兵权国政。

紧跟着张俭的急报，亳州刺史裴庄的表奏也到了，要求发兵征讨渊盖苏文。啥都可以坏，规矩不能坏，大唐册封的高丽王不能随随便便就杀了！

太宗还是借口山东凋敝，没有同意。其实，他不同意的原因有三条：一来渊盖苏文对唐的态度还不明朗，如果他比高建武还要恭顺卑

---

① 瘵，音债。

服，岂不更好？二来突厥刚回到塞上不久，太宗要防备夷男可能的报复行动。三来当时李承乾与李泰的明争暗斗愈演愈烈，他的心很乱，无暇分神东顾。

紧接着就是李佑、李承乾、李泰接连出事，太宗焦头烂额。一直到大半年后，贞观十七年（643年）六月，也就是薛延陀遣使提亲当月，太常丞邓素从高句丽出使归来后，力主增加怀远（今辽宁锦州北镇市）的驻军，以震慑嚣张狂妄的渊盖苏文。太宗这才明白，这个渊盖苏文可不是什么省油的灯。

渊盖苏文外事政策的核心就是十二个字：交好百济、西抗大唐、南击新罗。他成功地弥合了高句丽与百济之间的矛盾，与百济王扶余义慈建立高百联盟。

百济为什么舍弃更为强大的唐朝而站到高句丽一边呢？原因主要有三：一来它是与高句丽有仇，但那是旧怨，显然与新罗的新仇更让它愤恨。二来有高句丽作为缓冲，它与唐朝并不接壤，你大唐虽然强大，但你够不着我百济，扶余义慈持的就是这种心态。所以，百济与唐朝仅仅维持着一般外交关系，实际上并不把强大的唐朝当回事。同样的，唐朝也并未将它视为主要对手。三来百济真正认的主子，既不是西边的大唐，也不是北边的高句丽，而是东边的倭国。上述三国中，百济只是向倭国送了质子，这就是一个鲜明的例证。因此，百济外交政策的敌人始终是新罗，半岛政策是连高制罗，海洋政策是连倭制罗。

等到套路完夷男，发现薛延陀不敢报复，太宗就想，是不是该教训教训渊盖苏文了？他征询大臣们的意见："盖苏文弑君，这事儿得管啊！朕想派契丹和靺鞨袭扰，先试探试探，大家觉得如何啊？"长孙无忌不同意："先姑为隐忍，等到盖苏文更加骄横无礼、更加不得人心的时候，再讨伐他。"太宗觉得有道理，就放弃了袭扰的念头，还遣使册封高藏为辽东郡王、高句丽王，相当于间接承认了渊盖苏文政变的合法性。

他以为渊盖苏文要的只是这个，殊不知此人野心勃勃，不仅想改变高句丽的政治秩序，还想改变整个东北亚的政治秩序。渊盖苏文联合百济新王扶余义慈（扶余璋之子），攻占新罗城池四十余座，还打算切断新罗朝贡大唐的海路。新罗善德女王只得遣使大唐求援。

太宗震怒，于贞观十八年（644年）正月遣使警告渊盖苏文："新罗是大唐的藩属，你高句丽和百济必须停止对新罗的攻击，否则朕明年就发兵征讨你们了！"可渊盖苏文听了却说："当年隋朝入侵我国，新罗趁机侵占了我们五百里土地，如果他们不肯归还，我是不会撤兵的！"唐使说："辽东诸城原本都是中国的郡县，我们都不提这茬儿了，你怎么还盯着那五百里旧土呢?！"但渊盖苏文坚持不肯退让。

既无转圜，大战便不可避免。二月，太宗正式表态："盖苏文弑其君，贼其大臣，残虐其民，今又违我诏命，侵暴邻国，不可以不讨。"

褚遂良的意见很文臣，反对："渡海远征高句丽这个小蛮夷，如果能成，当然是好的。可是万一不能成，有损陛下威望。"李勣的意见很军人，支持："当初薛延陀入寇，陛下想讨伐他们，被魏征谏止了，所以直到今天薛延陀还是隐患。如果早听陛下的灭了薛延陀，北疆现在早安稳了。"

太宗对李勣的支持十分满意，顺嘴还损了魏征："没错，这的确要怪魏征，其实朕听了他的就后悔了，只是怕堵塞言路，才没有再提！"

打就打吧，可太宗又说了，他要御驾亲征。这下无论文武都不同意了。天子出征，非同小可，万一有个闪失，岂不动摇国本?！再说了，带着他太不方便：一是得分心照顾他；二是不敢冒险，只能保守地打；三是还得处处听他的，掣肘太多。

但太宗决心已定："天有其时，人有其功。盖苏文凌上虐下，高句丽百姓正生活在水深火热之中，盼着朕去解救他们呢！现在正是高句丽的灭亡之时。你们议论纷纷，但站位都不高，没看到这一点！"

是的，他要亲自出马，一战定乾坤！

03. 战争准备

御驾远征，自然须将走后的国政安排妥当。

直到这时，太宗才注意到早年辅佐他的那帮能臣已经所剩无几了。杜淹死于贞观二年，杜如晦死于贞观四年，温彦博死于贞观十一年，王珪死于贞观十三年，魏征死于贞观十七年。扒拉扒拉剩下的，能干的也就只有房玄龄了，可他也已经六十有五了。得赶快把能挑大梁的中层干部用起来！于是，就以散骑常侍刘洎拜侍中、中书侍郎岑文本拜中书令、中书侍郎马周守中书令。马周由此成为大唐王朝第一个平民出身的宰相。

在一般人看来，升任宰相是好事儿，可岑文本回到家中却长吁短叹，忧虑万分。老母亲问他为啥不开心。他忧心忡忡地说："我既不是功臣，也不是陛下的旧臣，如今却成了宰相，位高责重，所以忧惧。"亲朋好友上门祝贺，他却拉着个脸说："给我吊丧我接受，贺喜就不必了！"会不会太矫情了？是不是装蒜过度了？不，他是真的怕！怕什么？他和刘洎有一个共同的标签：曾经都是李泰的人。岑文本觉得太宗出于公心没有注意到，可长孙无忌一定注意到了，太子也一定注意到了。

他的担忧很快得到了证实，长孙无忌马上就出手了。九月，谏议大夫褚遂良升任黄门侍郎，参预朝政，也成了宰相。岑文本的心好痛，头好痛，全身都痛。

十月，太宗留房玄龄坐镇长安，以工部尚书李大亮副之，随即启程东行，于次月抵达洛阳。

在洛阳，他特地召见了三个人，一个是已退休的前宜州刺史郑元璹，一个是营州都督张俭，还有一个就是洺州刺史程名振。

郑元璹当年曾跟随隋炀帝远征高句丽，太宗问他这次行不行，能不能攻灭高句丽。退休干部说话就是实在："辽东道远，粮运艰阻；东夷善守城，攻之不可猝下。"陛下，够呛呢！太宗不太高兴："今日非隋之比，公但听之。"

然后轮到张俭了。七月时，太宗曾命他率幽、营二州之兵及契丹、奚、靺鞨人马突击辽东，试探高句丽的虚实。时值雨季，辽水暴涨，张俭所部"久不得济"。太宗以为他畏葸不前，这次召见其实是要办他。没想到，张俭对高句丽的情况十分了解，见面后"具陈山川险易，水草美恶"。太宗转怒为喜，不再追究。

之所以召见程名振，是因为太宗听说此人善于用兵。说实话，除了文臣，当年的那帮子武将也是老的老、死的死了，不够用啊。他想看看这个人怎么样，是不是有真才实学，能不能用起来。

程名振不受重用的原因很简单，就是因为他当年跟过窦建德。太宗问他用兵方略。程名振对答如流。太宗非常满意："卿有将相之器，朕方将任使。"程名振居然没有谢恩。太宗正想试一试他的气度，佯怒道："山东鄙夫，得一刺史，以为富贵极邪！敢于天子之侧，言语粗疏，又复不拜！"只见程名振不慌不忙地解释道："疏野之臣，未尝亲奉圣问，适方心思所对，故忘拜耳。"我刚才还在想您之前问我的问题，因此分了神，忘记拜谢了。这就把太宗给惊到了，他是出了名的暴脾气，发起脾气来满朝文武除了已故的魏征就没有不怕的。不想这个小小的州刺史却如此沉稳，不错，确实是块堪用的好料子！事后，他不无感喟地对近臣们说道："房玄龄处朕左右二十余年，每见朕谴责余人，颜色无主。名振平生未尝见朕，朕一旦责之，曾无震慑，辞理不失，真奇士也！"当天，做了近二十年州刺史的程名振一朝升任右骁卫将军。

太宗以为他把窦建德麾下最牛的将领挖掘到了。没错，程名振是很厉害，但并不是最厉害的。最厉害的那个现在就在军中，只不过不在东征军中而已。

十一月二十四日，太宗任命刑部尚书张亮为平壤道行军大总管，领四万三千名水军，乘战舰五百艘，由山东莱州渡海，直指平壤；兵部尚书李勣为辽东道行军大总管，领六万汉军及兰、河（今甘肃临夏）二州降胡，由陆路向辽东进发。从张、李二人所领职务即可看出太宗的战略部署及决心意图：分两个战场，张亮攻半岛，李勣平辽东，水陆并进，一举击灭高句丽。

顺便说一句，初唐时代主帅所授官名即为其任务目标。比如，当年用兵东突厥，李靖官拜定襄道行军总管，就是要他打到颉利定襄去。征讨吐谷浑时，李靖拜西海道行军大总管，就是要求他打到西海去。攻打高昌时，要打到其国都交河城，所以侯君集的职务就是交河道行军大总管。

三十日，太宗诏谕天下："当年隋炀帝对将士们很残暴，而高句丽王高元爱民如子，所以隋炀帝打败不了高元。但我就不同了，有五条必胜的理由：一是以大击小，二是以顺讨逆，三是以治乘乱，四是以逸敌劳，五是以悦当怨！有我这五条好处叠加，大唐一定能灭了高句丽。"言辞之间，自信满满。

话音刚落，十二月初一，李大亮于长安病故，临终前表请停止东征。反正我已经死了，说啥也不怕了！初二，废太子李承乾于重庆彭水病故，年仅 26 岁。太宗为之废朝，下敕以国公之礼安葬。

他本打算立即由洛阳北上定州（今河北保定定州），却接到了北疆急报：在薛延陀的威逼之下，突厥人又退回来了。

咋回事儿呢？原来，俟利苾可汗阿史那思摩因为长得像胡人，长期不受族人待见，到了漠北后依旧镇不住场子。突厥部众竟将他丢下，全部南渡黄河，还要求朝廷让他们到今陕西榆林一带居住。太宗只得敕准。可怜光杆司令阿史那思摩只能轻骑入朝。

随行诸大臣趁机劝太宗留镇洛阳："陛下，咱们这边儿正要对付高句丽呢，您把突厥人安置于离京师不远的河南①，这里面有隐患啊！希望陛下能留镇洛阳，震慑突厥。至于东征的事儿，派将军们去就行了！"他们以为太宗会很忧虑，其实人家正美着呢，当初你们说我让突厥人进入河南是错的，看看，朕都不要他们了，他们还哭着喊着往朕怀里扑。这叫什么？这叫圣德远服、隆恩浩荡。他还不无得意地叮嘱褚遂良："尔知起居，为我志之，自今十五年，保无突厥之患。"

打从这儿起，突厥人就在黄河以南的塞下地区扎下了根。至于思摩，既然突厥人不接受他，太宗只能把他留在身边了，任为右武卫将军，随军讨伐高句丽。

不过，突厥人既然退回来了，就要防备薛延陀南下袭扰。太宗不含糊，立命右领军大将军执失思力统率突厥人马屯驻夏州以北，以应对薛延陀可能的军事行动。

一切安排妥当后，太宗就打算北上了。偏在这时，长安又发来了急报。莫急，和薛延陀夷男无关，这次的当事人是一个僧人，法名叫作玄奘。

没错，唐僧唐三藏他来了！

---

① 这里的河南是指黄河以南。

04. 西天取经

关于玄奘的出身，我郑重声明，《西游记》中的记载皆为虚妄，他的父亲不是陈光蕊，母亲不是殷温娇，外公也不是殷开山，小名儿更不叫什么江流儿。他本名陈祎，籍贯河南洛阳偃师。陈祎的父亲陈惠曾做过隋江陵县的县令，隋亡后归隐故乡，托病不出，备受时人称赞。陈惠育有四子，陈祎行末，出生于隋文帝仁寿二年（602年）。父亲死后，家道中落，老二陈素迫于生计，在洛阳净土寺出家。隋炀帝大业六年（610年），陈祎追随二哥入净土寺研习佛经，并在两年后正式出家，法号玄奘。

与二哥不同，玄奘出家完全是出于个人兴趣，别人觉得佛理云里雾里、很不着调，他却觉得博大精深、妙不可言。小小年纪，他就认定佛理是这世间唯一的真理，他愿意为弘扬佛法、普度众生，奉献一生。

中土佛界就此迎来了一位空前绝后的大咖。

彼时，天下丧乱，群雄割据。为躲避战乱、潜心礼佛，武德元年，玄奘与二哥远赴巴蜀。外面世事纷扰，潮起潮落，他却独心向佛，浑然不觉。

玄奘在佛学上表现出了惊人的天赋，二十岁刚出头就已精通中土佛教各派学说理论，成为大唐佛学界神一般的存在。然而，随着学业修为日益精进，玄奘心中的困惑却越来越多。因为对梵文原典的理解和翻译不同，各派学说常有冲突，搞得他莫衷一是。

武德九年（626年），他听说天竺高僧波颇正在长安讲学，心想此人或许能解他心中疑惑，遂出川赴长安，向波颇当面求教。可是波颇也不能解答，但他给玄奘提供了一条很有价值的信息：在天竺的佛学最高学府——那烂陀寺①，有一位戒贤大师造诣高深，或许能解答他的疑问。说者无意，听者有心。波颇之言好似漫漫长夜里骤然亮起的火把，为玄奘指出一条明路：对呀，何不西行天竺，直探原典呢？当年东晋的法显和尚②不就是这么干的吗?!

这是一个说干就干的人！第二年，也就是贞观元年（627年），他上表朝廷，请求西行求法。玄奘本以为取经是造福中土苍生的好事善事，朝廷定不会阻拦。不承想表疏层层递到太宗面前，却被否了。因为，太宗对佛教不太感冒。

佛教自东汉时经西域传入中国后，在南北朝时期得到了迅速发展。与此同时，中国土生土长的道教也在民间兴盛起来。这就冲击了西汉以来儒家在意识形态领域的独尊地位，形成了儒、释、道三家并存并大的格局。

武德三年（620年）时，这种情况发生了改变。一个名叫吉养行的人上书李渊，说他在浮山县（今山西临汾浮山县）羊角山碰到了一个白发白须白衣的老头儿，老头儿对他说了这么一句话："为吾语唐天子：吾是老君，即汝祖也，今年无贼，天下太平。"老君指的就是太上老君，太上老君就是老子，姓李名耳，既是李姓的先祖，也是道教的始祖。

李渊信不信这档子事，谁也不知道，但他敏锐地意识到，这是一个在意识形态领域独树一帜，为大唐平定天下创造有利舆论环境的绝佳机会，便当即宣布：老子是唐先祖，改浮山县为神山县，于晋州立老子庙。五年后，李渊又昭告天下：道第一，儒第二，佛第三。这就

---

① 那烂陀寺，遗址在今印度比哈尔邦中部都会巴特那东南90公里处。

② 法显，后秦、东晋高僧，是中国第一位到海外取经求法的大师。公元399年，法显从长安出发，经西域至天竺寻求戒律，游历三十余国，收集了大批梵文经典，前后历时13年，于公元412年归国。南沙群岛有法显暗沙以示纪念。

在事实上确立了道教的国教地位。同时，他开始采取措施，不断崇道抑佛，裁汰僧尼。

我以为，羊角山老君显灵事件是道教史上最成功的营销，堪称神来之笔。

太宗同样推尊道教，但对佛教的态度有所缓和。一个直接的原因是当年他征讨王世充时，曾经得到过嵩山少林寺武僧的帮助。所以，他刚即位就下敕褒扬佛教："慈悲为主，流智慧之海；膏泽众生，剪烦恼之林。"但同时他又说了："诸州有寺之处，宜令度人为僧尼，总数以三千为限。"注意，允许你佛教发展，但给你设了上限，全国僧尼总数不得超过三千，不让你膨胀坐大。贞观五年，他又明确："僧、尼、道士致拜父母。"出家人也要拜父母。这实际上就是用儒教的标准去框佛、道二教。可见，太宗对佛教的总体态度是利用加遏制。

所以，当玄奘的出关申请摆到面前时，他非常不屑，觉得这不过是一个狂热僧侣的头脑发昏之举。天竺有万里之遥，一路山高水长，凶险未知，取经断不会成功，况且此风不可助长，就给拒了。

不让去怎么办？那就只好偷偷地溜出去了。贞观三年，适逢饥荒，朝廷允许百姓自行求生。玄奘混在灾民队伍中溜出长安，悄悄踏上了西行的路途。这一年他27岁。刚走到凉州，朝廷的追文就到了，凉州都督李大亮勒令他返回长安。玄奘在当地僧人的帮助下逃出凉州，继续赶路。

途中，他偶遇并征服了一个名叫石磐陀的胡人。石磐陀帮助玄奘偷渡玉门关（故址在今甘肃敦煌市西北小方盘城），踏上了异国他乡的土地。有人考证石磐陀就是孙悟空的原型之一。小说中孙悟空跟着玄奘走完了全程，但石磐陀出了玉门关就舍玄奘而去了。

出关之后，玄奘即立誓："若不至天竺，终不东归一步。"

按照《西游记》的说法，玄奘这一路上太不容易了，火焰山、通天河、狮驼岭、盘丝洞……什么人啊、兽啊、鬼啊、妖啊、神啊，但凡是个会动的，都要跳出来难为他，有想抢他的，有想留他的，有想吃他的，还有想睡他的。连最基本的吃喝都有困难，饥寒交迫是常有的事，时不时还要逼着手下的猴啊、猪啊化斋。好不容易取到经了，偏偏观世音菩萨有强迫症，非说凑够九九八十一难才最好。结果，玄奘临了还湿了一回身。

其实，什么车迟国、女儿国、朱紫国都是不存在的，既没有金银大王、三力大仙、红孩儿、白骨精吃他的肉，也没有孔雀公主、玉兔精要睡他的人，更没有女儿国国王悄悄问圣僧，女儿美不美。

除了跋山涉水带来的偶发自然风险外，玄奘这一路上基本没遇到什么人为的危险。彼时，包括东亚、中亚、东南亚、南亚在内的半拉亚洲都是佛教的世界，当地人基本上不会为难一个虔诚的僧人。并且，在一些时段和区域，玄奘其实受到了隆重的礼遇。

比如，行经西域时，他受到了高昌王麹文泰的热情款待，不仅好吃好喝地供着他，还要请他做国师。但玄奘志在取经，无意富贵，坚持要走，麹文泰强行挽留，他就绝食明志。麹文泰无奈，就要求他讲经一个月，才肯放行。讲经结束后，麹文泰赏赐玄奘"绫帛五百匹，书二十四封，并给从骑六十人"，一路护送至西突厥境内。

出了西域，就是西突厥，在碎叶城玄奘受到了时任西突厥可汗统叶护的接见。统叶护同样是个虔诚的佛教徒，又给了玄奘一大笔钱和通行国书，还给他配了一名翻译。

有西域霸主高昌和中亚霸主西突厥背书，玄奘走得十分顺利。

贞观五年（631年），经过近两年的长途跋涉，玄奘终于踏上了天竺的土地。

《西游记》说他走了16年，这是不可能的，即便在古代，16年都够绕地球几周了。当时从大唐到天竺，路上需要八九个月的时间。玄奘之所以走了近两年,是因为他边走边逛边学。比如途经阿富汗时,他专程去拜谒了著名的巴米扬大佛。另外,听闻哪个地方的寺庙里有高僧大德,他就登门求教,等把人家身上所有的佛学精髓学到后再上路。

05. 玄奘归国

天竺,是唐朝人对印度河流域的称呼。汉朝人管这片地区叫身毒。其实,"身毒""天竺"乃至后来的"印度",都是梵语 sindhu 的音译。

唐朝人对天竺的印象普遍很模糊,只知道这地方在大唐以西很远很远的地方,是佛祖释迦牟尼的故乡,所以又叫西天。因此,当时对南亚次大陆的划分十分简单粗暴,就是依地理方位,分为东天竺、南天竺、西天竺、北天竺和中天竺,就跟闹着玩儿似的。其实呢,当时天竺有大大小小近百个国家和城邦。

历史上天竺也曾经统一过。第一个统一王朝叫孔雀王朝,始建约为公元前 324 年,维持了 130 多年,终结于公元前 187 年。孔雀王朝在印度史上的地位基本上等同于秦朝在中国历史上的地位。然后就是长达五百余年的分裂,到公元 320 年左右,终于建立了第二个统一王朝——笈多王朝。这个王朝挺了两百多年,到公元 540 年左右又崩了。经过 70 多年的扰攘,到隋炀帝大业八年(612 年),坦尼沙国戒日王基本统一了今天的印度北部地区,建立了戒日王朝。印度北面是巴基斯坦。唐人称呼今日的巴基斯坦为北天竺,所以称戒日王朝为中天竺,管戒日王叫尸罗逸多。

玄奘且走且学,又用了一年多的时间,终于在贞观七年(633 年)

抵达了那烂陀寺。然后，他就开始向戒贤法师学习，一学就是五年。那烂陀寺僧众亲眼见证了一个佛学奇才的异军突起。打个比方，那烂陀寺就好比今日的牛津、哈佛，是全球佛学界的顶级存在。刚入学的玄奘不过是一个外国本科生的水平，但短短五年间他就修成了博士生导师。全寺上下，包括大牛戒贤在内，通晓三藏①的只有十个人，统称"十德"，而玄奘便是其中之一。这就是"唐三藏"这个称呼的由来。

既然在寺里已学无可学，玄奘就以那烂陀寺为基地，到天竺各地游学，所到之处无不惊骇僧俗，迅速在天竺掀起了一阵唐旋风。

行至中天竺时，他受到了天竺政界老大戒日王的礼遇。戒日王对大唐很感兴趣，而且有一些基本了解，他问玄奘："偿闻贵国有圣人出世，尝作《秦王破阵乐》，汝能为我说明圣迹否？"听说你们国家出了个大哥，还编了一个曲子叫《秦王破阵乐》，你能给我讲讲他的事儿吗？玄奘就把太宗的文治武功说了一番。戒日王听后大为仰慕："如果真如你所言，那这个人可真是个牛人，我应该派人去和他联系联系。"贞观十五年（641年），他还真就以摩伽陀王的名义，遣使入唐，奉上国书。

当太宗听说玄奘在天竺，而且已经成为名震天竺的高僧大德时，既震惊又钦佩。他原以为玄奘早死在半路了，没想到人家真的走到了天竺，便马上遣使中天竺，一方面是向戒日王报聘，另一方面是捎话给玄奘，欢迎他归唐。

玄奘并不是第一个赴印求经的中国僧人，在他之前已经有法显了，在他之后还有别的中国僧人赴印取经求学。但是得到天竺政界高层隆重礼遇，并成为两国官方友好交流媒介的，有且只有他一人。

贞观十六年（642年），唐使抵达中天竺，正好赶上了一场空前绝

---

① 三藏是佛教经典的总称，包括《律藏》《经藏》和《论藏》。

后的佛教盛典。彼时，戒日王在首都曲女城（今印度卡瑙吉）举办佛学辩论大会，邀请玄奘以及天竺18个大国国王、三千名佛学家和外道两千人参加。这场佛学大会俨然成了玄奘的个人秀。18天内，五印大、小乘学者无一人能驳倒他。会后，天竺大乘[①]教派尊称他为"大乘天"，小乘教派推尊他为"解脱天"。玄奘实际上已成为佛教泰斗级的人物。

　　唐使表达了太宗对他的欢迎之意。玄奘听了，喜极而泣。其实他早有东归之意，奈何当初犯禁偷渡，不敢归耳。现在皇帝转变了态度，不仅不怪罪他，还竭诚欢迎他归国。他终于可以实现取经归国的夙愿了。

　　玄奘要回，太宗要迎，贞观十七年（643年）三月，他派出以李义表为正使、王玄策为副使的使团访问天竺。

　　可当年底使团抵达曲女城时，才得知玄奘早在春天就已经踏上了归国的路途。他是归心似箭啊！

　　别看玄奘空手而来，走的时候却带走了大量植物种子以及657部佛经，其中还有极为珍贵的贝多罗树叶梵文经。列位，657部啊，可不是657册，这些佛经有长有短，短的十来卷几十卷，长的如《大般若[②]经》竟有600卷之巨。毫不夸张地讲，玄奘几乎是将最原始、最顶级、最全面的海量梵文经典一次性打包带走了。从他所携带的物资数量，我们可以断言，玄奘归国时可不像《西游记》里描述得那么简单，三五个人牵匹马就回来了，他至少带着一支由几十匹马和几十个人组成的队伍。

　　经过一年多的跋涉，贞观十九年（645年）正月，玄奘终于回到

---

① 现读 chéng，旧读 shèng，本书从旧音。
② 般若，音波惹。

了长安。长安各界人士倾城而出，夹道欢迎，顶礼膜拜，盛况空前。说实话，当年太宗打败窦建德、王世充凯旋时，都没这么大的阵仗。

自贞观三年离开长安算起，玄奘西天取经前后历时16年，行程五万里，相当于一个人走了两次长征。太宗正驻跸①于洛阳，接到玄奘归来的消息后，立即下敕：在洛阳接见玄奘。

二月初一，玄奘来到洛阳。

两人的谈话内容我们已无从得知，只知玄奘请求回老家洛阳东南的嵩山少林寺翻译佛经。译经的事情，太宗同意了，而且承诺作为国家工程，由政府出场地、出经费，并组织人手协助玄奘译经。但他坚持要玄奘到长安弘福寺译经。玄奘就搞不懂了，在哪儿译不是译？太宗是这么解释的，天天看到你，是生活的必需。

玄奘无奈折返长安，再次受到了各界人士的热烈欢迎，特别是他入弘福寺时，"都人士子、内外官僚列道两旁，瞻仰而立"。

06. 高歌猛进

送别玄奘，太宗留萧瑀坐镇洛阳，起驾北上。这时，已经致仕②的开府仪同三司③尉迟敬德破天荒地上奏疏："陛下亲征辽东，太子在定州，长安和洛阳两京空虚。臣担心有人铤而走险，当了杨玄感第

---

① 驻跸，意指御驾停留。
② 致仕，即退休。
③ 开府仪同三司是魏晋南北朝时期的一种高级官位。贞观十一年，唐朝复设此官，作为散官的最高官阶，从一品。

二。况且高句丽乃是边隅小夷,犯不着您亲自出马,只需派支偏师去就可以了。"人家尉迟敬德一番好意,良言相劝,太宗看了却担心人家造反,敕令尉迟敬德随行。

三月初八,太宗抵达定州。

刚到定州,他就被深深地感动了。许许多多的爱国青年自发地从四面八方赶至定州,请求伴驾东征:"不求县官勋赏,惟愿效死辽东!"有此民心,何愁强虏不灭?太宗越发信心倍增:"辽东本来就是我中国土地,隋朝四次征讨高句丽都不能夺回。朕此次东征,就是要为战死的中国子弟报仇,为高句丽百姓消灭作乱的高藏和盖苏文。况且,如今四海宾服,只有这个高句丽还不臣服。趁着朕还没老,身子骨还硬朗,干脆就灭了它!"在场军民皆山呼万岁。

相比之下,太子李治的表现就让太宗很不爽了,他居然哭了,不仅哭了,还哭个没完,"悲泣数日"。这有什么好哭的,悲悲戚戚,哭哭啼啼,哪有个储君的样子?!但一想到雉奴是担心自己舟车劳顿、亲身犯险,太宗只得强忍着不悦说:"我让你镇守定州,还安排了那么多能干的大臣辅佐你,是想让天下人见识你的风采!你应该用心琢磨怎么处理好国政,打仗的事儿我来,你哭个什么嘛?!"

根据早先拟定的计划,太宗留李治守定州,辅以老臣高士廉以及两名新进宰相刘洎、马周,并配备了两名优秀的中层干部张行成和高季辅。

这些人中的骨干当属刘洎,他不仅兼着民部尚书,还总管吏、礼、户三部尚书事。太宗不免多叮嘱几句:"朕要去远征了,你辅佐太子,责任重大,要理解我的良苦用心!"刘洎接道:"放心吧,陛下!如果大臣有犯罪的,臣马上杀了他。"本来挺放心的,但听他这么说,太宗就不放心了,几个意思?朕走了以后,你岂不是随便找个理由就杀人了?你想干啥?但他还是忍住了,话里有话地提点道:"刘爱卿你性格大大咧咧，又年轻气盛，这是会出问题的，你一定要慎之又慎！"

定州城外，李治率留守众臣为太宗饯行。一帮人左等右等，不见御辇，四下嘀咕之际，却见太宗一身戎装，骑马亮相。那一瞬间，高士廉等老臣都有些恍惚了，这不是当年虎牢关下的秦王吗?! 太宗指着身上的褐色战袍对李治说："等我再见你的时候，才会更换这件战袍！"话音刚落，李治又哭了。太宗有些不耐烦了，挥了挥手："出发！"

24年前，他在虎牢关下定国；24年后，他要在辽东安邦，一战廓清宇内，安大唐百代基业。

当太宗向辽东进发之际，李勣的部队已经渡过辽水，踏上了辽东大地。高句丽长城虽已基本建成，但并未发挥多大作用，被唐军轻易突破。

高句丽阖境大骇，各城均不敢逆战。唯有建安城（今辽宁营口盖州市青石岭镇高丽城村）守军出击，被张俭轻松击败，躲入城中，不敢再战。四月二十一日，唐军一举攻拔了第一座城池——盖牟城（今辽宁抚顺），俘虏高句丽军两万余人，缴获粮草十余万石。

水军方面，张亮、程名振、王文度率部由东莱（在今山东烟台）横渡渤海湾，登陆辽东半岛，并攻克了卑沙城（今辽宁大连金州区东大黑山），俘获男女八千人。

随后，唐军总算在辽东城（今辽宁辽阳）遇到了像样的抵抗。渊盖苏文遣步骑四万赶来增援。初八，李道宗率所部四千骑逆战高句丽军。其部将果毅都尉马文举临阵大呼："只有遇到强敌，才能显示出壮士的勇猛啊！"说罢，"策马趋敌，所向皆靡"。酣战良久，行军总管张君乂胆怯，竟临阵脱逃，致使局势趋于不利。李道宗登上山丘，远远望见高句丽军阵形散乱，果断率领数十骁骑居高临下击之。此时，李勣也命主力投入战斗。高句丽军登时被扯得七零八落。唐军大胜，斩首千余级，并乘势进驻马首山（今辽宁辽阳西南首山），将辽东城围得水泄不通。

两天后，太宗到了。在渡过辽河时，他命人拆掉了河上的浮桥，以示有进无退。听完李勣的汇报，他当场下令：重赏李道宗，提拔马文举，斩首张君乂。

两边文武官员互道问候。李勣等人不免问起岑文本，陛下出定州时不是带着他吗，怎不见他伴驾？太宗无限哀婉，岑文本因劳累过度，已暴毙途中。

原来，太宗鞭打快牛，将所有军事工作、政治工作、后勤工作统统扔给了岑文本。岑文本一贯认真，什么事儿都亲力亲为，通宵达旦，夜以继日，直熬得脸色蜡黄、语无伦次。大军从幽州出发当天，可怜一代名臣，竟然累死军中。太宗只得从定州抽来太子右庶子许敬宗，接手岑文本的工作。

要我说，岑文本累死不算坏事，起码后来保全了一家老小。

时不我待，第二天太宗亲率数百骑兵直薄辽东城下，观察形势。当他看到将士们正在背土填壕沟时，竟主动从一名士兵背上接过土袋，亲自扔到沟里。皇帝都这么做了，随行的文武们还有啥好说的？你追我赶、争先恐后地背土填沟。

十七日，唐军趁着南风天于南城纵火，一举攻破了辽东城，击毙高句丽军万余人，俘虏城中居民四万余口。

辽东城乃高句丽辽东地区第一重镇，此城一下，附近各城皆受震动。白岩城（今辽宁辽阳城东三十公里外城门口村东的石城山一带）城主孙代音肝胆俱裂，遣使约降。太宗接受了，可左等右等就是不见孙代音前来。叵耐孙代音这厮，竟如此戏耍朕？太宗大怒，立命大军转向白岩城，并传旨军中："破城之后，城中所有人口和财物都赏给将士们。"

乌骨城（今辽宁丹东凤城市边门镇）分军一万人来援白岩城。契苾何力奉命率八百契苾骑兵阻击，被高句丽大将高突勃用长矛刺伤腰部。尚辇奉御薛万备（薛万均、薛万彻的弟弟）看见，单枪匹马杀入军中，十荡十决，于万军之中将契苾何力救出。太宗亲自为契苾何力包扎伤口。好个契苾何力，包扎完毕后不顾太宗的阻拦，又率众杀入阵中。唐军上下备受鼓舞，大败乌骨城援军，乘胜追击几十里。

在攻打白岩城的战斗中，阿史那思摩身中流矢，太宗"亲为之吮血"，"将士闻之，莫不感动"。但思摩受的伤太重，后来班师回朝后不久就病死在长安了。

乌骨城援军被击退后，绝望的孙代音于六月初一投降。

太宗准备接受白岩城投降。李勣不干了，带着一帮人来见他："将士们之所以争冒矢石、不顾其死，就是为了破城之后能发点财。现在眼瞅着就要破城了，您怎么接受他们投降了呢？将士们该不乐意了！"太宗下马，拜谢李勣等人，然后说道："爱卿你说得对，但纵兵洗劫城中军民，朕于心不忍啊！白岩城朕保了！不过你放心，我会赏赐你的部下的！"皇帝都这么说了，李勣等人只得退下。

白岩城军民以为等待他们的是血雨腥风的报复。孰料太宗并没有为难他们，不仅赏赐他们食物，还赐给全城所有80岁以上的老人以绢帛。对被俘的附近各城的高句丽将士，他则命人供给粮草，听任去留。

李勣这才明白，太宗这是在搞统战呢！

07. 驻跸山之战

关于下一步进军目标，李勣又没和太宗想到一块儿去。

摆在唐军面前的选项有两个，一是北上打安市城（今辽宁鞍山海城市东南营城子），二是南下打建安城。

太宗的意思是向南进军打建安城：一来在张俭、张亮的围攻下，该城的守备力量和粮草辎重已经消耗得差不多了，容易攻克；二来安市城是块硬骨头，不好啃。

安市城真的很硬吗，竟然让太宗都皱了眉头？没错，硬，还不是一般的硬，不仅后来崩了太宗的牙，而且之前已经崩过渊盖苏文的牙了。

兵变后，渊盖苏文凭借铁腕政策和强大实力，迅速摆平各方势力，牢牢控制了局面。唯独安市城主不买账，指斥他是乱臣贼子，偏要叫板作对。有人说了，这城主胆子够大，实力够大吗？答案是够大。一来安市城主个人很有能力，意志坚定，决断果敢，有勇有谋；二来安市城也很有实力，城池坚固险要，兵精粮足，且上下一心，团结如一人。

凭借这两点，安市城军民甚至瓦解了渊盖苏文的亲自征讨。

正是基于以上考虑，所以太宗才想避开安市城，去打建安城。但李勣担心位处后方的安市城会截击大军粮草，力主先打安市城。太宗也没再坚持："行吧，朕以你为将，当然应该听你的！但你要记住，千万不能耽误朕的事儿啊！"

大军遂掉头北上，于二十日进抵安市城下。

事实证明，李勣的坚持是对的。因为第二天高句丽大将高延寿、高惠真统领十五万高句丽、靺鞨联军就杀到了。如果太宗之前选择进军建安城，这十五万人马从后邀击唐军，后果不堪设想。

敌众我寡，太宗却一点儿都不慌张，反倒为高延寿筹划起来："如今高延寿有三策：一是引兵向前，与安市城连在一起，不和我们决战，只是占据高山之险，有城中粮草供应，再让靺鞨截击我们的粮草。我们一旦久攻不下，就只能撤退，可撤退时又会被泥潦所阻，就会被他们打败。这是上策。二是干脆带着安市城守军连夜撤走,这是中策。下策就是与我军决战。你们就等着瞧吧,就他那脑袋瓜,不是朕瞧不起他,他肯定选下策,注定要为我军所擒!"

高延寿会怎么选呢?高句丽军中也是有能人的,的确有人建议他选上策来着。但高延寿毕竟只是高延寿,他还真就依了太宗的盘算,选了下策:决战!

太宗只望敌军速速前来决战,不料高延寿行至距安市城四十里处就安营扎寨了。他有些着急了,命阿史那社尔率突厥千骑挑衅,以诱敌来战。

两军甫一交手,阿史那社尔就装出一触即溃的样子,率部"溃退"。高句丽将士相互说道:"这唐军吹得够呛,看来也不过如此嘛!"高延寿大喜,立命全军出击。唐军一路佯退。高句丽军追至安市城东南八里处,依山列下了长达四十里的巨阵。

大战在即,太宗召诸将问计。长孙无忌大拍发小的马屁:"臣刚才在营地里转了一圈,看到将士们听说高句丽军来了,个个喜形于色、跃跃欲试。恭喜陛下,这是必胜之兵啊!陛下您少年时代就已经上阵杀敌了,每次打胜仗都是您决策,诸将不过遵照执行而已。今天,就请您继续指导我们吧!"小嘴叭叭的,真能拍啊!他都这么说了,李勣等人还有何话可说?太宗也不客气,笑曰:"既然大家都谦让,好吧,朕就勉为其难了!"

他随即带左右文武登上马首山,瞭望战场形势。偏偏这时,不开眼的李道宗说道:"高句丽倾举国之力来敌,其国都平壤势必兵力空虚。请陛下分给臣五千精兵,我长驱直捣平壤,如此,这高延寿等人可不战而降。"太宗假装没听见,朕就等着打垮二高,显示朕的军事才华呢,你偏偏来聒噪,逞什么能,哼,不理你!

依我之见,李道宗也是说大话,区区数千人就想打下平壤,还是渊盖苏文亲自坐镇的平壤，绝无可能！但他提供的路子不失为一个好办法。试想，如果太宗拖住二高，另遣良将领数万精兵，长驱直捣平壤，胜负还真是犹未可知呢！

太宗遣使高延寿："朕是因为渊盖苏文弑君，所以才兴师问罪的。朕并不想与尔等交手。可天军入境后，你们不保障粮草，所以才拿下你们几座城池。只要你们继续臣服大唐，朕就把这几座城还给你们了！"很明显，这是忽悠人的话。这种话对明白人不好使，对高延寿这个蠢蛋却格外好使，他居然真的放松了警惕。

那还有啥好客气的！当天晚上，太宗就部署妥当了：李勣领步骑一万五千于西岭列阵，佯装主力，吸引高延寿的注意力；长孙无忌领精兵一万一千自北山出峡谷，攻击高句丽军侧后；太宗自领步骑四千隐蔽于北山上。待鼓角声起，众军齐出奋击。对于此战的结果，他无比自信，还让有司准备受降仪式，列位臣工，你们就等着接收俘虏吧！

第二天，两军对垒。高延寿远远瞧见李勣布阵，轻视唐军人少，命令全军投入战斗。两军接战，杀声震天。马首山上，太宗望见高句丽军后方烟尘四起，知道长孙无忌就位了，马上命令擂鼓吹角。诸军闻声而动，一起杀出。高延寿慌了神，想要分兵抵抗，奈何阵形已乱，不复成形。

山谷之中，两军如蚂蚁般厮杀在一起。老天爷很应景，偏在这时起了彤云，顷刻间狂风大作，雷电交加。天空中电闪雷鸣，大地上人仰马翻。忽然，太宗瞧见战场之上冒出一个着白衣、骑白马的人，如一道白色闪电般突入高句丽军中，长枪所至，无不披靡。唐军将士备受鼓舞，奋勇向前，杀得高句丽军哭爹喊娘，四散逃窜。太宗大喜，我原本以为吕布已经天下无敌了，没想到此人比吕布还勇猛，这是谁的部将？

此战，唐军一举击溃十五万高句丽军，仅斩首就达两万余级。

太宗破格召见白袍将士。列位看官，此人便是大名鼎鼎的薛仁贵，时年31岁。

薛仁贵，名礼，字仁贵，唐河东道绛州龙门县（今山西河津市）修村人，生于隋炀帝大业十年。

薛仁贵的出身非常好，乃河东三著姓①之一的河东薛氏，六世祖是南北朝时期刘宋、北魏名将河东王薛安都，曾祖父、祖父、父亲也都是当官的。薛家虽然阔过，但因薛父早逝而家道中落，到薛仁贵这一代就只能在土里刨食了。从史书的记载分析，薛仁贵应该是独子。没爹没兄弟的，搁在现代都很难，何况是那时候？！

太宗宣布御驾亲征时，三十而立的薛仁贵正计划着给祖先迁坟呢，他觉得他的人生之所以如此黯淡，全是因为祖先没有葬在风水宝地。他老婆柳氏觉得这纯属扯淡，给他支了一个招："再有才干，也得有机遇才行。如今太宗亲征辽东，招募骁勇，这就是难得的时机。夫君何不投军，立功扬名之后再迁葬祖坟也不迟。"薛仁贵一想，对啊，国家正是用人之际，我又不是没有本事，投效军中万一立个大功啥的，荣华富贵就不是梦了。

然后，他就报名参军了，在右屯卫大将军张士贵帐下效力。这里顺便说一句，很多人受演义小说影响，以为张士贵百般刁难、迫害薛仁贵。真实的历史刚好相反，张士贵不仅颇有作为，而且对部属薛仁贵始终是信赖、器重并大力扶持的，根本不存在加害之事。

事实证明，除了要听妈妈的话，还要听老婆的话。这不，薛仁贵还真就在辽东战场上刷出了存在感，而且是一个超级大的存在感。

说到这里，我要表达一个疑问：行伍之中，将士都是统一着装，薛仁贵为何违反军令，擅自着装，还是白衣白马？试想，如果他是黑

---

① "河东三著姓"是指裴氏、薛氏、柳氏。

衣黑甲黑马，马首山上的太宗肯定看不到他。所以，只有一种可能：薛仁贵是个心机男，这是他精心策划的一场个人秀，目的就是引起太宗的注意。

最高领袖还真就注意到他了。年深日久，当初那帮打天下的将军老的老、死的死，没剩几个了，大唐的帅才将才面临着青黄不接的危机。太宗为此已经焦虑很久了。薛仁贵的出现刚好消除了他的焦虑，天佑大唐，赐此虎将啊！

他当场提拔薛仁贵为游击将军、云泉府果毅。

二十三日，走投无路的高延寿率残部三万六千余人投降。败军之将，何以言勇？刚入军门，他就跪倒在地，"膝行而前，拜伏请命"。太宗当然是骄傲的："东夷少年，跳梁海曲，至于摧坚决胜，故当不及老人，自今复敢与天子战乎？"尔等不过是东夷的几个毛头小伙子，跳梁小丑而已，行军打仗的经验当然比不过我这个老头儿。朕问你们，你们以后还敢和天子作战吗？高延寿等人"伏地不能对"。

太宗授高延寿为鸿胪卿、高惠真为司农卿，将二人以下各级军官任命了一圈，但却全部迁往内地安置，至于降兵则全部释放，任其返回故里。这些普通士兵本以为也会被迁往大陆，听了这个消息高兴得不得了，"皆双举手以额①顿地，欢呼闻数十里外"。但对反复无常的靺鞨人，太宗就没那么客气了，将被俘的靺鞨军全部坑杀。

为了铭记这场重大胜利，太宗敕令将包括马首山在内的附近六座山更名为驻跸山，令许敬宗为文，勒石以记其功。

驻跸山之战的确是一场值得铭记的重大胜利。十五万军队对于全国人口只有六十余万户的高句丽而言，至少占到了其精锐兵力的一半。唐军不仅打死打伤高句丽军数万精锐，还缴获了马五万匹、牛

———
① 颡，音嗓。

五万头、铁甲万领，其他军械更是数不胜数，极大地消耗了高句丽的有生力量，震慑了高句丽军民。后黄城（今辽宁本溪草河乡马圈沟山城）、银城（今辽宁铁岭南）守军不战而逃，以至于数百里内不见高句丽一兵一卒一户百姓。

偌大一个辽东，只剩下安市、建安、新城（今辽宁抚顺）、乌骨四座城了。

太宗不无得意地派人驰回定州，问李治、高士廉等人："朕为将如此，何如？"

损失了十五万精兵，渊盖苏文也坐不住了，指使靺鞨赍重金至郁督军山，想说服夷男南下攻唐。夷男恨不能生啖李世民的肉，用李世民的头颅当溺器，但他是个成熟的政治家，知道薛延陀与大唐实力对比太过悬殊，硬杠是不明智的。更何况，他已探知太宗早就命执失思力驻军夏州，防着他呢！别说他不敢动，就算敢动，也讨不到便宜，因此夷男愣是没搭理渊盖苏文。

08. 屯兵安市城

不知大家是否注意到，当太宗与高延寿鏖兵之际，安市城守军却稳得出奇，既没有出城袭扰唐军，更没有策应高延寿，而是默默地坐视援军被击溃。

是不是很反常？我想，可能的原因有两个：第一个，高延寿败得太快了，二十一日抵达，二十二日被击败，二十三日就投降了，没给守军反应的时间。但更有可能的是第二个，唐廷觉得高延寿是安市城的援军，但在安市城主看来，高延寿其实也是敌人。说到底，他信不过渊盖苏文。大敌当前，他信谁呢？信自己！

七月初，唐军开始攻城。太宗预估，失去高延寿这个奥援，安市城顶多也就撑个三五天。安市城一破，留张亮继续攻打建安城，大军南下，渡过鸭绿水（即今鸭绿江），最多一个月就可以拿下平壤，生擒渊盖苏文。待到秋末冬初，刚好凯旋。

想得挺好，可现实却是另外一番景象。没有高延寿，安市城依然很坚挺。唐军多次攻城，均被挫败，死伤惨重。

太宗亲自跑到城下查看敌情。安市城人看到唐皇旗盖，鼓噪呐喊，咒骂不休，气得他鼻子不是鼻子、眼睛不是眼睛。李勣替太宗出气，提出破城后将城中所有男子坑杀。也不知谁走漏了消息，被安市城人听了去，彻底断绝投降之念，越发坚定抗唐。

安市城主确实有两把刷子，不仅守得出色，而且居然敢组织奇兵夜袭唐营。唐军完全没有防备，吃了大亏。太宗让李道宗督众在城东南外起土山，以居高临下射击守军。城主沉着应对，命军民增筑城墙。唐军的土山增高一寸，安市城的城墙也增高一寸，你说气人不气人？太宗大怒，又命工匠赶制冲车炮石，轰击城墙。石炮威力巨大，总算打穿了城墙。可城主早有准备，立命匠人立起木栅，填住缺口。

虽然城主守得很好，但唐军还是有机会的。这不，经过加班加点，李道宗总算把土山筑好了，命部将傅伏爱守备土山，以防守军出来破坏。巧了，一天夜里土山忽然塌了，直直地朝城墙压了过去，当时就把城墙压垮了一大段。如果傅伏爱逮住这个机会，带着本部人马一窝蜂杀进去，安市城必定不守。可他当天夜里偏偏擅离职守了。他不在，部将们不敢擅作主张啊，愣是没动。

他们没动，人家安市城主动了，果断派出一支数百人的敢死队，由缺口杀出，击溃了傅伏爱所部，夺取了土山的制高点，反而居高临下地射击唐军。

太宗大怒，斩了傅伏爱，勒令诸将夺回土山。可守军打得很牵强，唐军"三日不能克"。

这祸是他的部将闯的，李道宗只好光着脚跪在旗下请罪。太宗当然不会杀他："汝罪当死，但朕以汉武杀王恢，不如秦穆用孟明，且有破盖牟、辽东之功，故特赦汝耳。"你是该死，但朕认为，汉武帝杀掉王恢[①]不如秦穆公赦免孟明视[②]来得明智，况且你有攻破盖牟城和辽东城的功劳，赦你不死吧！

安市城下，唐军死相枕藉，惨不忍睹。太宗愁眉不展，茶饭不思。他身上的褐袍已经破败，长孙无忌劝他换一件新袍，可太宗哪有心思换衣服："将士们的衣服大多破了，只让朕一个人穿新衣服，这怎么行?！"

攻城战打到这个份儿上，连降将高延寿、高惠真都看不下去了，真心献策："陛下，别在这儿耗了，不如取乌骨城，渡过鸭绿水，直捣平壤吧！"群臣也大多是这个意思。

太宗就有些心动了。说实话，安市城是难打，但只要时间充裕、粮草管够的话，肯定能打得下来。但问题是他现在最缺的就是时间，攻城已逾月余，眼瞅着就九月了，冬天马上就要来了。真耗到那个时候，即便打下了安市城，也没法南下了。

所以，他准备听取大家的建议。

[①] 王恢（？—前133年），西汉大臣。元光二年（前133年），提出"马邑之谋"，出任将屯将军，带领韩安国、李广、李息、公孙贺在马邑诱击匈奴。可惜计划败露，匈奴撤退。王恢为保全军队，没有追击，自杀而死。

[②] 孟明视（生卒年不详），姜姓，百里氏，名视，字孟明，春秋时秦国秦穆公的主要将领，秦国国相百里奚的儿子。孟明视先后三次败于晋国之手，均得到秦穆公宽恕。

偏偏长孙无忌反对这么干:"天子亲征,不宜犯险。如今建安城和新城的高句丽军尚有十万人马,如果咱们去打乌骨城,他们就会从背后邀击我们。不如先破安市,取建安,然后长驱而进,此万全之策也。"李勣也是这个意思。太宗看两位重臣都反对,就打消了南下的念头,仍旧围攻安市城。

其实,长孙无忌和李勣未必不知道大家伙儿的意见是正确的。他们之所以不同意,很可能是出于这样一个说不出口的原因:宁可无功而返,也不能让圣上涉险。大军如果南下,以太宗的性格,势必会随军渡过鸭绿水。万一攻打平壤不利,前有渊盖苏文逆战,后有安市、建安、新城三地的高句丽军邀击,全军覆没事小,只怕堂堂中华皇帝还要成了东夷的俘虏,那可就酿成亘古未有的奇耻大辱了。须知,隋炀帝再不成器,东征高句丽也没成俘虏啊!

所以说,御驾亲征这事儿弊远远大于利,它束缚了将帅们的手脚,使他们不敢出险招出奇招,只能保守地稳扎稳打。没有太宗这个累赘,说不定这会儿李勣已经饮马鸭绿水了。后世的明英宗如果早早明白这个道理,也不至于身陷胡房,沦为千古笑柄。

可是,继续攻城依旧不能越雷池一步。安市人知道冬天降临后,唐军必定撤退,坚守的意志越发坚定。时间一天天地流逝,从八月到了九月,九月又过了上旬。终于,十八日太宗做出了他此生中最没面子的决定:撤军!

没办法,冬天马上就要来了,此时就算安市城主拱手把城送给他,他也无力南下了。

唐军于安市城下阅兵,耀武扬威,以震慑敌军。安市城主登上城头,非常有礼貌地向太宗"拜辞"。太宗当场夸赞他有勇有谋、守御有方，赐缣①百匹，勉励他忠心侍奉高句丽王。随后，在安市城军民冲天的欢呼声中，太宗落寞地踏上了返程……

尽管撤了，但撤得还是有些晚了，这一年的寒冬似乎比往年来得要更早一些。唐军没有败给高句丽人，却败给了东北恶劣的严寒，"士卒沾湿多死者"。

09. 铩羽而归

自六月二十二日兵临城下，到九月十八日撤军，长达88天的安市城攻坚战以唐军的退却宣告结束。大唐王朝对高句丽的第一次征讨也在这一天画上了一个不完满的句号。

总计此次东征，唐军共攻拔玄菟（今辽宁沈阳上柏官屯）、横山（今沈阳市东北约35公里处棋盘山水库北岸）、盖牟、磨米（今本溪石桥子边牛村）、辽东、白岩、卑沙、麦谷（似在今抚顺境内）、银山（今铁岭市张楼子村）、后黄10座城池，斩首四万余级，将高句丽七万余人迁入内地。

而对于己方的战损，唐廷的官方数据是这样的："战士死者几二千人，战马死者什七八。""战马死者什七八"应该是可信的，损失了七八成的战马，代价不算小。至于"战士死者几二千人"肯定是扯淡，实际战死的人数加上非战斗减员的人数，绝对远大于这个数。

关于这场战争的结果，很多人简单地概括为唐败高胜，这是不准确

---

① 缣，音兼，指细密的绢。

的。确切地说，大唐和高句丽都是既没有胜，也没有败，打成了平手。

就唐朝而言，之所以说没有胜，是因为没有达到击灭高句丽的预期目的；说没有败，是因为唐军不仅歼灭了大量的高句丽精锐部队，俘虏了近十万口高句丽精壮，缴获了大批的马牛羊和武器装备，还恢复了对已经丢失了两百多年的辽东大片土地的控制，为今后对高句丽的军事征伐建立起了稳固的前哨阵地。

就高句丽而言，因为成功挫败了太宗的灭国企图，暂时保住了国祚，所以说没有败；又因为其精锐部队消耗殆尽，人口锐减，还丢失了诸多要塞重镇，国力被严重削弱，所以说没有胜。

相信很多朋友好奇，力挫太宗的安市城主到底姓甚名谁？很可惜，唐史三大典均未提及此人姓名。有些懂点历史的朋友会说，城主名叫杨万春，但这个名字其实也不准确。

在明朝以前，连朝鲜人都不知道城主叫啥。王氏高丽史学家金富轼在《三国史记》中写道："唐太宗圣明不世出之君，除乱比于汤、武，致理几于成、康，至于用兵之际，出奇无穷，所向无敌，而东征之功，败于安市，则其城主，可谓豪杰非常者矣，而史失其姓名，与扬子所云'齐鲁大臣，史失其名'无异，甚可惜也！"

明嘉靖三十二年（1553年），福建籍小说家熊大木完成了《唐书志传通俗演义》。在这本书中，他给安市城主安了一个姓名，叫作梁万春。16世纪末，《唐书志传通俗演义》传入朝鲜。由于朝鲜语将"梁"念成"Yang"，所以"梁万春"的汉字写法逐渐演变为"杨万春"。年深日久，朝鲜人竟真的以为安市城主名叫杨万春了。直至今日，韩国的一艘驱逐舰就叫杨万春号。

如此牛人在朝鲜史上居然连个名字都没留下来，这不是很奇怪吗？很多人没有思考过这个问题，好在我思考过了。我相信，当时安市城主的名字在高句丽境内可以说是如雷贯耳、妇孺皆知。之所以后来湮没无声、隐入尘烟，多半是因为他被政敌渊盖苏文搞死了。渊盖苏文为了抹杀他的功绩，不让任何纸张上留有他的名字。为什么这么说呢？因为15年后，当唐高宗李治再度征讨高句丽时，安市城主和他的城已经不复见于史书。区区15年，这个人和这座城就没了消息，合理的解释只有一个：连人带城已经被渊盖苏文抹掉了。

除了安市城主的姓名外，东征还有一团更大的疑云：太宗到底有没有被高句丽人打伤？

挫败了中国人的进攻，尤其是挫败了有中国历史上最英明皇帝之称的唐太宗李世民的进攻，对半岛人来说是一件相当引以为豪的事情。早在当年，高句丽民间就风传唐太宗在安市城下受了箭伤。至于受伤部位，有说肩膀的，也有说眼睛的。尤其"唐太宗中箭眇①目"的传说，至今在半岛广为流传。

客观地讲，从后来太宗拖着病体回国来看，受伤的可能性是有的，有可能是大唐史官为尊者讳，推说太宗只是染了病。但这种可能性并不大，因为十月二十一日，为了尽早见到前来迎接的李治，太宗还"从飞骑三千人驰入临渝关（今河北秦皇岛抚宁区榆关镇）"。太子李治赶来迎接，看着老父身上已经脏旧的褐袍，哭着献上了新衣。太宗这才换了新袍。能纵马飞驰，即便受伤，也是小伤轻伤，更大的可能则是一点事都没有。

但在本世纪，某国拍了一部名为《渊盖苏文》的电视剧。在这部剧中，太宗就是被射瞎了眼睛，而且居然是被渊盖苏文亲自射瞎的。怎么说呢？权当一乐呵吧！

归国路上，太宗越想越觉得窝囊，越想越来气。隋炀帝再不济，当初也打到了平壤城下，若不是杨玄感黎阳起兵，说不定就把高句丽

---

① 眇，音秒。

给灭了。可他呢，出发前各种豪言壮语，末了连鸭绿水都没过去。抚今追昔，太宗悔恨交加："魏征若在，不使我有是行也！"随即命人乘驿马昼夜兼程赶到京城，用少牢①祭祀魏征，并重新竖起了当年他命人推倒的墓碑，还征召魏征的老婆孩子到行在②，亲自慰问赏赐。

毕竟是五十多岁的人了，连续的舟车劳顿，加上怒火攻心，太宗就病了，背上长了痈③，疼痛难忍。大家都劝他暂停休息，可他不干，兼程赶路往长安进发。都已经回国了，犯得着这么赶吗？说实话，他也想休息，可有个人急等着他去收拾呢！

这个人就是薛延陀新汗多弥。

10. 击灭薛延陀

九月初七，当时太宗还在安市城下跟"杨万春"较劲，薛延陀遣使报丧：真珠可汗夷男病殁。太宗仰天大笑，"为之发哀"。他当然有理由高兴，夷男一死，薛延陀的末日就不远了。

实事求是地讲，夷男也称得上是一代枭雄，薛延陀在他手上，由一个备受突厥欺凌的小部落，成为铁勒诸部的带头大哥，又成为雄踞漠北的草原霸主。如果上天多给他一些时间，如果他没有不幸地与太宗生于同一时代，说不定薛延陀能够成为与匈奴、突厥相比肩的草原

---

① 古代祭祀用羊、猪各一者，叫作"少牢"。
② 行在，专指天子巡行所到之地。
③ 痈，音庸。

帝国。但很不幸，上天注定要让这个时代更加热闹一些，生了他，又生了太宗。

夷男尸骨未寒，太宗当年布下的分化政策就奏效了。

夷男的庶长子、统辖诸附庸部落的曳莽赶到郁督军山奔丧。到了之后，他就后悔了，他的弟弟、统辖薛延陀本部的拔灼目露凶光、语带杀机。曳莽害怕了，不辞而别。但拔灼早有准备，"追袭杀之"，进而吞并诸杂姓部落，自立为多弥可汗。

夷男老成，心里装得下事儿，知道隐忍。但多弥年轻气盛，二两酒下肚就敢动刀子杀人，忍不了。趁着太宗还在回国的路上，他"引兵寇河南"。

太宗遥令左武候中郎将田仁会与执失思力合兵击之。执失思力"赢形伪退，诱之深入"。多弥不知，直以为突厥军队不堪一击，一路追击至夏州。然后，他傻了眼，执失思力的突厥军"整阵以待之"。突厥人打起铁勒人来格外卖力，薛延陀军大败，执失思力"追奔六百余里，耀威碛北而还"。

伤疤还没好，多弥就忘了疼，于十二月再攻夏州。太宗在辽东受了一肚子气，正没地儿撒呢，朕灭不了高句丽，还灭不了你个薛延陀?! 他连下四道命令：命李道宗镇朔州，代州都督薛万彻和左骁卫大将军阿史那社尔镇胜州（今内蒙古鄂尔多斯市准格尔旗二十连城乡），胜州都督宋君明和左武候将军薛孤吴仁镇灵州，又命执失思力统突厥人马，配合李道宗行动。四路大军就等着多弥这个愣头青扎进来，关门打狗。

多弥听说唐廷已有准备，马上掉头北归。夏州都督乔师望和执失思力果断追击，于贞观二十年（646 年）正月初八大破薛延陀，"虏获二千余人"。可笑多弥堂堂可汗，"轻骑遁走"。

多弥两次南征，一次败得比一次惨，不仅薛延陀本部嘀咕他，而且铁勒诸部也是一片哗然,这是什么可汗,纸做的吧?!

这个时候,回纥部落酋长吐迷度就动心思了。论实力,铁勒联盟中除了薛延陀,就数回纥了。回纥最早游牧于今蒙古国鄂尔浑河流域,后来逐渐扩张至天山地区。既然多弥不成器,扛不起铁勒的大旗,那回纥就要接班了。六月,吐迷度联合仆固、同罗二部,突袭薛延陀,大败多弥。

太宗得知铁勒起了内讧,高兴坏了,命李道宗、阿史那社尔、执失思力、契苾何力、薛万彻、张俭诸将,统率番汉精兵,在由西边灵州到东边营州的漫长战线上,全面发起对薛延陀的最后打击。

为保万全,他又派校尉宇文法远赴东北,说服室韦、靺鞨包抄薛延陀。使团在穿越薛延陀东境时,意外遭遇薛延陀阿波设的人马。宇文法指挥靺鞨人马,击破阿波设。消息传到郁督军山,薛延陀国中惊扰,不战自乱。

多弥吓破了胆,带数千骑,仓皇逃奔阿史德时健部落。吐迷度瞅准机会,集结重兵攻打阿史德时健部落,当场打死多弥,并将可汗家族屠杀一空。

多弥一死,薛延陀各部酋长争相遣使请降。部分不愿降唐的部众,有七万余口,拥立夷男的侄子咄摩支为可汗。但咄摩支也已胆寒,主动去掉可汗之号,遣使请降,希望唐廷允许他们返回郁督军山之北游牧。

偏偏其余的铁勒各部酋长都不想薛延陀回来,朝议也担心咄摩支休养生息后会成为北疆隐患,太宗决定派李勣率军与铁勒诸部合击咄摩支,彻底灭亡薛延陀。

此时的薛延陀已经不堪一击。李勣大军进至郁督军山,绝望的咄摩支只得投降。其部落仍想逃窜,被李勣纵兵追击,"前后斩五千余级,虏男女三万余人"。八月,太宗拖着病体到灵州指挥。当月,李道宗击破薛延陀最后一支抵抗力量——阿波设的人马,"斩首千余级,追奔二百里"。

薛延陀部众或南下降唐,或散入各周边部落,曾经不可一世的薛延陀汗国土崩瓦解。薛延陀很幸运地拥有一个夷男,可不幸的是,只有一个夷男。

薛延陀的灭亡,极大地震慑了铁勒诸部。八月十一日,回纥、拔野古、同罗、仆固、多滥葛、思结、阿跌、契苾、奚结、浑、斛薛等十一部酋长遣使入贡,一致请求臣事大唐。太宗大喜,发布敕书,明确将铁勒诸部划为大唐内属州县。

大唐王朝由此缔造了中国历史上破天荒的伟绩:第一次将中华帝国的版图扩展至大漠以北。太宗专门作诗,歌咏这一盛举,并勒石灵州。其诗曰:

> 雪耻酬百王,除凶报千古。
> 昔乘匹马去,今驱万乘来。
> 近日毛虽暖,闻弦心已惊。

当年,汉高祖刘邦平定了淮南叛乱,在还军途中即兴创作了《大风歌》,"大风起兮云飞扬,威加海内兮归故乡"。不过是威加海内而已,就已经这么让他膨胀了。唐太宗李世民岂止威加海内,还威加了海外。

贞观二十一年(647年)正月,唐廷明确了铁勒诸部的行政建制,以回纥部为瀚海府,仆固部为金微府,多滥葛部为燕然府,拔野古部为幽陵府,同罗部为龟林府,思结部为卢山府,浑部为皋[①]兰州,斛

[①] 皋,音高。

薛部为高阙州，奚结部为鸡鹿州，阿跌部为鸡田州，契苾部为榆溪州，思结别部为蹛①林州，白霫部为寘颜州，并称"铁勒十三州"。各部酋长或为都督，或为刺史，仍统本部人马。

十三州都督刺史一致奏请，在回纥以南、突厥以北修建一条参天可汗道，以方便他们参谒天可汗。太宗同意了，命有司凿成了这条沟通大漠南北的交通要道。参天可汗道的历史地位和历史意义完全不逊于秦直道。可惜年深日久，关于这条大道的资料已经很少了。我们只知道大道上沿途设置了68处驿站，备有马匹与食物供应往来使者。北疆各部族岁贡，都要经参天可汗道。

西谚有云，条条大路通罗马，借以标榜罗马帝国版图之大、交通之利。若以大唐风华与之相论，条条大路岂不亦能通长安乎？

威哉，大唐！威哉，太宗！

---

① 蹛，音代。

第十一章 大帝挽歌

01. 圣体不豫

从大业十三年（617年）起兵到现在已经30年了，这30年里头李世民几乎是马不停蹄地打了好多仗，干了好多事，妥妥的劳模一枚。瞅着似乎龙精虎猛的，但他的身体其实并不好，《资治通鉴》贞观十年（636年）中载："上得疾，累年不愈。"可见至少在贞观十年以前，他就得了病，并且还是顽疾。

东征铩羽而归，年逾半百的太宗气不过，急火攻心，起了大痈，一直好不利索。北伐薛延陀时，他又拖着病体赴灵州坐镇，天寒地冻，路途劳顿，导致病情进一步加重。

贞观二十年（646年）十一月，太宗实在撑不住了，只得下敕："祭祀、表疏、胡客、兵马、宿卫、行鱼契给驿、授五品以上官及除解、决死罪皆以闻，余并取皇太子处分。"

十二月初，百官第八次表请封禅。转年正月初十，太宗同意了，正式下敕将于明年开春封禅泰山。是啊，再不去的话，可能永远都去不了了。

然而，话音刚落，他又中了风。

时光荏苒，世事匆忙，一转眼，当年顶风尿三丈的赳赳少年，忽然就变成了顺风尿一鞋的老头子。

群臣百官忽然发觉皇帝变了。其实，说怪也不怪，人到中年，一且病痛缠身，其三观往往会发生颠覆性的重构。

太宗的变，首先体现在由一个无神论者变成了彻头彻尾的有神论者。

早年的太宗是妥妥的无神论者，甭管什么教，一概不信。武德九年（626年），他刚即位就下敕："民间百姓不得私自设立妖祠。除了正当的卜筮术，其余杂滥占卜，一律禁绝。"贞观二年（628年），他在提及南朝崇佛典型梁武帝、梁元帝时，语带不屑地说："梁武帝君臣只会空谈佛教的苦行与空寂，侯景之乱时他们连马都不会骑了。梁元帝被北周的军队包围，居然还在讲论《老子》，百官穿着戎装听讲。这些深足为戒。朕所喜好的只有尧、舜、周公、孔子之道，认为这如同鸟长翅膀、鱼得活水，失去它们将要死去，不可片刻没有它们。"可见，太宗骨子里其实是孔孟信徒，别说不信佛了，他连大唐的国教——道教都不信。

古时流行献符瑞。现在发现个什么三足牛、四脚鸡呀，都往研究院送，搁那会儿都往皇宫里送，皇帝好这口，送去有赏钱。

但太宗对此根本不感冒："朕就纳闷了，你们一天天贺个啥，只要百姓生活富足，哪怕一点儿祥瑞都没有，朕也是尧舜一般的贤君。如果百姓愁苦怨怼，即便天天有祥瑞，那朕也是桀纣一流。"所以，他马上就下了一道敕书："从今往后，大瑞才可以报给我，其余的小瑞报给有司备案就行了。"

不过，这个话就很模糊了，到底多大的瑞才能算大瑞？大臣们就觉得诸如白鹊以怪异的姿势求爱就算是大瑞了。一次，一对白鹊在太宗寝殿外的槐树上为爱鼓掌，姿势如同腰鼓一般，很少见。大臣们齐声称贺。太宗却冷笑数声："我常常笑话隋炀帝喜欢祥瑞，得到贤才就是祥瑞，这有什么值得庆贺的！"当即命人毁掉了鹊巢。

贞观三年（629年）三月，他考察天牢中的囚犯。有个叫刘恭的，因脖颈上刻有"胜"字，且自称"当胜天下"，而被捕入狱。太宗了解情况后，却说："如果天意要他崛起，朕也无能为力。如果他不是天命所归，即便刻个'胜'字又如何？"当场释放了刘恭。

但自打久病不愈后，太宗的唯物世界观就崩塌了，他太想健康了，他太希望再活五百年了！谁能给他这样的期许呢？只有神佛！因此，东征归来后，他开始宠爱方士，服用丹药。当年所恶翻作了眼前所爱，这在早年几乎是不可想象的。

太宗的变，还体现在他开始毫不掩饰地追逐物质享乐。早年他也有这毛病，但当时有魏征等人拦着，还不至于离个大谱。现在不同了，没人拦了，他是想干啥就干啥。

贞观二十一年（647年）四月，他命工部尚书阎立德重修终南山太和宫，更名为翠微宫，作为避暑的夏宫。毕竟是翻新的，又小又寒酸，住了没几天，太宗不满意了，又下敕在前隋仁智宫基址上兴建玉华宫。虽然他口口声声说："务令俭约，惟所居殿覆以瓦，余皆茅茨。"但实际兴建时，却是大兴土木，奢华至极。"匠人以为层声峻谷，元览遐长，于是疏泉抗殿，包山通苑"，建成了一个有九殿五门、设有太子宫和百司的宫殿群，面积远超仁智宫，"所费以巨亿计"。

但服用丹药、营建宫殿都不能纾解病痛，他的健康状况还是一天不如一天。太宗自度以他目前的身体状况，如果舟车劳顿地赶往泰山，很可能会死在半路上。无奈之下，只得借口"薛延陀新降，土功屡兴，加以河北水灾"，取消了明年的封禅大典。

这一取消，就再也没机会去了。其实，太宗是唐朝最够格封禅泰山的皇帝。

这时，齐州有个叫段志冲的草民竟大胆上书，圣上你身体既然不行了，不如退位吧。李治吓坏了，"忧形于色，发言流涕"。长孙无忌也很紧张，强烈要求诛杀段志冲。他们怕太宗怀疑是他们指使段志冲上书的。

太宗当然很不高兴，但人家说的也确实是事实，心中纵有千般不悦，也犯不着大张旗鼓地为难一个小民，只好手诏答复说："段志冲一介匹夫，想让朕逊位。朕如果真的有罪过，那说明他很正直。朕如果没有罪过，只能证明他的狂妄。"

讲真，如果他的身体好，只怕段志冲和李治早没命了。

豁达是装的，太宗心里其实还是很介意很受伤的，十一月，他宣布，朕的病好了，并恢复了"三日一视朝"。看看，朕的身体还是棒棒哒，朕还能接着干。

02. 亲撰帝范

其实，太宗也明白自己是强撑的，时日真的无多了，有些事儿得抓紧办，而其中最首要的莫过于教导李治。

知子莫如父，老父亲李世民知道，以雉奴的仁弱，当不了一个好皇帝。他不止一次向大臣们表示过这种担心，甚至曾在朝堂上公然问群臣："太子的性格，外面的蛮夷戎狄也知道吗？"长孙无忌抢答定调子："太子虽不出宫门，天下无不钦仰圣德。"他都这么说了，别的大臣还能说什么？还敢说什么？但太宗依然忧心忡忡："治儿这孩子打小就宽厚。老话说得好，'生子如狼，犹恐如羊'。希望他再大一些，能有所改变。"长孙无忌依然敲顺风锣："陛下神武，是拨乱之才。太子仁善，是守成之君。虽然志趣不同，但都契合彼此的历史阶段。这都是皇天保佑我大唐社稷、造福天下苍生的征兆啊！"

担心归担心，但木已成舟，太宗所能做的也就只有加大传帮带的力度，争取让雉奴有所提高了。

如何当好一个优秀的君王？这种问题，长孙无忌、房玄龄、李靖他们回答不了，只有太宗有资格也有能力解答。于是，他开始利用闲暇时间写文章，到贞观二十二年（648年）正月，终于形成了一篇四千多字的文章。总该有个名字吧！太宗想了又想，取名叫《帝范》。帝王的规范？帝王的典范？怎么理解都可以。

在序言中，他苦口婆心地叮嘱李治，雉奴啊，你太嫩了，"未辨君臣之礼节，不知稼穑之艰难"，为父怕你挑不起、挑不好这副担子，所以精心写了这篇文章，希望你能好好学习爸爸的思想。

《帝范》的正文部分一共有十二小节，每节探讨一个主题，涵盖了太宗所认为的君王抓全面建设的所有内容，包括君体（自身建设）、建亲（分封诸侯）、求贤（发掘人才）、审官（审用官员）、纳谏（察纳雅言）、去谗（屏绝小人）、诫盈（避免骄傲）、崇俭（勤俭简约）、赏罚（赏罚公正）、务农（发展农业）、阅武（军队建设）和崇文（发展文教），既有很深刻的认识论，也有很到位的方法论，充分体现了一代明君唐太宗李世民的见识和水平。用他自己的话说："此十二条者，帝王之大纲也。安危兴废，咸在兹焉。"这十二条是为帝王者的大纲，安危兴废都在里面了。

应该说，大部分内容都传递了正能量。只是在《建亲》篇中，太宗还在念念不忘地贩卖他的封建思想，希望李治能把他没搞成的分封制搞下去。

他先是回顾历史，分析了周朝分封的好处与秦朝不分封的坏处："昔周之兴也，割裂山河，分王宗族。内有晋郑之辅，外有鲁卫之虞。故卜祚灵长，历年数百。秦之季也，弃淳于之策，纳李斯之谋。不亲其亲，独智其智，颠覆莫恃，二世而亡。"

当然，他也承认西汉的分封制搞得过了头，没有限制诸侯王的地盘和军队，所以才酿成了七国之乱。但他又扯了回来，说曹魏因不分封而被篡夺，因此得出了一个结论："夫封之太强，则为噬脐之患；致之太弱，则无固本之基。"封国如果太强，就会威胁朝廷；可封国如果太弱，又帮不了朝廷。

在此基础上，他给李治支了着儿："莫若众建宗亲而少力，使轻重相镇，忧乐是同，则上无猜忌之心，下无侵冤之虑。"其实这也不是他发明的新招数，说白了就是学习汉朝的推恩令，众建诸侯而少其力。但推恩令我们是知道的，确实削弱了诸侯王，可汉朝灭亡的时候，有一个诸侯王站出来帮朝廷了吗？没有，一个都没有，因为都太弱了！

当然，后来我们都知道了，关于老父亲的分封之见，李治连一个字儿都没听。

《帝范》的一大亮点，是太宗在结尾部分勇敢地进行了自我画像，承认了自己的过错和不足："吾在位以来，所制多矣。奇丽服，锦绣珠玉，不绝于前，此非防欲也；雕楹刻桷①，高台深池，每兴其役，此非俭志也；犬马鹰鹘，无远必致，此非节心也；数有行幸，以亟劳人，此非屈己也。斯事者，吾之深过，勿以兹为是而后法焉。"他要求李治："当择圣主为师，毋以吾为前鉴。取法于上，仅得为中；取法于中，故为其下。"并语带回音地再次叮嘱他："成迟败速者，国之基也；失易得难者，天之位也。可不惜哉？可不慎哉？"儿子，你一定要珍惜咱们李家的江山，一定要慎之又慎！

我阅罢全文，总的感受是：一个焦虑万分又苦口婆心的老父亲形象跃然纸上又力透纸背。为了让他李家的江山能千秋万代地传下去，

---

① 桷，音绝。

太宗真是煞费苦心。可是你管得了李治，还能管得了李治的后代吗？事实上，他连李治都管不了！再牛哄哄的家族，也不可能代代都是人杰，总会有不成器的子孙毁掉祖先的努力。从这个意义上讲，任何伟大的事业都有终结的一天。李家能撑289年，已经很不错了！

言归正传，总的来说，《帝范》就是一本帝王教科书，和太宗专门编给诸侯王们看的《诸王善恶录》是姊妹篇。这是中国教育史上讲授人数最少（只有唐太宗李世民一人）、受众最少（只有唐高宗李治一人）、印数最少的教材了。两千多年封建史，那么多的帝王，只有太宗办了这事儿。唐太宗之所以为唐太宗，真不是偶然的啊！

太宗亲手将《帝范》交到了李治手上："修身治国，备在其中。一旦不讳，更无所言矣。"孩儿啊，帝王之道都在这本书里，万一哪天我不行了，也没啥可说的了。

说到太宗为帝的思想心得，除了《诸王善恶录》和《帝范》，还有两本书不得不提，一本是《贞观政要》，一本是《李卫公问对》。通常认为，前者是太宗思想的政治篇，后者是军事篇。

《贞观政要》是唐玄宗时卫尉少卿兼修国史吴兢编纂的一本政论类史书，旨在总结唐太宗时代的政治得失，为后来君主提供镜鉴。书中所记基本上是贞观年间太宗与魏征、王珪、房玄龄、杜如晦等人关于施政问题的对话，以及一些大臣的谏议和奏疏。此外，还记载了一些政治、经济上的重大措施，保存了很多重要史料。唐史三大典中关于贞观时期的记载，都不如《贞观政要》详尽。所以这本书受到了历代统治者的重视，甚至还出现了西夏文、契丹文、女真文、蒙古文、满洲文等多个译本，并一度流传到日本和朝鲜半岛，国际影响很大。

《李卫公问对》的作者相传是唐初军神李靖。书中的主人公就两个，一个是李靖李药师，另一个就是唐太宗李世民。全书就是两人关于军事问题的问答。此书在宋神宗元丰年间被列入官方武学教材——

《武经七书》①，是各级军官的必读书目。现存共三卷，一万余字，记录了唐太宗与李靖问答98条次。不过，因为唐史三大典中均不见对此书的记载，且内容"浅陋狠俗"，所以自宋以降备受质疑，被认为是宋人伪托李靖之名所著。

03. 内定人事

除了搞好传帮带，努力提高李治的能力素质外，选谁辅佐他也是很重要的。有些人不能再用了，有些人该杀就得杀了，有些人则要迅速提拔到关键岗位上来。

从贞观十九年（645年）底开始，唐廷陷入了剧烈的、带血的人事变动中。

首先，贞观十九年十二月，刘洎被杀。

刘洎其实是死在了自己的嘴上。东征前，他一句"大臣有罪者，臣谨即行诛"，就让太宗疑窦丛生、大为光火了。东征后，太宗拖着病体回到定州。刘洎和马周、褚遂良一道入内探视。出来后，刘洎千不该万不该说了这么一句话："疾势如此，圣躬可忧！"敢说皇帝没几天活头？要你命！褚遂良马上跑到太宗面前添油加醋地打小报告："刘洎说国家大事也没啥可忧虑的，等太子即位后，他就学习伊尹、霍光摄政。大臣里头有谁不服，立马干掉！"

---

① 《武经七书》，即《孙子兵法》《吴子兵法》《六韬》《司马法》《三略》《尉缭子》《李卫公问对》。

太宗登时暴怒，朕还没死呢，你就想当伊尹、霍光了，我看你是阿瞒、仲达之流。他面询刘洎。刘洎自然据实回答。马周也为刘洎做证。可这刺儿已经在太宗的心头长成了参天大树，任谁解释、怎么解释都没用。最终，刘洎被赐死，罪名是"与人窃议，窥窬[①]万一，谋执朝衡，自处伊霍，猜忌大臣，皆欲夷戮"。

顺便说一句，刘洎后来被平反了，替他洗冤的人就是武媚娘。

四个月后，刑部尚书张亮也因谋反受诛。

陕人常德玄状告张亮谋反，证据有三：一是张亮曾问术士程公颖，说他胳膊上长了龙鳞，想举大事，行不行？二是他多次向另一术士公孙常显摆自己"名应图谶"。三是他养了五百义子。

太宗命马周等人调查。张亮矢口否认。可能他人品比较差吧，群臣百官都说他谋反是实，"当诛"。只有将作少匠李道裕为他说话。太宗派长孙无忌、房玄龄捎话给狱中的张亮："法者，天下之平，与公共之。公自不谨，与凶人往还，陷入于法，今将奈何！公好去。"

最终，张亮被弃市，其家被籍没。

其实，刘洎和张亮之所以被杀，根本原因就在于他们曾经是李泰的人。

紧接着，当年十月，萧瑀又遭贬黜。

萧瑀是出了名的老顽固，别人都有自己的一帮小伙伴，只有他独来独往，说得好听点儿叫不党不群，说得直白点儿就是和谁都合不来。他曾向太宗进言："房玄龄与中书门下众臣朋党，图谋不轨。陛下你不知道，他们只是还没谋反而已。"太宗听了很不高兴，别人都是奸臣，就你是忠臣？当场回道："爱卿你说话太过分了！人无完人，不宜求全责备，要看人家的长处。朕虽然不聪明，也不至于好赖不分

[①] 窬，音于。

啊！"能把皇帝逼到说自己不聪明，萧瑀确实过分了！

因为性格的缘故，萧瑀在贞观朝四起四落。玄武门之变后，他得拜左仆射，还不到三个月，就因为和陈叔达御前争吵被免了职，这是第一次。贞观元年六月，太宗又起用他为左仆射，半年后他又被拿下，这是第二次。贞观四年二月，他又出任御史大夫，加"参议朝政"，事实上还是宰相，可他老脾气不改，经常当着太宗的面儿奚落房玄龄等人，当年七月就被罢免了，这是第三次。此后，萧瑀一直当着太子少傅、太常卿、光禄大夫之类的闲差。最后一次，贞观九年十一月太宗再度让他"参预政事"。这一次他挺得比较久，一直挺到了贞观二十年十月。

太宗一再容忍萧瑀是有原因的。当年他被李建成压得够呛，萧瑀一直挺他，为他说话，所以他心里一直记得萧瑀的好。即位后，他曾当着群臣的面指着萧瑀说："武德六年以后，高祖有废立之心而未定，我不为兄弟所容，实有功高不赏之惧。斯人也，不可以利诱，不可以死胁，真社稷臣也！"并当场赐诗："疾风知劲草，板荡识诚臣。勇夫安知义，智者必怀仁。"不过，他也曾提醒过萧瑀："爱卿忠直固然是优点，但你善恶分得太清，所以有时候难免犯错误！"魏征就曾说过："萧瑀同僚关系处理不好，非常孤立，只有陛下能看到他的优点，如果他遇到的不是您这样的明君，估计早就死了。"讲真，太宗对萧瑀很够意思了。

贞观群臣大多痴迷佛教，萧瑀尤甚。太宗很是不解。一次，他问张亮："爱卿你这么崇信佛教，为什么不出家呢？"在我看来，这话就是劝张亮不要把着权力不放，赶紧退吧！张亮还没作答，一旁的萧瑀忽然冒了出来，请求太宗批准他出家。太宗心里十分不爽，强压着怒火说："行啊，那你出吧，出呀！"很尴尬！过了不一会儿，萧瑀忽然又说："臣刚才想了想，暂时还不能出家。"把个太宗气得面色铁青，拂袖而去。他气，萧瑀比他还气，从此动不动就称病不上朝，即使上朝也不到政事堂参知政事。

皇帝的眼睛里终究容不得沙子，容得了一时，也容不了一世。十月，太宗手诏，明确表示对佛教的不崇信，历数崇佛的历史教训，并狠狠地斥责萧瑀不仅认识上站不到他这个高度，而且行为上"自请出家，寻复违异"。非说要出家，朕都同意了，结果你又不出了，这是在耍朕吗？萧瑀被罢相，降为商州刺史。

这一次萧瑀再也没能复起。贞观二十二年（648年）三月，他姐姐、前隋萧皇后病逝。萧瑀伤心不已，三个月后就病殁了。关于他的谥号，太常建议用"德"，尚书建议用"肃"。太宗小心眼儿，偏要用"贞褊①"，贞表示他端直，褊表示他多猜疑。

继贬黜萧瑀后，当年十二月，太宗甚至借口小事，让房玄龄回家反省。

褚遂良为房玄龄鸣不平："房玄龄的功劳天下皆知，他又不是犯了十恶不赦的大罪，怎么突然就让他离职回家了呢？退一万步来说，哪怕是陛下觉得他太老了，不想用他了，也应该找他谈话，劝他主动申请致仕。怎么能因为区区小事，就忘了人家几十年的功劳呢？"

太宗听了，马上召回房玄龄。但房玄龄揣知圣意，不久又主动申请还家了。

太宗试着适应没有房玄龄的日子，他的确很努力地尝试了，结果还是不成，他对房玄龄的依赖度远比他意识到的还要深。他明白这一点，房玄龄比他还明白。这日，听闻太宗驾幸芙蓉园，房玄龄马上命家人洒扫门庭。家人不解。房玄龄微微笑道："乘舆②且至！"果不其

---

① 褊，音扁。
② 乘舆，古代特指天子和诸侯所乘坐的车子。

然，不一会儿太宗来了，用御驾载着房玄龄就回宫了。走吧，没你真不行！

太宗的套路好比山路十八弯，这条路上只有一个人能做到闲庭信步、安然无恙，这个人就是房玄龄。

第二年七月，太宗又杀了李君羡。

大致从贞观二十年起，天象频频反常，太白屡屡经天。经与袁天纲齐名的太史令李淳风分析，结论骇人听闻："女主昌。"与此同时，民间忽然流传起一条《秘记》："唐三世之后，女主武王代有天下。"两相对照，指向一个共同的结论：将有一个带"wǔ"的女人窃据大唐江山社稷。

太宗私下里问过李淳风："《秘记》所云，信有之乎？"这一次李淳风说得更直白："我仰观天象，俯察历数，这个人现在已在宫中了，是陛下亲属。从今往后不超过三十年，这个人当做天下的君王，并将大唐皇室子孙杀得不剩几个，其征兆已经形成了。"事关自家产业，太宗的狠劲儿马上冒了出来："凡是有怀疑的统统杀掉，怎么样？"李淳风反对："此乃天命，人力不能够违抗。未来称王的人死不了，反而白白地杀死无辜。而且今后三十年，那个人也已经老了，或许会存有一些慈善心肠，祸害可能会小些。现在即使找到此人将其杀死，老天可能还会降生一个更强壮的人来报仇，只怕将来您的子孙就无一幸免了！"太宗觉得很有道理，这才没有大肆株连。

也是合该有事，这日太宗宴请诸将，酒酣之际，命众将说出各自的小名取乐。武夫的小名肯定是五花八门了，有叫狗剩的，有叫二柱的。轮到李君羡时，他说小名叫五娘。大家都乐了，雄赳赳的虬髯大汉，小名儿居然很娘儿们的？！唯独太宗心里咯噔一下，这个李君羡籍贯洺州武安（今河北邯郸武安县），镇守玄武门，官拜左武卫将军，封爵武连县公，处处与 wǔ 相关，小名还带个"娘"字，岂不正是

《秘记》所云的"女主武王"?! 他佯笑道:"什么女子,竟这么勇健?!"事后却借口他事,将李君羡外放为华州刺史,又授意御史弹劾李君羡与妖人图谋不轨。

七月,李君羡被定罪处斩,全家抄没。

后来的事情大家也清楚,李君羡其实是替武则天顶了雷。所以武则天以周代唐后,恩旨追复了李君羡的官爵。

李君羡下线不足两个月,薛万彻又遭流放。

兄长薛万均死后,薛万彻心怀怨望,私下里常常口言不逊。时间久了,太宗当然就知道了。不久后,有人弹劾薛万彻在军中颐指气使、凌辱将士,而且对圣上常有怨望。太宗借机将他除名,流放今广西来宾象州。

拾掇老人,其实是为了给新人腾出位置。太宗准备用起来的有两个人,一个是崔仁师,一个是褚遂良。

崔仁师出自御史系统,颇受太宗赏识。但他曾是李泰一党,在李泰倒台后左迁鸿胪少卿。按理说,李泰的人是不能再用了,但太宗对崔仁师念念不忘,不久后又提拔他为民部侍郎。但这个人的官运真是不怎么好,东征高句丽时他和太常卿韦挺担任馈运使,因为六百余艘运米船搁浅,又被免了官。但太宗还是不肯放弃他,东征后又起用为中书舍人。

贞观二十二年正月,平民宰相马周去世,太宗于当月提拔崔仁师为中书侍郎,特许他"参知机务",实质上已经位列宰相了。一同受到提拔的还有长孙无忌,任检校中书令,知尚书、门下省事。

但当时的朝廷格局对崔仁师极为不利,他的两个大哥岑文本和刘洎全部出局,死对头长孙无忌又得了势,处境十分艰难。果不其然,仅仅一个月后,适逢有人伏阁上诉,崔仁师未及时上报。长孙无忌、褚遂良逮着这件事不放,编排崔仁师。太宗大怒,将崔仁师除名,流放今广东清远连州。

崔仁师一倒，褚遂良于九月顺利晋升中书令。至此，长孙无忌和褚遂良二人联手把持了三省大权。

杀刘洎、诛张亮、黜萧瑀、退玄龄、屠君羡、流万彻，太宗的这波操作雷霆果决、狠辣非常。有人说了，他是不是因为顽疾缠身变得喜怒无常了？非也，有两件小事儿很能说明问题。

张亮被杀前一月，太宗驾临未央宫，仪仗已经过去了，他忽然瞧见路旁的草丛里趴着一个人，身上还带着一把刀。这可是天大的事情，侍卫马上将该人拿下。太宗亲自询问。该人解释说："听说您的车驾过来了，我十分害怕，所以趴着不敢动。"太宗听了，也不去未央宫了，马上回宫。但事后他悄悄叮嘱太子李治："这个事要是走漏了消息，估计又有好几个人要人头落地了。你不要声张，一会儿赶紧把他放了！"

还有一次，太宗乘坐腰舆①时，被三个卫士不小心碰到了御衣。但凡太宗怒了，或是被御史看到了，这三个人都小命不保。但太宗却颇为和善地对三人说："放心，御史不在，没人弹劾你们，朕也不会怪罪你们！"这话听着还很俏皮。

可见，太宗的残忍并非无厘头，而是有原因、有指向的，区区几个小人物根本不值得他打破明君人设，但对手握重权的、可能危及李治统治的刘洎、张亮等人，他就很不客气了。

虽说杀了一些功臣，但总的来说太宗还是做到了善待功臣的，跟随高祖和他打天下、平四方的功臣大多得以善终。十七位太原元谋功臣，太宗没杀一人，至多也就是收拾了一下裴寂，那也是为了给冤死的刘文静出气。凌烟阁二十四功臣中，横死的只有张亮和侯君集，但

---

① 手挽的便舆，高仅及腰，故名腰舆。

这两个人死得并不冤,因为他们的确想谋反,并且其家并未被族灭。

像尉迟敬德那么嚣张跋扈,太宗虽然起了杀心,最终也没有痛下杀手。东征结束后,尉迟敬德仍旧退职居家。这个老头儿终于学乖了,闭门谢客,悠游度日,各种声色犬马,又是服用丹药,又是垂涎女色的。到底是军人出身,就这么整,身体居然没坏。一直到高宗显庆三年(658年)底,尉迟敬德才以74岁的高龄去世。他比太宗大13岁,太宗都死了10个年头,他才过世。

不具备统帅才能的猛将应该如何安顿自己的职场人生,尉迟敬德似乎可作参考。

高宗李治为尉迟敬德之死罢朝三日,令在京五品以上官员都去参加吊唁,并下诏追认尉迟敬德为司徒、并州都督,谥号为"忠武",赐东园秘器①,陪葬太宗昭陵。建中三年(782年),德宗追封古代名将64人,尉迟敬德是其中之一。北宋宣和五年(1123年),宋室为72位古代名将设庙,尉迟敬德赫然在列。

在军将方面,太宗是很无奈的,李靖老了,侯君集和张亮死了,薛万彻流放了,李道宗又是宗室,转了一大圈,还得重用李勣。

于是,他重启了对李勣的忽悠。恰值李勣得了暴疾,医生说只有用胡须的灰烬当药引子,才能治好他的病。太宗二话不说,就把自己的龙须剪了下来,烧成灰,送给李勣当药引子。

李勣对他的套路无比清楚,以戏剧化的表演回应了太宗戏剧化的套路,"顿首出血泣谢"。太宗接着贩卖人设:"哎呀,朕是为了江山社稷,不是为了爱卿你,有什么可谢的呢?!"

李勣病好后,太宗又专门设宴庆祝。宴会上,他当着群臣的面儿套路李勣:"群臣里头可以托孤的,头一个就是你李勣。当年你没有辜

---

① 东园秘器,指皇室、显宦死后用的棺材。

负李密,我相信你将来也不会辜负朕!"李勣"流涕辞谢,啮指出血,因饮沉醉"。太宗十分到位地解下自己的御袍,"贴心"地盖在李勣身上,别把朕的爱卿冻坏喽!

04. 外消隐患

在布局内事的同时,太宗也在积极地解决外事上的三大隐患:东边的高句丽、西边的西突厥和北边的东突厥余孽车鼻。

首先是从贞观二十一年(647年)三月开始,频繁袭扰高句丽。

太宗归国后,渊盖苏文象征性地摆出了屈服的姿态,献上宝器及美女,意思意思。但太宗咽不下这口气,愣是没要。渊盖苏文一看这仇解不了了,干脆不再理会,面对唐使他的态度依旧傲慢至极,并且又恢复了对新罗的侵略。

太宗大怒,宣布不再接受高句丽的朝贡,并计划再次讨伐渊盖苏文。但朝臣们普遍认为"高丽依山为城,攻之不可猝拔",主张采取袭扰疲敌战术,逐渐蚕食辽东。太宗当时同意了。

在这一思想指导下,贞观二十一年三月和二十二年正月,唐廷两次遣精兵袭扰高句丽。高句丽人完全不知道唐军什么时候会来,只得时刻处于警戒状态,风声鹤唳,草木皆兵,哪还顾得上开展农业生产和经济建设?如果像这样坚持再搞几年,这个国家很有可能内部生变,自己就崩溃了。

但现在的太宗什么都不缺,就缺时间,他要在有生之年亲眼看到高句丽的覆灭,因为他觉得李治解决不了这个难题,他等不了,也等不起。于是他力排众议,决定于贞观二十三年(649年)发三十万大军,一举攻灭高句丽。

运送三十万大军的粮草,需要数量庞大的牲畜和车辆,短时间内根本无法筹集。因此,太宗想到了建造数百艘大船运输粮草的办法。受领此项任务的剑南道官员督迫严急,蜀人苦不堪言,雅、邛、眉三州的獠民甚至被逼反。

即便如此,都没能动摇太宗东讨高句丽的决心。贞观二十二年(648年)十一月,契丹和奚再度更换阵营,降附大唐。唐廷于契丹部开设松漠都督府,以其酋长窟哥为都督,领契丹八部九州;于奚部开设饶乐都督府,以其酋长可度为都督,并赐两部酋长姓李。为了羁縻两番、经略辽东,又在营州特设了东夷校尉官。两番的归附进一步助长了太宗彻底消灭高句丽的决心,他只待大船造好,就一举发兵攻灭高句丽。顺便说一句,本书之后出现的"两番",若无特别说明,均默认指代契丹和奚。

在西线,太宗发兵颠覆了龟兹①的亲西突厥政权,进一步削弱了西突厥对西域的控制。

这个时候西突厥又换天了,话事人既不是乙毗咄陆,也不是沙钵罗叶护,而是乙毗射匮了。

因为乙毗咄陆的威胁,沙钵罗叶护改弦更张,于贞观十五年(641年)秋接受了唐廷的册封,但不久后他就被乙毗咄陆生擒了。乙毗咄陆初定西突厥,便迫不及待地向大唐复仇,与大唐新任安西都护郭孝恪频频交战。说来还是天佑大唐,贞观十六年,因为擅杀阿悉结泥孰部酋长,乙毗咄陆众叛亲离。唐廷趁机册封前可汗莫贺咄之子为

---

① 龟兹,音秋词,龟兹国以库车为中心,东起轮台,西至巴楚,北靠天山,南临塔克拉玛干大沙漠。

乙毗射匮可汗。内外交困的乙毗咄陆被迫逃亡吐火罗[①]。

西突厥虽然暂时臣服了，但西域仍不太平。唐廷攻灭高昌，特别是设立安西都护府的举动，使得西域诸国格外警惕。

焉耆王突骑支的立场首先发生了变化，不仅与西突厥酋长屈利啜联姻，还停止了对唐的朝贡。贞观十八年（644年）九月，郭孝恪攻破焉耆，生擒突骑支，以其弟栗婆准摄政。

然而，唐军撤离还不到三天，屈利啜又攻破焉耆，生擒了栗婆准，并追击郭孝恪。郭孝恪还击，大败屈利啜军。不料西突厥的另一个酋长处那啜又趁机占领了焉耆，虽说在唐廷的武力威胁下撤了军，却扶植突骑支的堂兄薛婆阿那支为王。

当时，太宗的注意力在对高句丽的战事上，就没再继续理会。等到东征结束后，乙毗射匮又坐大了。在他的策动下，龟兹王诃黎布失毕又充当了反唐急先锋。但这时候太宗已经腾出手来了，决心彻底解决西域问题。

贞观二十一年十二月，唐廷以阿史那社尔为主帅，契苾何力、郭孝恪为副帅，征调铁勒、突厥、吐蕃、吐谷浑人马，连兵进讨诃黎布失毕。

到贞观二十二年冬，唐军接连击破西突厥属部——处月和处密，击斩焉耆王薛婆阿那支，生擒龟兹王诃黎布失毕。只可惜郭孝恪战死于龟兹国都拨换城（在今新疆阿克苏市）。焉耆、龟兹二国再度降唐，西域震骇，西突厥、于阗、安国（今乌兹别克斯坦布哈拉市）争相向王师馈运驼马军粮。阿史那社尔勒石纪功而还。

[①] 吐火罗国，古称大夏。据《大唐西域记》记载，该国疆域东起帕米尔，西接波斯，北据今乌兹别克斯坦南部布兹嘎拉山口，南至今阿富汗兴都库什山，南北千余里，东西三千余里。

为了加强对西域的控制，唐廷将安西都护府的府治由原高昌国都交河城（今新疆吐鲁番市西雅尔）迁移至龟兹拨换城，同时在龟兹（今新疆阿克苏库车县）、焉耆（今新疆巴音郭楞焉耆县）、于阗（今新疆和田）、疏勒（今新疆喀什疏勒县）四地修筑城堡，建置军镇，归安西都护节制。这就是唐代赫赫有名的"安西四镇"。

为了对付乙毗射匮，贞观二十三年二月，太宗又于龟兹特设瑶池都督府，以降唐的西突厥重臣阿史那贺鲁为瑶池都督。

阿史那贺鲁早年是乙毗咄陆麾下的叶护。乙毗咄陆出奔吐火罗后，他受到了乙毗射匮的攻击，不得不率余众数千帐内属。此人对西突厥的情况十分了解，而且表现得极为恭顺。太宗就想用他去对付乙毗射匮，故而册封其为瑶池都督，代表大唐征讨西突厥各部。

高句丽和西突厥还没搞定，太宗又想剪除东突厥小可汗车鼻了。

当年铁山之战后，游牧于漠北的车鼻率部降附了薛延陀。但薛延陀中有人劝夷男："车鼻贵种，有勇略，为众所附，恐为后患，不如杀之。"车鼻听到风声，逃窜至阿尔泰山以北。夷男多次派兵进剿，反为所败。车鼻网罗突厥残部，势力逐渐壮大，数年间有胜兵三万人，竟建牙称汗。

起初，太宗并没把他当回事儿，因为有夷男压着他呢。但薛延陀汗国完蛋后，没人卡车鼻的脖子了。太宗担心车鼻整合突厥、铁勒，就想对付他了。车鼻很聪明，主动示好，坚决拥护天可汗的领导，并派儿子入朝，捎话说他也要入朝。太宗顺势派遣云麾将军安调遮、右屯卫郎将韩华至金山牙帐迎接他入朝。车鼻只是耍耍嘴，自然各种理由推托。安、韩二人计划联合车鼻属部葛逻禄，劫持车鼻归唐，不料计划泄露，反为车鼻所杀。

太宗明白了，这家伙的确不是个服帖的人。果不其然，车鼻真的动了恢复大突厥汗国荣光的心思，图谋控制回纥。

后薛延陀时代，铁勒诸部以回纥马首是瞻。虽然唐廷给回纥酋长吐迷度的封号是瀚海都督，但此人已私自称汗。唐廷当然是知道的，但念吐迷度很服帖很恭顺，每次征调作战时也很卖力，所以也就睁一只眼闭一只眼了。

车鼻有两个女婿是回纥达官，一个是吐迷度的侄子乌纥，另一个是回纥掘罗勿部首领俱罗勃。车鼻就怂恿两个女婿搞死吐迷度，跟他一起干。

乌纥和吐迷度的老婆有奸情，担心事情败露，就在贞观二十二年十月的一个晚上，把吐迷度干掉了。燕然副都护元礼臣处事果断，马上派人引诱乌纥，说要保举他为瀚海都督。乌纥高兴坏了，轻骑来见元礼臣，当场被杀。

回纥诸部群龙无首，乱作一团，车鼻趁机拉拢引诱各部酋长。太宗很警惕，接到元礼臣的奏报后，一面派兵部尚书崔敦礼驰往瀚海府，安抚回纥各部，册封吐迷度之子婆闰为瀚海都督；一面将入朝想讨个封号的俱罗勃留在长安任职。一顿操作猛如虎，回纥总算安定了下来。

追根溯源，车鼻是回纥之乱的幕后黑手，不灭此人，漠北永无宁日。贞观二十三年正月，太宗借口车鼻不入朝，派右骁卫郎将高侃发回纥、仆固等铁勒人马击之。

05. 天竺术士

然而，此时太宗的身体状况已经很糟糕了。病情恶化得如此迅速，与他服用方士们的丹药，特别是天竺方士那罗迩娑婆寐的丹药，有直接关系。

这个叫那罗迩娑婆寐的阿三是天竺的征服者——王玄策献给他的。

太宗一心想搞定东边的渊盖苏文、北边的车鼻可汗和西边的乙毗射匮，可连续几年下来，东边没进展，北边没成果，西边没响声，反倒是他本不在意的南边爆出了一记惊天巨雷：贞观二十二年五月，唐使王玄策借吐蕃、尼婆罗（在今尼泊尔）不足一万人马，一举击破了中天竺国。

有人纳闷了，中天竺不是友邦吗？王玄策为什么要打人家，还把人家打趴下了？

大家还记得王玄策吧，贞观十七年唐廷第一次遣使天竺时，他是副使。贞观二十一年，时任太子右率府长史的王玄策再次出使天竺。天竺各邦纷纷款待王玄策，并献上给大唐皇帝的贡品。

没想到中天竺国突遭国丧，一代雄主戒日王在恒河溺水而亡。戒日王朝是一个靠武力维持的联邦制王朝。戒日王一死，中央就控制不住各邦了。帝那伏国国王阿罗那顺趁机篡夺了政权，中天竺大乱。也不知阿罗那顺是怎么想的，竟然发兵攻打大唐使团，将三十多人的使团杀得只剩团长王玄策和副团长蒋师仁二人，还将天竺各国的贡物抢掠一空。

王玄策和蒋师仁找了个机会脱逃了。接下来该怎么办？如果是循规蹈矩的人，必然是马上回国，奏请圣裁。但胆大的王玄策却做出了另类的选择，他带着蒋师仁一路北上至尼婆罗国。当时，尼婆罗是吐蕃的属国，而吐蕃和大唐是翁婿之国。王玄策修书二国，请求派兵支援，惩罚天竺人。区区一个唐使的话，完全可以不予理会，可松赞干布毫不含糊，马上派出精锐一千二百人至尼婆罗。尼婆罗国也派出七千骑兵助战。

王玄策、蒋师仁就带着这不到一万兵马南下,于贞观二十二年五月进入中天竺。阿罗那顺率众坚守国都茶镈①和罗城(在今印度东北恒河南岸巴特那地区)。联军连战三日,大破中天竺军,"斩首三千余级,赴水溺死者且万人"。阿罗那顺弃城而走,集结援军反扑,又被打败,本人也遭生擒。其残部据守今喀布尔河,蒋师仁率军强攻,一举击灭残敌。联军三战三捷,威震天竺各邦,"城邑聚落降者五百八十余所"。

征战期间,也不知王玄策从哪里结识了那罗迩娑婆寐。此人容貌清奇,鹤发童颜,莫辨年岁,自称有两百多岁,还说会炼制长生不老丹药。王玄策知道皇帝现在好这口,大喜过望,随即带着阿罗那顺和那罗迩娑婆寐返回大唐。

今日的网文对王玄策击败中天竺推崇备至,将他拔高成了神一般的人物。

实事求是地讲,这是一场意义被过度放大的战争。

一来王玄策并没有征服整个天竺,他只是征服了天竺诸国当中的帝那伏国而已,并且该国实力远不及巅峰时代的戒日王朝。天竺诸国虽然受到了震慑,但根本谈不上屈服,原因很简单,中间隔着一道山脉,而且还不是普通的山脉,是喜马拉雅山脉!说白了,你就是灭了帝那伏又如何,还能把它纳入版图不成?!

二来阿罗那顺刚刚篡权,国内人心不稳,加之他根本没料到联军会来,仓促间仅拼凑了不过三万人马。

所以,当王玄策回国后,唐廷方面是懵懂状态。且不说唐廷对天竺毫无领土野心,仅就程序而言,王玄策未经请示,擅自调动吐蕃、

---

① 镈,音博。

尼婆罗军马，是妥妥的矫诏之举。好在他打赢了，否则御史一定照死里弹劾他。最终，经过反复研究，朝廷勉强奖励了他一个朝散大夫。所谓朝，是指能常日朝见君主；所谓散，就是指散官，有品级，无职务，更无实权。太宗的态度可见一斑。

但有一点王玄策估计得很准，病入膏肓的太宗的确对那罗迩娑婆寐非常感兴趣，特批其在金飚门炼制长生不老丹药，还让兵部尚书崔敦礼做了项目负责人。

打从这儿起，一切为了丹药，一切服务于丹药。那罗迩娑婆寐信口雌黄，开出了一大堆唐人闻所未闻、见所未见的炼丹原材料。太宗统统诏准，"发使四方求奇药异石，又发使诣婆罗门诸国采药"。这些药大多是虎狼之药。比如《新唐书》里专门记载了一味叫作畔荼法水的药："所谓畔荼法水，出石臼中，有石像人守之，水有七种色，或热或冷，能销草木金铁，人手入辄烂，以橐①它髑②髅转注瓠③中。"这种水既然能融化金属，必然含有强酸，吞到胃里可想而知。

太宗有没有吃那罗迩娑婆寐的秘制丹药呢？按照官宣，说是药没炼成，太宗就放他走了。其实太宗不仅吃了，而且吃了不止一次，最后他就是死在了这个神棍的药上。

《资治通鉴》载，总章元年（668年）高宗李治为了长生不死，曾想服用天竺术士卢迦逸多炼制的丹药。时任东台侍郎郝处俊在劝谏他时，嘴一秃噜，把当年太宗的死因掀了个底儿朝天："贞观之末，先帝服那罗迩娑婆寐药，竟无效。大渐之际，名医不知所为，议者归罪娑婆寐，将加显戮，恐取笑戎狄而止。前鉴不远，愿陛下深察。"

---

① 橐，音驮。
② 髑，音读。
③ 瓠，音户。

可见，唐廷之所以不承认太宗死于丹药，并且不追究那罗迩娑婆寐的责任，实在是因为丢不起人。天朝圣君居然吃蛮夷的药吃死了，这说出去不得被世人笑话?!

王玄策没用起来，多半也是因为这个原因。

06. 赤裸高阳

吃了那罗迩娑婆寐的丹药后，太宗的病情就开始以加速度冲刺了。偏在这时，他的宝贝女儿高阳公主又给了老人家重重一击。

高阳是太宗的第十七女，虽说是庶出，但因为脾气秉性像个男人，故而在诸公主中最蒙父皇宠爱。太宗特意挑选了股肱老臣房玄龄的次子房遗爱做她的驸马。

从面儿上看，这绝对是一段好姻缘。房玄龄总领百司，实际掌控朝政长达二十余年，是名副其实的贞观第一权臣。他的次子房遗爱尚高阳公主，三子房遗则娶了太宗六弟荆王李元景之女，大女儿则是太宗十一弟韩王李元嘉的王妃。房氏家族煊赫至极，能嫁入房家，对高阳来说也是一种幸运、一种优宠。

贞观二十二年七月二十四日，初唐第一名相房玄龄病逝于长安，享年69岁。他谨小慎微了一辈子，临死之前终于胆大了一把，上疏劝谏太宗停止东征：《老子》曰：'知足不辱，知止不殆。'陛下功名威德亦可足矣，拓地开疆亦可止矣。且陛下每决一重囚，必令三覆五奏，进素膳，止音乐者，重人命也。今驱无罪之士卒，委之锋刃之下，使肝脑涂地，独不足愍乎！向使高丽违失臣节，诛之可也；侵扰百姓，灭之可也；他日能为中国患，除之可也。今无此三条而坐烦中国，内为前代雪耻，外为新罗报仇，岂非所存者小，所损者大乎！愿陛下许高丽自新，焚陵波之船，罢应募之众，自然华、夷庆赖，远肃迩安。臣旦夕入地，傥蒙录此哀鸣，死且不朽！"陛下，听老伙计一言吧，别跟高句丽较劲了。这是唐史中关于房玄龄进谏的唯一记载。

另外说句题外话，大家都知道唐代贤相首推房、杜，房谋杜断名垂青史。但依我之见，二人不能相提并论。贞观刚开了个头，杜如晦就没了，而房玄龄从头坚持到尾。"贞观之治"房玄龄功居第一，杜如晦难望其项背。

太宗一直觉得他的小高阳是个乖巧可爱、善良忠贞的小宝贝，宝贝倒是宝贝，只不过却是个骄纵放肆、寡廉鲜耻的另类。

房玄龄去世后，依礼法当由其长子房遗直继承他的封爵和财产。这在古代是天经地义的事情，和太阳东升西落一样，是毋庸置疑的绝对真理。岂料公公尸骨未寒，高阳就向父皇提出，由她的丈夫房遗爱继承梁国公的封号。太宗大为惊诧，这事事关国本，不能答应。高阳不甘心，退而求其次，又怂恿丈夫分大伯子的财产。房遗直不肯，高阳就构陷他，想使他获罪被褫夺封号。太宗派人调查，结果当然是子虚乌有。这一次他非常生气，臭骂了高阳一通。

但人设这个东西一旦开崩，就闹不住了。遗产丑闻还未消散，高阳又搞出了一桩更大的丑闻。

京城有司破获了一起盗窃案，在起获的赃物中竟发现了一个枕头。有人说了，区区一个枕头有啥大惊小怪的？关键这不是一般的枕头，名叫金宝神枕，是太宗的御用之物。皇帝的东西怎么流落到了民间，这可不是小事。有司一路追查，终于查到了失主，傻了眼，居然是一个和尚，还不是一般的和尚，赫然是佛界新晋领袖玄奘的高足——辩机和尚。

贞观十九年正月拜别太宗后，玄奘即返回长安弘福寺，着手翻译经书。太宗指示有司鼎力相助，从全国各地名刹选调了一批精通梵语的佛门精英，协助玄奘译经。年轻英俊的辩机和尚就是其中之一。

东征结束后，玄奘总算知道皇帝为什么要他留在长安了。太宗居然要求他还俗做官，为大唐担起经略西域的重任。玄奘西行取经，一路考察一路研究，自然对西域、中亚乃至天竺的政治、经济、文化、山川、水文、地理、民族、历史等方方面面都十分了解。他看自己是虔诚的僧侣，太宗却看他是行走的情报机，如果有他做顾问、当向导，大唐经略西域必将事半功倍。陛下，你开什么国际玩笑？！玄奘断然拒绝了太宗的要求。太宗不肯罢休，一再劝说他还俗。为了躲避骚扰，玄奘多次提出回少林寺译经，均为太宗所拒绝。

多次碰壁之后，太宗退而求其次，要求玄奘将西行路上的所见所闻以及各国风土人情整理成一本游记，说白了就是让玄奘把西域乃至西域以西地区的情报整理出来。玄奘不堪其扰，只得答应，但他的心思并不在此，转手将这件事交给了最得意的弟子辩机。辩机才华出众，不仅精通佛理，而且文笔极佳。每天译经之余，玄奘就给辩机口述一段西行见闻，然后再由辩机整理成文。

一年以后，辩机将整理完毕的游记上报太宗。太宗阅后，十分满意，钦定书名为《大唐西域记》。全书共12卷，记述了玄奘走过的110个以及听闻的28个城邦、地区、国家的基本情况，有疆域、气候、山川、风土、人情、语言、宗教、佛寺以及大量的历史传说和神话故事。此书一出，长安纸贵，辩机一跃成为朝野皆知的佛界新星，他的僧庐成为各界名流频繁出入的沙龙。

有司很纳闷，皇帝的金宝神枕怎么落到了辩机手上，是不是皇帝赏赐给他的？就向太宗做了汇报。太宗更纳闷，因为金宝神枕是他赏赐给高阳的，没给过辩机啊？命有司详查。这一查不要紧，直接把他的老脸揭了个底朝天。

辩机居然是高阳的秘密情人。高阳生性放荡,还是个和尚控,最喜欢出家人为她破戒、色授魂与的样子。她爱辩机模样俊俏,就百般勾搭。女追男,隔层纱,辩机才华有余,佛性不足,也就半推半就地从了。两人经常在辩机的僧庐里上演"赤裸高阳"。情人间互赠信物很正常,但谁能告诉我送枕头是什么意思?这究竟是人性的扭曲,还是道德的沦丧?

那么,房遗爱知道这事儿吗?他知道,而且很早就知道了,但他安之若素,帽子戴得又稳又正又欢乐。因为高阳专门买了两个美女给他。房遗爱舍一得二,当然不会计较。夫妻二人各玩各的,通力合作。时间久了,他们的丑事朝野皆知,只有太宗蒙在鼓里。

人君楷模李世民,居然生了一个搞基的儿子,又生了一个专门拉出家人下水的女儿,这怎么解释呢?!

现在好了,鼓破了,太宗的脸面也破了,他又羞又恼,下令腰斩辩机,并将知道这事儿来龙去脉的高阳的奴婢全部处斩。

若不是玄奘名声太大,且又担负着译经的重任,只怕太宗还会追究他管教徒弟不严的责任。玄奘隐居寺庙,潜心译经。高宗永徽三年(652年),为了安奉从天竺带回的佛像、佛典等宝物,他上表李治,在长安大慈恩寺的西塔院兴建了一座五层砖塔。两年后,佛塔建成,这就是著名的大雁塔。也正是在大慈恩寺,玄奘开创了汉传佛教的新流派——法相宗(又名慈恩宗)。

常年超负荷的翻译和校对工作,严重地损害了他的健康。高宗麟德元年(664年)二月五日,玄奘圆寂于长安玉华寺,终年63岁。直到这时,他带回的657部佛经仅仅翻译完75部,可见工程量之大。颇为吊诡的是,高宗不仅没有出席玄奘的丧礼,还不允许官员送丧。没关系,老百姓想着他呢,"士女送葬者数万人",护送玄奘灵骨葬于白鹿原。

玄奘是汉传佛教发展史上里程碑式的人物。我们知道，魏晋南北朝时期是汉传佛教发展的一个小高潮，"南朝四百八十寺，多少楼台烟雨中"，佛教之兴盛可见一斑。但进入隋唐时代，佛教就呈低迷态势了。唐朝著名的唯物主义思想家、太史令傅奕多次请求取缔佛教。道教作为国教，更是不遗余力地打压佛教。高祖、太宗两朝两次诏令，明确道先佛后。这都沉重地打击了佛教的传播。佛教之所以能触底反弹，全靠玄奘，他以一己之力推动佛教在中土的传播达到了一个新的高潮，对之后唐朝的政治格局、宗教格局影响很大。

玄奘的一生可以用一个"经"字高度概括，除了八岁以前年少懵懂的时光外，他学经20年（610—629），取经16年（629—645），译经19年（645—664），将一生毫无保留地献给了自己的信仰。一个人毕生都在为心中的崇高目标而耕耘奋斗，必然是无比幸福的。从这个角度来说，他这一生过得远比太宗舒坦多了。

另外说一点，如今"印度"这个称呼就是玄奘确定的："夫天竺之称，异议纠纷，旧称身笃、身毒、贤豆、天竺等。今从正音，宜云印度。"

07. 不伦之恋

受金宝神枕案刺激，太宗的病情急转直下。为了躲避即将到来的酷暑，四月他挣扎着来到了翠微宫。在随行服侍的宫人中，有一个已经在我们的视线里消失了许多年的面孔，她就是武媚娘。

武媚娘之所以消失了这么久，原因很简单，不受宠。证据有二：第一，入宫十多年，她居然没生下一男半女。太宗没问题，她也没问题，所以原因只有一个，太宗很少宠幸她。第二，入宫时她是才人，十多年过去了，她居然还是才人。太宗若真宠她，十多年间少说也要提个两三级。

那么，太宗为什么不喜欢她呢？可能的原因有以下三条：

首先，太宗是一代人杰，不是沉迷酒色的庸君。

其次，比起色相，他更喜欢有才华有内涵的女人。徐惠是在武媚娘之后入宫的。此女天生丽质，五个月大开始说话，四岁已熟读《论语》《毛诗》，八岁时便能属文。太宗听说后，将其召为才人，宠爱有加。到贞观二十二年，武媚娘依旧是五品才人，而徐惠已经是二品充容了。

最后，太宗很不喜欢武媚娘的性格。御厩中有一匹名叫狮子骢的骏马，性格凶悍，连太宗都不能驯服。可武媚娘为了出风头，却主动请缨说："臣妾可以制服这匹烈马。"她刷的这个存在，果然引起了太宗的注意。太宗问她有什么办法。武媚娘嫣然一笑，说了一句后世骂她时必然引用的一句话："妾能制之，然须三物，一铁鞭，二铁楇①，三匕首。铁鞭击之不服，则以楇挝其首，又不服，则以匕首断其喉。"臣妾需要三样东西，铁鞭、铁楇、匕首。先用铁鞭打它；如果不服，就用铁楇打它的头；如果还不服，再用匕首割断它的喉咙。确实，这句话说得很武则天，充分展现了她的性格。太宗听了哈哈大笑，但内心却觉得这个女人外媚内刚，太过狠辣，从此越发疏远她。

驯马之说见于《资治通鉴》，当为史实。但据史料记载，武媚娘当时只是阐述了自己的驯马方法，并未尝试操作。而央视 1995 年版

---

① 楇，音抓。

《武则天》中，刘晓庆饰演的武媚娘却成功地驯服了狮子骢，当为文学演绎，不足采信。

今人受影视文学蛊惑，大多以为太宗疏远武媚娘，乃至后来将她发配感业寺（今陕西西安未央区六村堡乡后所寨西南三十米处），是因为他疑心武媚娘是女主武王。其实这种猜想很好驳斥，为了江山，太宗连亲兄弟都能杀，他如果真怀疑武媚娘，早把她弄死了。之所以不怀疑，是因为他根本就不相信女人会成为皇帝。

是啊，自盘古开天辟地以来，哪有女人当皇帝的?！

武媚娘在深宫大院里苦熬了12年，从一个14岁的小姑娘熬成了26岁的少妇。

这12年里，她没有享受过家庭的温暖，更没有品尝过爱情的甜蜜。说得再残酷一些，她从未拥抱过青春，青春就已经没了。我们有理由相信，她已经将"爱情"从自己的词典中删除了。但上天偏偏在这个尴尬的年纪，将一份尴尬的爱情赏赐给了处境尴尬的她。

太宗病倒后，李治每天处理完政事，就往宫中跑，入侍药膳，不离左右。太宗心疼儿子，不让他天天跑。李治不听，依旧每天都来。太宗没辙，干脆就让李治住到他寝殿旁的一座院子里。

没想到正是这个不经意的小小决定，直接决定了未来五十多年这个国家的政治格局。后来的牝鸡司晨乃至武周代唐的龙旋风，追根溯源皆始于太宗的这个决定。

翠微宫内的蝴蝶刚刚扇动了一下翅膀，风就起了。

一个无意的瞬间，李治多看了一眼御榻边侍奉汤药的武媚娘。不多，就多看了那么一眼，但这是电光火石的一眼，这是色授魂与的一眼，这是冤家路窄的一眼。就这么一眼，李治的灵魂就出了窍，什么江山社稷，什么黎庶黔首，什么父皇安康，统统不见了，满眼满脑满心都是眼前这个千娇百媚的女子。

萝莉武媚娘没能征服大叔李世民，但御姐武媚娘却轻而易举地征服了大叔的儿子、小哥哥李治（她比李治大四岁）。

打这以后，李治越发频繁地出入翠微殿，原本一天来一趟，现在恨不得半天跑八趟，动力太足了。

他已经成年了，有了自己的太子妃和良娣[①]。她们都对他俯首帖耳、百依百顺，他也喜欢她们、宠爱她们。可是，和她们在一起的感觉怎么就和媚娘不一样呢？媚娘不仅妩媚，而且很聪明很野性，偶尔还很强势，他太陶醉于这样的感觉了。他想了很久，终于明白了，原来这种感觉才叫爱情。

李治变了，武媚娘也变了。漫长寂寞的宫廷生活已经改变了这个女人的底色，将她从一个懵懂清纯的少女，变成了一个焦虑又富有心机的女人。唐制，先皇驾崩后，其嫔妃除特有恩诏外，育有子女者，可出宫还家；未有子女者，要么入感业寺为尼，要么赴先帝陵供奉。寺院和帝陵，武媚娘哪个都不想去。她轻易读懂了李治火辣辣目光中的内容。

她想，这个男人就是她最后的救命稻草，她要紧紧地抓住他。

于是，白月光撞上了朱砂痣，阿珍爱上了阿强，在某个不为史载的夜晚，她倒在了他的怀中……绸缪过后，他们咬着耳朵海誓山盟，你是风儿我是沙，缠缠绵绵到天涯。两人还互换了信物，武媚娘将自己喜欢的一条石榴裙送给了李治，李治则回赠了她一只九龙玉环。

当这段不伦的爱情在深宫中野蛮滋长的时候，她的男人、他的父亲——太宗李世民却走到了生命的尽头。

[①] 良娣是太子侍妾中仅次于妃的存在。《旧唐书·后妃传》中载："太子有良娣、良媛、承徽、昭训、奉仪。"

08. 龙驭归天

当年的太宗恐怕怎么都想不到，一帮老伙计中陪他走到最后一刻的，居然是他始终不肯深信的李靖。现在李靖病入膏肓，就要死了。太宗拖着病体，专程到李靖病榻前探视。君臣相对，都是将死之人，不胜悲怆。太宗涕泪俱下："公乃朕生平故人，于国有劳。今疾若此，为公忧之。"可李靖已经连话都讲不出来了。

叹过，痛过，哭过，太宗惦记的还是自家的江山。李靖是不行了！能留给治儿的帅才只有李勣了，可懦弱的治儿能驾驭得了鸡贼的李勣吗？只有一个办法了！

太宗找来李治，对他说："太子詹事李勣才智有余，但你对他没有恩德，朕担心他不听你的。现在我故意把他降职，假如他旨到即行，没有犹豫，那我死后，你就升他的官，让他当宰相。这样他就会感念你的恩德了。如果他接到贬官的诏书后徘徊观望，说明他贪恋权位，那你就毫不犹豫地除掉他。"什么叫帝王心术，李世民又给儿子上了一课。

但这次他碰到高段位对手了，李勣接到贬他为叠州（今甘肃甘南州迭部县）都督的诏书后，虽然很惊诧，但马上就转过弯儿来了，出了宫门连家都没回，直奔叠州。

李勣刚走，五月十八日，李靖病故，享年79岁。太宗大为悲恸，追赠李靖为司徒、并州都督，谥号"景武"，其殡礼高配以班剑、羽葆、鼓吹，陪葬昭陵，并仿效汉廷缅怀卫青、霍去病的办法，将其坟茔塑成突厥燕然山①和吐谷浑积石山②的形状，以旌表李靖的丰功伟绩。

隋末唐初，李靖是毋庸置疑的第一军帅，二十一天平萧铣，七个月定辅公祏，三个月灭东突厥，五个月破吐谷浑，大小战阵百余场而未尝一败。别人顶多是常胜将军，他却是无敌将军，不仅创造了个人的神话，而且为大唐稳定内外环境做出了无与伦比的杰出贡献。

一代战神李靖有两个儿子，李德謇和李德奖，都是籍籍无名的庸才。李靖死后，李德謇承袭了卫国公爵位。

李靖刚死，太宗就一病不起了。他知道，这一次他是真的不行了。李治"昼夜不离侧，或累日不食，发有变白者"。太宗很感动："汝能孝爱如此，吾死何恨！"

二十六日，太宗走到了生命的最后一刻。他召李治、长孙无忌和褚遂良入内，用哆嗦的手指着李治对二人说："朕今天把身后事托付给你们了！太子仁孝，这你们都是知道的，一定要尽心尽力地辅佐他！"长孙无忌、褚遂良二人垂泪领命。太宗又对李治说："有他们俩辅佐你，你不用担心了！"他还握着褚遂良的手说："我的好儿子好媳妇从今天起就交给你了。另外，长孙无忌尽忠于我，我能有天下，他厥功至伟。我死之后，你一定要保护好他，别让小人进谗言，离间他和侄儿的关系。"遗诏草罢，太宗永远地闭上了眼睛，享年51岁。

李治抱着舅舅的脖颈，号恸将绝。但长孙无忌顾不上悲伤，他还有很多的事情要做。他对李治说："主上以宗庙社稷付殿下，岂得效匹夫唯哭泣乎！"随即决定，秘不发丧，立即回宫。毕竟，先帝可不止

---

① 燕然山，即今蒙古国杭爱山，突厥人称之为燕然山，铁勒人称之为郁督军山，又名乌德鞬山。

② 积石山，系祁连山延伸部分，系甘青两省分界线。

一个儿子。

我们来看看李世民的一生：

599 年，1 岁，出生于陕西咸阳武功。

615 年，17 岁，山西忻州代县雁门关勤王救驾。

616 年，18 岁，随父剿匪，大破魏刀儿义军。

617 年，19 岁，晋阳起兵，长驱入关，所向无前。

618 年，20 岁，消灭西秦薛举。

620 年，22 岁，平代北刘武周、宋金刚。

621 年，23 岁，虎牢关一战两克，灭窦建德、王世充。

622 年，24 岁，破汉东刘黑闼。

624 年，26 岁，五陇阪智退颉利。

626 年，28 岁，发动玄武门之变，即位登基。

628 年，30 岁，消灭梁师都，统一全国。

630 年，32 岁，灭东突厥，生擒颉利，称天可汗。

635 年，37 岁，平吐谷浑。

640 年，42 岁，击灭高昌。

641 年，43 岁，和亲吐蕃，嫁文成公主。

643 年，45 岁，诸子夺嫡，册拜李治为太子。

644 年，46 岁，亲征高句丽，打赢驻跸山之战。

646 年，48 岁，击灭薛延陀。

648 年，50 岁，亲撰《帝范》，用兵西域，斩焉耆王薛婆阿那支，擒龟兹王诃黎布失毕。

649 年，51 岁，驾崩。

什么叫开挂的人生？这就是！

两天后，李治回到了长安大兴宫，他并不知道，在与他相隔不过数里的后宫中，凄风苦雨正笼罩着一众嫔妃。大家都在哭，为太宗哭，更为自己哭。这些嫔妃里头，心情最丧的是武媚娘，她不曾生育，又只是一个小小的才人，守陵轮不上她，只能入感业寺为尼。天大地大，可让她走的路只有这么一条。太子殿下，您在哪儿呢？救救媚娘吧！可巍峨高耸的大兴宫听不到她内心的呐喊。宦官一再催促，她不得不抬脚，迈出了宫门……

二十九日，长孙无忌公布了太宗驾崩的消息。在京的各番邦人士计有数百之众，全都放声而哭，有剪头发的，有划破脸皮的，有割耳朵的。举国同悲，唯有太宗生前最宠爱的女儿高阳公主不仅没掉一滴眼泪，甚至全程脸上都没一丁点儿悲伤的表情。

六月初一，李治即位，是为唐高宗。

八月十八日，太宗葬入昭陵。

昭陵系由唐代著名工程家、美术家阎立德、阎立本兄弟设计建造而成，主陵位于今陕西咸阳礼泉县烟霞镇的九嵕山主峰上，其余一百九十多座陪葬墓以陵山主峰为轴心，呈扇面分布在陵山两侧和正南面，犹如群星拱卫北辰一样拱卫着昭陵。陪葬墓主要有长孙无忌、程知节、魏征、秦琼、温彦博、段志玄、高士廉、房玄龄、孔颖达、李靖、尉迟敬德、长乐公主等，还有少数民族将领阿史那社尔等15人之墓。

昭陵祭坛东西两侧的庑[①]房内陈列着六块青石浮雕，上面刻着六匹骏马，即著名的"昭陵六骏"。东面第一骏名特勒骠，为太宗平定宋金刚时所乘。第二骏名青骓，为太宗平定窦建德时所乘。第三骏名什伐赤，为太宗在虎牢关大战窦建德时所乘。西面的第一骏名飒露

---

①庑，音武。

紫，为太宗洛阳擒王世充时所乘。第二骏名拳毛䯄①，为太宗平定刘黑闼时所乘。第三骏名白蹄乌，为太宗平定薛仁杲时所乘。特勒骠、青骓、什伐赤和白蹄乌四骏现存于西安市碑林博物馆。飒露紫和拳毛䯄现存于美国宾夕法尼亚大学博物馆。

除了六骏，昭陵还有一大特色，就是在司马门内列置了14位番邦君长石刻像，分别是：突厥的颉利可汗、突利可汗、阿史那社尔、阿史那思摩，吐蕃赞普松赞干布，高昌王麴智盛，焉耆王突骑支，龟兹王诃黎布失毕，于阗王尉迟伏阇②信，薛延陀真珠可汗夷男，吐谷浑可汗慕容诺曷钵，新罗女王金真德，林邑③王范头黎和天竺帝那伏国国王阿罗那顺。

独步中国历史的唐太宗李世民就这样走完了一生。他追随父亲起兵创业，破薛仁杲，灭刘武周，平窦建德，降王世充，却刘黑闼，智勇双全，用兵如神，为大唐统一全国立下了盖世奇功。在位23年间，他励精图治，从谏如流，以人为本，畅兴文教，开贞观之治；扫东突厥，降吐谷浑，击灭高昌，和亲吐蕃，东征高句丽，北灭薛延陀，威震四夷，称天可汗，不仅奠定了后来唐朝一百多年盛世的基础，而且成为后世人君的楷模。

文人是这么评价他的。

杜甫："煌煌太宗业，树立甚宏达。"

白居易："七德歌，传自武德至元和。元和小臣白居易，观舞听歌知乐意，乐终稽首陈其事。太宗十八举义兵，白旄黄钺定两京。擒充戮窦四海清，二十有四功业成。二十有九即帝位，三十有五致太平。

---

① 䯄，音瓜。

② 阇，音蛇。

③ 林邑，位于中南半岛东部之古国，约在今越南南部顺化等处。

功成理定何神速，速在推心置人腹。亡卒遗骸散帛收，饥人卖子分金赎。魏征梦见子夜泣，张谨哀闻辰日哭。怨女三千放出宫，死囚四百来归狱。剪须烧药赐功臣，李勣呜咽思杀身。含血吮创抚战士，思摩奋呼乞效死。则知不独善战善乘时，以心感人人心归。尔来一百九十载，天下至今歌舞之。歌七德，舞七德，圣人有作垂无极。岂徒耀神武，岂徒夸圣文。太宗意在陈王业，王业艰难示子孙。"

史官是这么评价他的。

《旧唐书》说："臣观文皇帝（太宗谥号）发迹多奇，聪明神武。拔人物则不私于党，负志业则咸尽其才……听断不惑，从善如流，千载可称，一人而已！"

《新唐书》说："甚矣，至治之君不世出也！"

《资治通鉴》说："太宗文武之才，高出前古。盖三代以还，中国之盛未之有也。"

外国人是这么评价他的。

同时代的中天竺戒日王说："有秦王天子，少而灵鉴，长而神武。昔先代丧乱，率土分崩，兵戈竞起，群生荼毒，而秦王天子早怀远略，兴大慈悲，拯济含识，平定海内，风教遐被，德泽远洽，殊方异域，慕化称臣，氓庶荷其亨育，咸歌《秦王破阵乐》。闻其雅颂，于兹久矣。"

法国历史学家勒内·格鲁塞说："由于唐太宗的丰功伟绩，一个不可预知的中国，一个英雄史诗的中国，改写了几千年来一直延续着的文明史。"

《剑桥中国隋唐史》说："对后世的中国文人来说，太宗代表了一个文治武功理想地结合起来的盛世：国家由一个精力充沛但聪明而谨慎的皇帝治理，他牢固地掌握着他的帝国，同时又一贯谦虚耐心地听取群臣，这些大臣本人也都是卓越的人物的意见。太宗的施政作风之所以被人推崇，不仅由于它的成就，而且由于它接近儒家的纳谏爱民为治国之本这一理想，另外还由于它表现了君臣之间水乳交融的关系。"

我们再看看圈里人怎么评价他。

元太祖成吉思汗说："欲安邦定国者，必悉唐宗兵法。"

明太祖朱元璋说："惟唐太宗皇帝，英姿盖世，武定四方，贞观之治，式昭文德……皆有君天下之德而安万世之功者也。"

明成祖朱棣说："若唐文皇帝，倡义靖难，定天下于一。躬擐①甲胄，至履弘堂而登睿极。其思患也，不可谓不周，其虑后也，不可谓不远，作《帝范》十二篇以训其子，曰饬躬阐政之道在其中。"

清圣祖康熙皇帝爱新觉罗·玄烨说："朕观古来帝王，如唐虞之都俞吁咈②、唐太宗之听言纳谏，君臣上下，如家人父子，情谊浃③洽，故能陈善闭邪，各尽所怀，登于至治。"

毛泽东说："自古能军无出李世民之右者，其次则朱元璋耳。"

李世民不是一个好兄弟，甚至不是一个好儿子，但他绝对是一个好皇帝。

我无意以臆想的画面、煽情的文字来为李世民画上最后的句号，那样太不严谨了，既对不起读者，也对不起当事人。毕竟，我写的是历史，不是小说。姑且就以太宗君臣的如下对话来结束吧。

上问侍臣曰："自古帝王虽平定中夏，不能服戎狄。朕才不逮古人而成功过之，自不谕其故，诸公各率意以实言之。"

群臣皆称："陛下功德如天地，万物不得而名言。"

---

① 擐，音换。
② 咈，音服。
③ 浃，音夹。

上曰:"不然。朕所以能及此者,止由五事耳。自古帝王多疾胜己者,朕见人之善,若己有之。人之行能,不能兼备,朕常弃其所短,取其所长。人主往往进贤则欲置诸怀,退不肖则欲推诸壑,朕见贤者则敬之,不肖者则怜之,贤不肖各得其所。人主多恶正直,阴诛显戮,无代无之,朕践祚以来,正直之士,比肩于朝,未尝黜责一人。自古皆贵中华、贱夷狄,朕独爱之如一,故其种落皆依朕如父母。此五者,朕所以成今日之功也。"顾谓褚遂良曰:"公尝为史官,如朕言,得其实乎?"

对曰:"陛下盛德不可胜载,独以此五者自与,盖谦谦之志耳。"

李世民爽然大笑,慷慨豪迈……

附录一 《帝范》

(唐)李世民

序

朕闻大德曰生，大宝曰位。辨其上下，树之君臣，所以抚育黎元，钧陶庶类，自非克明克哲，允武允文，皇天眷命，历数在躬，安可以滥握灵图，叨临神器！是以翠妫荐唐尧之德，元圭赐夏禹之功。丹字呈祥，周开八百之祚；素灵表瑞，汉启重世之基。由此观之，帝王之业，非可以力争者矣。

昔隋季版荡，海内分崩。先皇以神武之姿，当经纶之会，斩灵蛇而定王业，启金镜而握天枢。然由五岳含气，三光戢曜，豺狼尚梗，风尘未宁。朕以弱冠之年，怀慷慨之志，思靖大难，以济苍生。躬擐甲胄，亲当矢石。夕对鱼鳞之阵，朝临鹤翼之围，敌无大而不摧，兵何坚而不碎，剪长鲸而清四海，扫欃①枪而廓八纮。承庆天潢，登晖璇极，袭重光之永业，继宝箓之隆基。战战兢兢，若临深而御朽；日慎一日，思善始而令终。

汝以幼年，偏钟慈爱，义方多阙，庭训有乖。擢自维城之居，属以少阳之任，未辨君臣之礼节，不知稼穑之艰难。每思此为忧，未尝不废寝忘食。自轩昊以降，迄至周隋，以经天纬地之君，纂业承基之主，兴亡治乱，其道焕焉。所以披镜前踪，博览史籍，聚其要言，以

---

① 欃，音馋。

为近诫云耳。

君体第一

夫人者国之先，国者君之本。人主之体，如山岳焉，高峻而不动；如日月焉，贞明而普照。兆庶之所瞻仰，天下之所归往。宽大其志，足以兼包；平正其心，足以制断。非威德无以致远，非慈厚无以怀人。抚九族以仁，接大臣以礼。奉先思孝，处位思恭。倾己勤劳，以行德义，此乃君之体也。

建亲第二

夫六合旷道，大宝重任。旷道不可偏制，故与人共理之；重任不可独居，故与人共守之。是以封建亲戚，以为藩卫，安危同力，盛衰一心。远近相持，亲疏两用。并兼路塞，逆节不生。昔周之兴也，割裂山河，分王宗族。内有晋郑之辅，外有鲁卫之虞。故卜祚灵长，历年数百。秦之季也，弃淳于之策，纳李斯之谋。不亲其亲，独智其智，颠覆莫恃，二世而亡。斯岂非枝叶扶疏，则根柢①难拔；股肱既殒，则心腹无依者哉！汉祖初定关中，戒亡秦之失策，广封懿亲，过于古制。大则专都偶国，小则跨郡连州。末大则危，尾大难掉。六王怀叛逆之志，七国受铁②钺之诛。此皆地广兵强积势之所致也。魏武创业，暗于远图。子弟无封户之人，宗室无立锥之地。外无维城以自固，内无盘石以为基。遂乃大器保于他人，社稷亡于异姓。语曰："流尽其源竭，条落则根枯。"此之谓也。

夫封之太强，则为噬脐之患；致之太弱，则无固本之基。由此

---

① 柢，音底。
② 铁，音夫。

而言，莫若众建宗亲而少力，使轻重相镇，忧乐是同，则上无猜忌之心，下无侵冤之虑。此封建之鉴也。斯二者，安国之基。

君德之弘，唯资博达。设令县教，以术化人。应务适时，以道制物。术以神隐为妙，道以光大为功。括苍旻以体心，则人仰之而不测；包厚地以为量，则人循之而无端。荡荡难名，宜其宏远。且敦穆九族，放勋流美于前；克谐烝乂，重华垂誉于后。无以奸破义，无以疏间亲。察之以明，抚之以德，则邦家俱泰，骨肉无虞，良为美矣。

求贤第三

夫国之匡辅，必待忠良。任使得人，天下自治。故尧命四岳，舜举八元，以成恭己之隆，用赞钦明之道。士之居世，贤之立身，莫不戢翼隐鳞，待风云之会；怀奇蕴异，思会遇之秋。是明君旁求俊乂，博访英贤，搜扬侧陋。不以卑而不用，不以辱而不尊。昔伊尹，有莘之媵臣；吕望，渭滨之贱老。夷吾困于缧绁[①]；韩信弊于逃亡。商汤不以鼎俎[②]为羞，姬文不以屠钓为耻，终能献规景亳，光启殷朝；执旄牧野，会昌周室。

齐成一匡之业，实资仲父之谋；汉以六合为家，寔赖淮阴之策。故舟航之绝海也，必假桡楫之功；鸿鹄之凌云也，必因羽翮[③]之用；帝王之为国也，必藉匡辅之资。故求之斯劳，任之斯逸。照车十二，黄金累千，岂如多士之隆，一贤之重。此乃求贤之贵也。

---

① 绁，音雷谢。
② 俎，音祖。
③ 翮，音合。

审官第四

夫设官分职,所以阐化宣风。故明主之任人,如巧匠之制木,直者以为辕,曲者以为轮;长者以为栋梁,短者以为栱角。无曲直长短,各有所施。明主之任人,亦由是也。智者取其谋,愚者取其力;勇者取其威,怯者取其慎,无智、愚、勇、怯,兼而用之。故良匠无弃材,明主无弃士。不以一恶忘其善,勿以小瑕掩其功。割政分机,尽其所有。然则函牛之鼎,不可处以烹鸡;捕鼠之狸,不可使以搏兽;一钧之器,不能容以江汉之流;百石之车,不可满以斗筲之粟。何则大非小之量,轻非重之宜。

今人智有短长,能有巨细。或蕴百而尚少,或统一而为多。有轻才者,不可委以重任;有小力者,不可赖以成职。委任责成,不劳而化,此设官之当也。斯二者治乱之源。

立国制人,资股肱以合德;宣风导俗,俟明贤而寄心。列宿腾天,助阴光之夕照;百川决地,添溟渤之深源。海月之深朗,犹假物而为大。君人御下,统极理时,独运方寸之心,以括九区之内,不资众力何以成功?必须明职审贤,择材分禄。得其人则风行化洽,失其用则亏教伤人。故云则哲惟难,良可慎也!

纳谏第五

夫王者,高居深视,亏聪①阻明。恐有过而不闻,惧有阙而莫补。所以设鞀②树木,思献替之谋;倾耳虚心,伫忠正之说。言之而是,

---

① 聪,音聪。
② 鞀,音逃。

虽在仆隶刍荛①，犹不可弃也；言之而非，虽在王侯卿相，未必可容。其义可观，不责其辩；其理可用，不责其文。至若折槛坏疏，标之以作戒；引裾却坐，显之以自非。故忠者沥其心，智者尽其策。臣无隔情于上，君能遍照于下。

昏主则不然，说者拒之以威，劝者穷之以罪。大臣惜禄而莫谏，小臣畏诛而不言。恣暴虐之心，极荒淫之志。其为壅塞，无由自知。以为德超三皇，材过五帝。至于身亡国灭，岂不悲哉！此拒谏之恶也。

去谗第六

夫谗佞之徒，国之蟊贼也。争荣华于旦夕，竞势利于市朝。以其谄谀之姿，恶忠贤之在己上；奸邪之志，怨富贵之不我先。朋党相持，无深而不入；比周相习，无高而不升。令色巧言，以亲于上；先意承旨，以悦于君。朝有千臣，昭公去国而方悟；弓无九石，宣王终身而不知。

以疏间亲，宋有伊戾之祸；以邪败正，楚有郤宛之诛。斯乃暗主庸君之所迷惑，忠臣孝子之可泣冤。故藂兰欲茂，秋风败之；王者欲明，谗人蔽之。此奸佞之危也。斯二者，危国之本。

砥躬砺行，莫尚于忠言；败德败心，莫逾于谗佞。今人颜貌同于目际，犹不自瞻，况是非在于无形，奚能自睹？何则饰其容者，皆解窥于明镜，修其德者，不知访于哲人。讵自庸愚，何迷之甚！良由逆耳之辞难受，顺心之说易从。彼难受者，药石之苦喉也；此易从者，鸩毒之甘口也！明王纳谏，病就苦而能消；暗主从谀，命因甘而致殒。可不诫哉！可不诫哉！

---

①荛，音饶。

诫盈第七

夫君者，俭以养性，静以修身。俭则人不劳，静则下不扰。人劳则怨起，下扰则政乖。人主好奇技淫声、鸷鸟猛兽，游幸无度，田猎不时。如此则徭役烦，徭役烦则人力竭，人力竭则农桑废焉。人主好高台深池，雕琢刻镂，珠玉珍玩，黼黻绨纻①。如此则赋敛重，赋敛重则人财匮，人财匮则饥寒之患生焉。乱世之君，极其骄奢，恣其嗜欲。土木衣缇绣，而人裋褐不全；犬马厌刍豢，而人糟糠不足。故人神怨愤，上下乖离，佚乐未终，倾危已至。此骄奢之忌也。

崇俭第八

夫圣世之君，存乎节俭。富贵广大，守之以约；睿智聪明，守之以愚。不以身尊而骄人，不以德厚而矜物。茅茨不剪，采椽不斫，舟车不饰，衣服无文，土阶不崇，大羹不和。非憎荣而恶味，乃处薄而行俭。故风淳俗朴，比屋可封。此节俭之德也。斯二者，荣辱之端。

奢俭由人，安危在己。五关近闭，则嘉命远盈；千欲内攻，则凶源外发。是以丹桂抱蠹，终摧曜月之芳；朱火含烟，遂郁凌云之焰。以是知骄出于志，不节则志倾；欲生于身，不遏则身丧。故桀纣肆情而祸结，尧舜约己而福延，可不务乎？

赏罚第九

夫天之育物，犹君之御众。天以寒暑为德，君以仁爱为心。寒暑既调，则时无疾疫；风雨不节，则岁有饥寒。仁爱下施，则人不凋弊；教令失度，则政有乖违。防其害源者，使民不犯其法；开其利本

---

① 黼黻绨纻，音府服吃纻。

者，使民各务其业。显罚以威之，明赏以化之。威立则恶者惧，化行则善者劝。适己而妨于道，不加禄焉；逆己而便于国，不施刑焉。故赏者不德君，功之所致也；罚者不怨上，罪之所当也。故《书》曰：无偏无党，王道荡荡。此赏罚之权也。

务农第十

夫食为人天，农为政本。仓廪实则知礼节，衣食足则志廉耻。故躬耕东郊，敬授人时。国无九岁之储，不足备水旱；家无一年之服，不足御寒暑。然而莫不带犊佩牛，弃坚就伪。求伎巧之利，废农桑之基。以一人耕而百人食，其为害也，甚于秋螟。莫若禁绝浮华，劝课耕织，使人还其本，俗反其真，则竞怀仁义之心，永绝贪残之路，此务农之本也。斯二者，制俗之机。

子育黎黔，惟资威惠。惠而怀也，则殊俗归风，若披霜而照春日；威可惧也，则中华慑軏①，如履刃而戴雷霆。必须威惠并施，刚柔两用，画刑不犯，移木无欺。赏罚既明，则善恶斯别；仁信并著，则遐迩宅心。勤稽务农，则饥寒之患塞；遏奢禁丽，则丰厚之利兴。且君之化下，如风偃草。上不节心，则下多逸志；君不约己，而禁人为非，是犹恶火之燃，添薪望止其焰；忿池之浊，挠浪欲澄其流，不可得也。莫若先正其身，则人不言而化矣。

阅武第十一

夫兵甲者，国之凶器也。土地虽广，好战则人雕；邦国虽安，忘战则人殆。雕非保全之术，殆非拟寇之方。不可以全除，不可以常

---

① 軏，音月。

用，故农隙讲武，习威仪也。是以勾践轼^①蛙，卒成霸业；徐偃弃武，终以丧邦。何则？越习其威，徐忘其备也。孔子曰：不教人战，是谓弃之。故知弧矢之威，以利天下。此用兵之机也。

崇文第十二

夫功成设乐，治定制礼。礼乐之兴，以儒为本。弘风导俗，莫尚于文；敷教训人，莫善于学。因文而隆道，假学以光身。不临深溪，不知地之厚；不游文翰，不识智之源。然则质蕴吴竿，非笴^②羽不美；性怀辨慧，非积学不成。是以建明堂，立辟雍。博览百家，精研六艺，端拱而知天下，无为而鉴古今。飞英声，腾茂实，光于天下不朽者，其唯学乎？此崇文术也。斯二者，递为国用。

至若长气亘地，成败定乎锋端；巨浪滔天，兴亡决乎一阵。当此之际，则贵干戈而贱庠序。及乎海岳既晏，波尘已清，偃七德之余威，敷九功之大化。当此之际，则轻甲胄而重诗书。是知文武二途，舍一不可，与时优劣，各有其宜。武士儒人，焉可废也。

此十二条者，帝王之大纲也。安危兴废，咸在兹焉。

古人有云，非知之难，惟行不易；行之可勉，惟终实难。是以暴乱之君，非独明于恶路；圣哲之主，非独见于善途。良由大道远而难遵，邪径近而易践。小人俯从其易，不得力行其难，故祸败及之；君子劳处其难，不能力居其易，故福庆流之。故知祸福无门，惟人所召。欲悔非于既往，惟慎祸于将来。当择圣主为师，毋以吾为前鉴。取法于上，仅得为中；取法于中，故为其下。自非上德，不可效焉。吾在位以来，所制多矣。奇丽服，锦绣珠玉，不绝于前，此非防欲

---

① 轼，音是。
② 笴，音阔。

也；雕楹刻桷①，高台深池，每兴其役，此非俭志也；犬马鹰鹘，无远必致，此非节心也；数有行幸，以亟劳人，此非屈己也。斯事者，吾之深过，勿以兹为是而后法焉。但我济育苍生其益多，平定寰宇其功大，益多损少，人不怨；功大过微，德未以之亏。然犹之尽美之踪，于焉多愧；尽善之道，顾此怀惭。况汝无纤毫之功，直缘基而履庆？若崇善以广德，则业泰身安；若肆情以纵非，则业倾身丧。且成迟败速者，国之基也；失易得难者，天之位也。可不惜哉？可不慎哉？

---

① 桷，音绝。

附录二 唐朝十四代二十一帝（含武则天）概况

庙号	姓名	生卒	登基年龄	在位	主要宰相	死因	年号	陵寝
高祖	李渊	566—635	53岁	618—626	裴寂、刘文静、萧瑀	寿终	武德	献陵
太宗	李世民	599—649	28岁	626—649	萧瑀、陈叔达、李靖、封德彝、长孙无忌、杜如晦、房玄龄、岑文本、魏征、刘洎、马周、褚遂良、王珪、李勣	丹药中毒	贞观	昭陵
高宗	李治	628—683	22岁	649—683	长孙无忌、褚遂良、李勣、柳奭、韩瑗、来济、李义府、许敬宗、上官仪、刘仁轨、李敬玄、裴炎	病死	14个：永徽、显庆、龙朔、麟德、乾封、总章、咸亨、上元、仪凤、调露、永隆、开耀、永淳、弘道	乾陵

续表

庙号	姓名	生卒	登基年龄	在位	主要宰相	死因	年号	陵寝
	武 曌	624—705	67岁	690—704	刘仁轨、姚崇、裴炎、武承嗣、傅游艺、狄仁杰、李昭德、娄师德、王孝杰、杨再思、宗楚客、武三思、吉顼、张柬之、魏元忠、刘祎之	寿终	14个：天授、如意、长寿、延载、证圣、天册万岁、万岁登封、万岁通天、神功、圣历、久视、大足、长安、神龙	乾陵
中宗	李 显	656—710	29岁	684年1—2月 705—710	武三思、崔玄暐、杨再思、张柬之、桓彦范、敬晖、魏元忠、韦巨源、宗楚客、纪处讷、韦嗣立、崔湜、郑愔	被弑	3个：嗣圣、神龙、景龙	定陵
睿宗	李 旦	662—716	23岁	684—690 710—712	张仁愿、韦嗣立、韦安石、唐休璟、崔湜、刘幽求、姚崇、宋璟、郭元振、张说、窦怀贞	病死	8个：文明、光宅、垂拱、永昌、载初、景云、太极、延和	桥陵

续表

庙号	姓名	生卒	登基年龄	在位	主要宰相	死因	年号	陵寝
玄宗	李隆基	685—762	28岁	712—756	刘幽求、韦安石、崔湜、窦怀贞、张说、姚崇、卢怀慎、源乾曜、宋璟、苏颋、张嘉贞、张九龄、李林甫、李适之、杨国忠	绝食而死	3个：先天、开元、天宝	泰陵
肃宗	李亨	711—762	46岁	756—762	韦见素、张镐、第五琦、元载、房琯	病重吓死	3个：至德、乾元、上元	建陵
代宗	李豫	726—779	37岁	762—779	元载、李辅国、刘晏、王缙、杜鸿渐	病死	4个：宝应、广德、永泰、大历	元陵
德宗	李适	742—805	38岁	779—805	杨炎、卢杞、马燧、李晟、张延赏、李泌、陆贽、张镒、浑瑊	病死	3个：建中、兴元、贞元	崇陵
顺宗	李诵	761—806	45岁	805	杜佑、韦执谊、杜黄裳	病死	永贞	丰陵
宪宗	李纯	778—820	28岁	805—820	韦执谊、杜佑、杜黄裳、武元衡、李吉甫、李绛、皇甫镈、令狐楚、李逢吉、裴度	被弑	元和	景陵
穆宗	李恒	795—824	26岁	820—824	裴度、令狐楚、段文昌、崔植、元稹、杜元颖、王播、李逢吉、牛僧孺、皇甫镈	丹药中毒	长庆	光陵
敬宗	李湛	809—827	16岁	824—827	李逢吉、牛僧孺、裴度	被弑	宝历	庄陵

续表

庙号	姓名	生卒	登基年龄	在位	主要宰相	死因	年号	陵寝
文宗	李昂	809—840	18岁	826—840	韦处厚、杨嗣复、李珏、李宗闵、段文昌、宋申锡、李德裕、李固言、郑覃、王涯、李训、贾餗、舒元舆、李石、陈夷行、李逢吉、王播、牛僧孺	病死	2个：太和、开成	章陵
武宗	李炎	814—846	27岁	840—846	李固言、李石、杨嗣复、牛僧孺、李德裕、陈夷行、李绅、李让夷、杜悰、李回、郑肃、李珏	丹药中毒	会昌	端陵
宣宗	李忱	810—859	37岁	846—859	白敏中、韦琮、马植、魏谟、崔慎由、夏侯孜、令狐绹	丹药中毒	大中	贞陵
懿宗	李漼	833—873	27岁	859—873	白敏中、夏侯孜、杜悰、徐商、路岩、于琮、韦保衡	病死	咸通	简陵
僖宗	李儇	862—888	12岁	873—888	郑畋、卢携、王铎、韦昭度、杜让能	病死	5个：乾符、广明、中和、光启、文德	靖陵
昭宗	李晔	867—904	22岁	888—904	韦昭度、孔纬、杜让能、张濬、崔昭纬、崔胤、李磎	被弑	7个：龙纪、大顺、景福、乾宁、光化、天复、天祐	和陵
哀帝	李柷	892—908	13岁	904—907	柳璨	被弑	沿用天祐	温陵

1. 寿命前三甲：武则天 82 岁，玄宗 78 岁，高祖 70 岁。寿命后三名：哀帝 17 岁，敬宗 19 岁，僖宗 27 岁。

2. 登基年龄前三甲：武则天 67 岁，高祖 53 岁，肃宗 46 岁。后三名：僖宗 12 岁，哀帝 13 岁，敬宗 16 岁。

3. 死因分布：寿终 2 人（高祖李渊、武则天），丹药中毒 4 人（太宗、穆宗、武宗、宣宗），病死 8 人（高宗、睿宗、代宗、德宗、顺宗、文宗、懿宗、僖宗），被弑 5 人（中宗、宪宗、敬宗、昭宗、哀帝），绝食而死 1 人（玄宗），病重吓死 1 人（肃宗）。

4. 年号数量前五名：高宗 14 个，武则天 14 个，睿宗 8 个，昭宗 7 个，僖宗 5 个。"上元"是唯一被使用两次的年号，高宗和肃宗都用过。武则天使用了三个四字年号：天册万岁、万岁登封和万岁通天。

5. 几个唯一：睿宗、玄宗、肃宗、顺宗、懿宗、僖宗 6 个庙号是中国历史的唯一。唐高宗是中国历史上唯一的天皇。武则天是中国唯一的天后、唯一的女皇。德宗是唐朝唯一一个被图形凌烟阁的皇帝。穆宗是中国唯一一个有三个皇后、三个儿皇帝的皇帝。

附录三　唐朝世系表

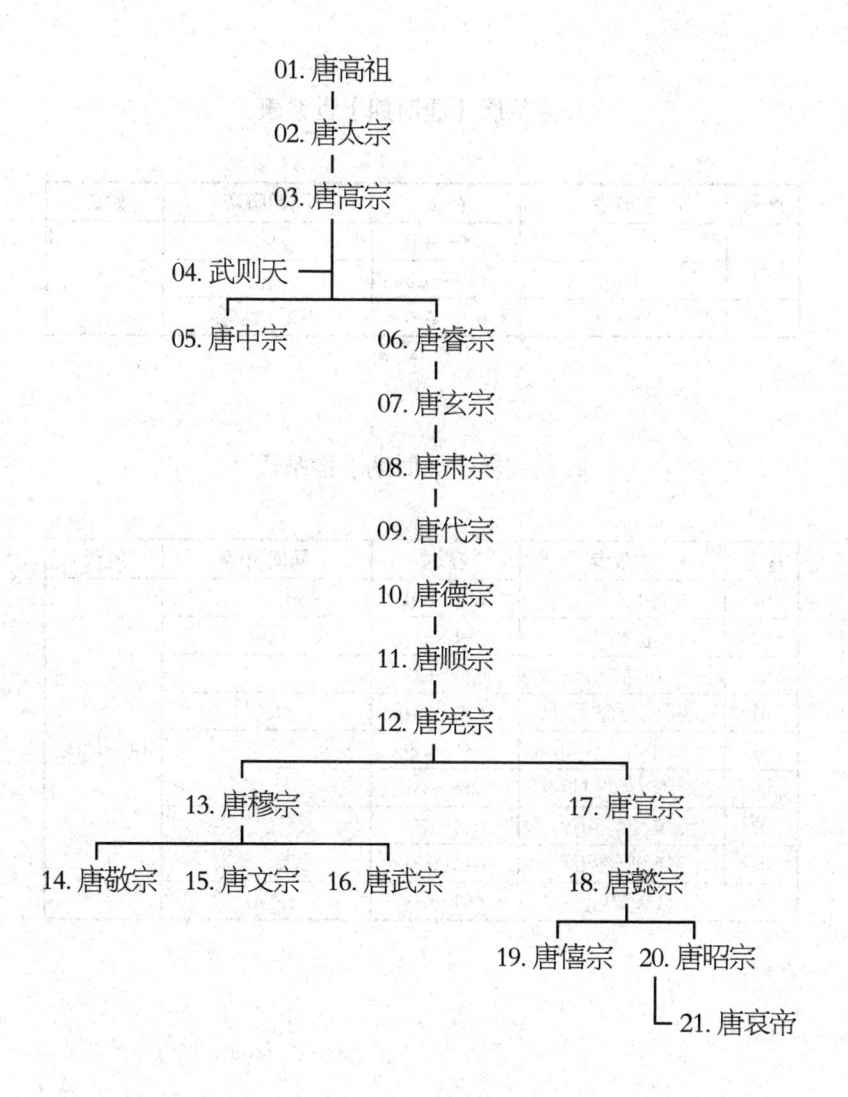

- 01. 唐高祖
- 02. 唐太宗
- 03. 唐高宗
- 04. 武则天
- 05. 唐中宗
- 06. 唐睿宗
- 07. 唐玄宗
- 08. 唐肃宗
- 09. 唐代宗
- 10. 唐德宗
- 11. 唐顺宗
- 12. 唐宪宗
- 13. 唐穆宗
- 14. 唐敬宗
- 15. 唐文宗
- 16. 唐武宗
- 17. 唐宣宗
- 18. 唐懿宗
- 19. 唐僖宗
- 20. 唐昭宗
- 21. 唐哀帝

附录四 六大强敌世系表

1. 东突厥（唐时期）世系表

序号	主政者	在位	同期唐帝	姓氏
01	始毕可汗	609—619	高祖	阿史那氏
02	处罗可汗	619—620	高祖	
03	颉利可汗	620—630	高祖、太宗	

2. 西突厥（唐时期）世系表

序号	主政者	在位	同期唐帝	姓氏
01	统叶护可汗	617—630	高祖、太宗	阿史那氏
02	莫贺咄可汗	630	太宗	
03	肆叶护可汗	630—632	太宗	
04	咥利邲咄陆可汗	632—634	太宗	
05	沙钵罗咥利失可汗	634—639	太宗	
06	乙毗沙钵罗叶护可汗	639—641	太宗	
07	乙毗咄陆可汗	638—653	太宗、高宗	
08	乙毗射匮可汗	642—653	太宗、高宗	
09	沙钵罗可汗	650—658	高宗	

3. 后突厥世系表

序号	主政者	在位	同期唐帝	姓氏
01	骨咄禄可汗	682—691	高宗、中宗、睿宗、则天	阿史那氏
02	默啜可汗	691—716	则天、中宗、睿宗、玄宗	
03	拓西可汗	716	玄宗	
04	毗伽可汗	716—734	玄宗	
05	伊然可汗	734	玄宗	
06	登利可汗	734—741	玄宗	
07	骨咄叶护可汗	741—742	玄宗	
08	乌苏米施可汗	742—744	玄宗	
09	白眉可汗	744—745	玄宗	

4. 吐蕃世系表

序号	主政者	在位	同期唐帝	姓氏
01	松赞干布	629—650	太宗、高宗	悉勃野氏
02	芒松芒赞	650—676	高宗	
03	赤都松赞	676—704	高宗、中宗、睿宗、则天	
04	赤德祖赞	704—755	则天、中宗、睿宗、玄宗	
05	赤松德赞	755—797	肃宗、代宗、德宗	
06	牟尼赞普	797—798	德宗	
07	牟如赞普	798（约20天）	德宗	
08	赤德松赞	798—815	德宗、顺宗、宪宗	
09	彝泰赞普	815—838	宪宗、穆宗、敬宗、文宗	
10	达玛	838—842	文宗、武宗	

5. 回纥（回鹘）世系表

序号	主政者	姓名	在位	同期唐帝	姓氏
01	怀仁可汗	骨力裴罗	744—747	玄宗	药罗葛氏
02	英武可汗	磨延啜	747—759	玄宗、肃宗	药罗葛氏
03	牟羽可汗	移地健	759—780	肃宗、代宗、德宗	药罗葛氏
04	武义成功可汗	顿莫贺达干	780—789	德宗	药罗葛氏
05	忠贞可汗	多逻斯	789—790	德宗	药罗葛氏
06	奉诚可汗	阿啜	790—795	德宗	药罗葛氏
07	怀信可汗	骨咄禄	795—805	德宗、顺宗	跌氏
08	滕里野合俱录毗伽可汗		805—808	顺宗、宪宗	跌氏
09	保义可汗		808—821	宪宗、穆宗	跌氏
10	崇德可汗		821—824	穆宗	跌氏
11	昭礼可汗	曷萨特勒	824—832	敬宗、文宗	跌氏
12	彰信可汗		832—839	文宗	跌氏
13	不详	阖馺特勤	839—840	武宗	跌氏
14	乌介可汗	曷萨弟	841—846	武宗	跌氏
15	遏捻可汗		846—848	武宗、宣宗	跌氏
16	怀建可汗	庞特勤	848—？	宣宗	跌氏

6. 南诏世系表

序号	主政者	在位	同期唐帝	姓氏
01	皮罗阁	728—748	玄宗	蒙氏
02	阁罗凤	748—778	玄宗、肃宗、代宗	
03	异牟寻	778—808	代宗、德宗、顺宗、宪宗	
04	寻阁劝	808—809	宪宗	
05	劝龙晟	809—816	宪宗	
06	劝利晟	816—824	宪宗、穆宗	
07	劝丰祐	824—859	穆宗、敬宗、文宗、武宗、宣宗	
08	世 隆	859—877	宣宗、懿宗、僖宗	
09	隆 舜	877—897	僖宗、昭宗	
10	舜化贞	897—902	昭宗	

参考文献

1. （唐）魏征．隋书[M]．中华书局,1973.
2. （唐）张鷟．朝野佥载[M]．上海古籍出版社,2012.
3. （唐）段成式．酉阳杂俎[M]．上海古籍出版社,2012.
4. （唐）裴庭裕．明皇杂录[M]．中华书局,1994.
5. （唐）温大雅．大唐创业起居注笺证[M]．中华书局,2022.
6. （唐）李林甫等．唐六典[M]．中华书局,2014.
7. （唐）刘肃．大唐新语[M]．中华书局,1984.
8. （唐）吴兢．贞观政要译注[M]．上海古籍出版社,2016.
9. （唐）玄奘．大唐西域记译注[M]．中华书局,2019.
10. （唐）杜佑．通典[M]．中华书局,2016.
11. （唐）杜环．经行记笺注[M]．中华书局,2000.
12. （唐）李肇．唐国史补校注[M]．中华书局,2021.
13. （唐）刘知几．史通[M]．上海古籍出版社,2015.
14. （唐）苏鹗．杜阳杂编[M]．商务印书馆,1979.
15. （唐）樊绰．蛮书校注[M]．中华书局,2018.
16. （宋）欧阳修，宋祁等．新唐书[M]．中华书局,1975.
17. （宋）司马光等．资治通鉴[M]．中华书局,1956.
18. （宋）司马光．资治通鉴考异[M]．上海人民出版社,2022.
19. （宋）李昉．太平广记[M]．中华书局,2013.
20. （宋）王溥．唐会要[M]．中华书局,2017.

21.（宋）王谠. 唐语林校证[M]. 中华书局,2018.

22.（宋）王钦若等. 册府元龟[M]. 中华书局,2020.

23.（宋）宋敏求. 唐大诏令集龟[M]. 中华书局,2008.

24.（宋）计有功. 唐诗纪事[M]. 上海古籍出版社,2013.

25.（宋）乐史. 太平寰宇记[M]. 中华书局,2007.

26.（五代）孙光宪. 北梦琐言[M]. 中华书局,2002.

27.（五代）王仁裕. 开元天宝遗事十种[M]. 上海古籍出版社,2012.

28.（后晋）刘昫等. 旧唐书[M]. 中华书局,1975.

29.（元）辛文房. 唐才子传[M]. 中州古籍出版社,2021.

30.（明）熊大木. 唐书志传通俗演义[M]. 中国文史出版社,2003.

31.（明）王夫之. 读通鉴论[M]. 中华书局,2013.

32.（清）董诰，阮元，徐松等. 全唐文[M]. 中华书局,1983.

33.（清）彭定求. 全唐诗[M]. 中华书局,2018.

34.（清）王夫之. 读通鉴论[M]. 中华书局,2013.

35.（清）王鸣盛. 十七史商榷[M]. 上海古籍出版社,2016.

36.（清）赵翼. 廿二史劄记校证[M]. 中华书局,2016.

37.（清）吴廷燮. 唐方镇年表[M]. 中华书局,2003.

38.（清）顾祖禹. 读史方舆纪要[M]. 中华书局,2020.

39.（清）徐松. 唐两京城坊考[M]. 中华书局,2019.

40. 蔡东藩. 唐史演义[M]. 中央编译出版社,2008.

41. 陈寅恪. 唐代政治史述论稿[M]. 上海古籍出版社,2020.

42. 范文澜. 中国通史简编（上、下册）[M]. 商务印书馆,2010.

43. 岑仲勉. 隋唐史[M]. 上海古籍出版社,2020.

44. 吕思勉. 隋唐五代史[M]. 中华书局,2020.

45. 钱穆. 中国历代政治得失（新版）[M]. 生活. 读书. 新知三联书店,2020.

46. 张国刚. 唐代藩镇研究增订版 [M]. 中国人民大学出版社, 2010.

47. 王尧. 敦煌本吐蕃历史文书 [M]. 中国藏学出版社, 2012.

48. 王仲荦. 隋唐五代史 [M]. 上海人民出版社, 2021.

49. 李锦绣. 唐代财政史稿 [M]. 北京大学出版社, 2001.

50. 索南坚赞. 西藏王统记吐蕃王朝世系明鉴 [M]. 西藏人民出版社, 1985.

51. [英] 崔瑞德. 剑桥中国隋唐史 [M]. 中国社会科学出版社, 1990.

52. [美] 斯塔夫里阿诺斯. 全球通史：从史前史到 21 世纪 [M]. 北京大学出版社, 2006.

53. [日] 筑山治三郎. 唐代政治制度研究 [M]. 创元社, 1967 年.

54. [日] 圆仁. 入唐求法巡礼行记校注 [M]. 中华书局, 2019.

图书在版编目（CIP）数据

显微镜下的全唐史 . 第二部 , 贞观之治 / 北溟玉著 . -- 北京 : 中国文史出版社 , 2023.10
ISBN 978-7-5205-4285-2

Ⅰ．①显… Ⅱ．①北… Ⅲ．①中国历史 - 唐代 - 通俗读物Ⅳ．① K242.09

中国国家版本馆 CIP 数据核字 (2023) 第 171948 号

责任编辑：梁玉梅

出版发行：	中国文史出版社
社　　址：	北京市海淀区西八里庄路 69 号院　邮编：100142
电　　话：	010-81136606　81136602　81136603（发行部）
传　　真：	010-81136655
印　　装：	北京新华印刷有限公司
经　　销：	全国新华书店
开　　本：	700mm×980mm　1/16
印　　张：	19.25
字　　数：	240 千字
版　　次：	2024 年 6 月北京第 1 版
印　　次：	2024 年 6 月第 1 次印刷
定　　价：	56.00 元

文史版图书，版权所有，侵权必究。

文史版图书，印装错误可与发行部联系退换。